Kontakte

ARBEITSBUCH

6e

6e

Kontakte

A COMMUNICATIVE APPROACH

ARBEITSBUCH

ERWIN TSCHIRNER
Herder-Institut, Universität Leipzig
University of Arizona

BRIGITTE NIKOLAI
Werner-von-Siemens-Gymnasium, Bad Harzburg

TRACY D. TERRELL
Late, University of California, San Diego

URSULA HIRSCHFELD
Institut für Sprechwissenschaft und Phonetik
Martin-Luther-Universität, Halle-Wittenberg

PETRA CLAYTON
Cuesta College, San Luis Obispo

Contributing Writers:
KATHARINA KLEY
Herder-Institut, Universität Leipzig

SILKE LIPINSKI
Herder-Institut, Universität Leipzig

McGraw-Hill
Higher Education

Boston   Burr Ridge, IL   Dubuque, IA   New York   San Francisco   St. Louis
Bangkok   Bogotá   Caracas   Kuala Lumpur   Lisbon   London   Madrid   Mexico City
Milan   Montreal   New Delhi   Santiago   Seoul   Singapore   Sydney   Taipei   Toronto

ARBEITSBUCH TO ACCOMPANY KONTAKTE: A COMMUNICATIVE APPROACH
SIXTH EDITION

Published by McGraw-Hill, an imprint of The McGraw-Hill Companies, Inc., 1221 Avenue of the Americas, New York, NY 10020. Copyright © 2009, 2005, 2000, 1996, 1992, 1988 by The McGraw-Hill Companies, Inc. All rights reserved. No part of this publication may be reproduced or distributed in any form or by any means, or stored in a database or retrieval system, without the prior written consent of The McGraw-Hill Companies, Inc., including, but not limited to, in any network or other electronic storage or transmission, or broadcast for distance learning.

5 6 7 8 9 0 QDB/QDB 11

ISBN 978-0-07-335515-3
MHID 0-07-335515-1

Vice president and Editor-in-chief: *Michael J. Ryan*
Publisher: *William R. Glass*
Senior sponsoring editor: *Christa Harris*
Developmental editor: *Paul Listen*
Executive marketing manager: *Jorge Arbujas*
Production Editor: *Regina Emst*
Senior production supervisor: *Louis Swaim*
Senior photo research coordinator: *Alexandra Ambrose*
Compositor: *Aptara*
Typeface: *10/12 New Aster*
Printer: *Quad/Graphics Dubuque*

Photo Credits
Page 75: *Giraudon/Art Resource, NY*
Page 202: © *PhotoDisc/Eat, Drink and Dine*
Page 202: © *PhotoDisc/Eat, Drink and Dine*
Page 273: © *PhotoDisc*
Page 296: © *PhotoDisc*

Realia
56 © Goethe-Institut Inter Nationes

Inhalt

To the Instructor

The purpose of the *Arbeitsbuch* is to give students more opportunities to use German in meaningful ways outside of class. The *Arbeitsbuch* is divided into two preliminary chapters (**Einführung A–B**) and twelve regular chapters (**Kapitel 1–12**) that correspond to the chapters in the main text. Each chapter in the workbook has four sections:

> **Schriftliche Aktivitäten und Hörverständnis**
> **Aussprache und Orthografie**
> **Kulturecke**
> **Aufsatz-Training**

The *Laboratory Audio Program* must be used with the **Hörverständnis** and **Aussprache und Orthografie** sections. All activities requiring the use of the *Laboratory Audio Program* are indicated with the headphone icon.

Schriftliche Aktivitäten und Hörverständnis

These activities are organized according to the four thematic subsections of each chapter in the main text and are entitled accordingly. For each subsection, they start with **Schriftliche Aktivitäten,** followed by **Hörverständnis.** Depending on the subsection, the **Hörverständnis** begins with **Dialog aus dem Text,** followed by **Bildgeschichte, Rollenspiel,** and additional listening activities.

Schriftliche Aktivitäten

The activities in this section are designed to allow the students to write German creatively but within the natural limitations of what they know at a given point. Most of them can be done outside the class, but oral follow-up will prove profitable in many cases. Notes in the **Schriftliche Aktivitäten** section show students which grammar topic(s) to review before doing a particular set of exercises, as well as where to look for help while working.

Although many of the activities in **Schriftliche Aktivitäten** are open-ended and communicative, we have provided answers whenever possible (included at the back of the *Arbeitsbuch*). Answers to *questions* for which there is more than one correct answer are identified by the phrase "Possible Answers." You may wish to advise students that they will need to allow the differences in content when checking answers to these questions; they should be correcting only errors in form.

Hörverständnis

The **Hörverständnis** sections consist of dialogues, narratives, radio ads, and other examples of oral texts recorded on the audio program. They do not contain grammar drills. Since comprehension is achieved by developing the ability to guess at meaning based on recognition of key elements in the sentence, we have included unknown words and new grammar. Our goal was to simulate real comprehension experiences. Students may listen to each section as many times as necessary to understand what is said, and they should be reassured that they need not understand every word to reach an acceptable level of comprehension.

Depending on the subsection, the **Hörverständnis** starts with **Dialog aus dem Text,** followed by **Bildgeschichte, Rollenspiel,** and additional listening activities.

Dialog aus dem Text contains recorded versions of the listening dialogues from the main text with brief follow-up activities. Instructors may wish to use these recorded versions (which are also found on the *Textbook Audio Program*) when presenting the dialogues in the classroom; students can also listen to them at home after they have been presented in class.

Bildgeschichte is an audio version of the **Bildgeschichte** in the main text to allow students to review the **Bildgeschichte** activity from class. It contains the **Bildgeschichte** display followed by two activities. The first activity is an input processing activity in which students listen carefully to every word being said. The second activity allows students to apply the words and structures from the **Bildgeschichte** to their own lives.

Rollenspiel is an enactment of the role-playing activity often contained in the last subsection of the **Situationen** in the main text; it is designed to help prepare students to play the roles in class. In the same way as the **Dialog aus dem Text** and the **Bildgeschichte,** the **Während des Hörens** section focuses student attention on the exact words being used to process form and meaning at the same time in order to acquire the forms within a communicative setting. The **Nach dem Hören** section allows students to react in a personalized fashion to questions in the roleplay.

The **Hörverständnis** activities include 1–3 listening passages students have not encountered before. The scripts for these oral texts are not included in the student workbook. Instead, the student workbook has worksheets for each text that generally include (a) a short introduction to the text, (b) a list of the new vocabulary (with English translation) that is crucial to comprehension, and (c) tasks that help students understand the passage and verify that they have grasped the main ideas.

The **Hörverständnis** sections are intended for use primarily as homework assignments, but they can also be done in class. It is a good idea for instructors to do at least a few listening activities from **Einführungen A** and **B** with students before assigning other activities in **Hörverständnis** as homework. The brief introduction for students (*To the Student*) will help them complete the assignments for the first two **Einführungen.** A section with more specific instructions and practice with suggested strategies is included before **Kapitel 1.** We also recommend that instructors repeat the training session at some point between **Kapitel 3** and **4** and at the beginning of a new semester or quarter. Such sessions are useful for making sure that students have not picked up poor listening and study habits. It is also a good idea to review the procedure and useful techniques when segments start becoming more complicated. In addition, keep in mind that, although the speakers on the recordings will not be speaking at normal native speed, owing to the lack of visual cues, students may get the impression that the rate of speech is too fast. This impression will seem all the more true when the overall level of difficulty of the oral texts increases. Furthermore, the fact that the level of the input in most listening texts is slightly above the students' current level of comprehension may cause anxiety in some students. For these reasons, it is imperative that students know that they need not understand everything on the recording.

Please remember that there is a close correlation between a low affective filter and successful language acquisition. It is unwise to place undue stress on students over the assignments. They should feel confident that the listening component is a means of providing them with additional comprehensible input, not a tool for testing them at home. If students get the impression that the activities in **Hörverständnis** are being used to test them, the purpose will be doubly defeated: many will find the whole procedure too stressful and others may simply copy the answers. Most instructors find it much more useful to tell students to come to them if they have a problem and to remind them that it is not necessary to be able to answer every question correctly. Students should feel free to report any unduly difficult item(s) to their instructor.

In addition, remember that the topics of the oral texts in the workbook loosely follow those of the corresponding chapters of the main text. For this reason, it is advisable to wait until the activities in the corresponding subchapter of the main text have been done in class before giving assignments in the workbook. Students will be more motivated to do these assignments if you remind them that they will help them prepare for the listening comprehension components of their mid-term and final exams.

Finally, since the answers are given at the back of the *Arbeitsbuch,* there remains the problem of how to keep students from copying. It has been our experience that the majority of students will not cheat unless the assignment proves to be excessively difficult. In spite of this, and since in an academic environment there is always a need to measure performance, we suggest (especially if you are uncertain about whether students are copying or not) that you use two or three of the oral texts from each chapter in a short listening comprehension quiz. You may photocopy the corresponding sections from the workbook, leaving out the vocabulary section or writing different true/false or multiple choice questions. You will find that students who have done their homework honestly will do well on the quizzes and that those who merely copied will not.

Aussprache und Orthografie

We are convinced that student pronunciation depends on factors largely beyond the instructor's control, but we hope that in their regular classroom experience, students will develop pronunciation that is acceptable to most native speakers. We suggest that students be urged to concentrate on listening comprehension at first, rather than on pronunciation. They should not try to learn a large number of pronunciation rules at the beginning of the course, although some students may find it helpful to do a few pronunciation exercises in which certain problematic sounds are isolated. This is the purpose of the pronunciation exercises in the workbook. Note that these exercises generally include only words that students have already encountered in the oral class activities.

German sound-letter correspondences are relatively simple, and many students become good spellers in German without much explicit instruction. In our experience, however, dictation exercises that focus on certain problematic areas can be effective. Note that, as in the pronunciation exercises, we have used words in the spelling exercises that the students have already encountered in the oral class activities.

Kulturecke

Each chapter of the *Arbeitsbuch* features a section called **Kulturecke** that revisits the cultural themes introduced in the **Kultur ... Landeskunde ... Informationen** sections and the readings of the main text. The cultural information contained in the main text is reviewed and practiced using a variety of formats, such as multiple choice, true/false, fill-in-the-blanks, and matching activities. Starting with **Kapitel 6,** the **Kulturecke** closes with a reading passage complete with pre- and postreading activities. The reading passage may be a poem or short story by a well-known German-speaking author (e.g., Goethe in **Kapitel 6** and **12,** Eichendorff in **Kapitel 7,** the Brothers Grimm in **Kapitel 9,** Overbeck in **Kapitel 10,** Hebel in **Kapitel 11**) or the lyrics of a contemporary pop song by a well-known German rock group (e.g., Die Prinzen in **Kapitel 8**). Readings have been selected both for their accessibility to first-year students as well as for their timelessness and relevance to the chapter theme.

Aufsatz-Training

Each chapter concludes with a guided writing task, **Aufsatz-Training,** designed to help students make the transition from writing simple sentences to writing longer and more varied ones, then to writing paragraphs. The aim is to build writing skills students will need to carry out everyday activities in the German-speaking world.

Acknowledgments

We would like to thank the many people whose contributions to this and previous editions have greatly enhanced the *Arbeitsbuch:* Katharina Kley and Silke Lipinski, who revised the *Arbeitsbuch* to produce the Sixth Edition; Petra Clayton, whose careful and thoughtful revisions to the Fifth Edition are still very much a part of the Sixth; Ulla Hirschfeld, whose sections on phonetics continue to be a popular part of the *Arbeitsbuch;* and Cristina Kuhn, Susanne Baackmann, and Patricia Callahan, whose excellent work continues to be a part of this edition. Finally, very special thanks are due to Paul Listen, our Developmental Editor, whose outstanding editorial and organizational skills have greatly enhanced the Sixth Edition.

To the Student

Each of the chapters in the *Arbeitsbuch* (*Workbook*) consists of four sections:

Schriftliche Aktivitäten and **Hörverständnis**	Writing activities and listening comprehension
Aussprache und Orthografie	Pronunciation and orthography
Kulturecke	Cultural activities and readings
Aufsatz-Training	Composition training

You need to use the *Laboratory Audio Program* with the **Hörverständnis** and **Aussprache und Orthografie** sections. All activities requiring the use of the *Laboratory Audio Program* are indicated with the headphone icon.

Schriftliche Aktivitäten and Hörverständnis

These activities are organized according to the four subsections of each chapter in the main text and are entitled accordingly. For each subsection, **Schriftliche Aktivitäten** comes first, followed by **Hörverständnis.** Depending on the subsection, the **Hörverständnis** begins with **Dialog aus dem Text** followed by **Bildgeschichte, Rollenspiel,** and additional listening activities.

Schriftliche Aktivitäten

The activities in the **Schriftliche Aktivitäten** section give you the opportunity to express your own ideas in written German on the topics covered in each chapter. When doing each activity, try to use the vocabulary and structures that you have acquired in the chapter being studied and in previous chapters. Although your main goal is still communication, you have the time when writing (as opposed to speaking) to check for correctness or to look up something you have forgotten.

Be sure to check your answers against the key in the back of the *Arbeitsbuch,* bearing in mind that, in many cases, your answers will reflect your own life and experiences. You should use the answer key **(Lösungsschlüssel)** to correct errors in form, not differences in content.

Hörverständnis

The **Hörverständnis** section contains recordings of oral texts and accompanying exercises. The recordings include segments of German classes, dialogues, narratives, and radio advertisements. They give you the opportunity to listen to and understand spoken German outside the classroom, providing exposure to a variety of contexts and pronunciations of authentic speech. Depending on the subsection, the **Hörverständnis** starts with **Dialog aus dem Text** followed by **Bildgeschichte, Rollenspiel,** and additional listening activities.

Dialog aus dem Text contains recorded versions of the listening dialogues from the main text with brief follow-up activities for review and additional work. **Bildgeschichte** is an audio version of the **Bildgeschichte** in the main text to allow you to review the **Bildgeschichte** activity from class. It contains the **Bildgeschichte** display followed by two activities. The first activity asks you to listen carefully to every word being said. The second activity allows you to apply the words and structures from the **Bildgeschichte** to your own life. **Rollenspiel** is an enactment of the role-playing activity often contained in the last subsection, of the **Situationen** in the main text. It is designed to help you prepare to play the roles in class.

The remaining listening activities are new and designed to give you more practice in understanding authentic speech. Each worksheet is set up to help give you a general idea of the recording before you listen to it. The drawings, title of the recorded text, and short prose introduction (in English in the first few chapters) serve this function; a list of words and expressions with English translations is also included.

These words may or may not be new to you, but they will help you to understand the recording. The tasks you are asked to do are also designed to help you understand what you're hearing. We suggest that you look through them before you begin listening.

1. Look over the title, the introduction, and any illustrations. These will help you get a general idea of the content of the segment.
2. Take a few moments to familiarize yourself with the new vocabulary listed and with any other words or expressions used in the exercise that you do not know.
3. Look at the task contained in the particular segment you will be listening to and make sure you understand what you are expected to do. Once you determine this, take a few seconds to map out the best strategy for completing the task. For example, when you look at the task, if you get the impression that there are too many blanks, make a mental note to try to fill in only every other blank the first time you listen. Or, if you realize that the task requires that you write out words that are too long or difficult to spell, make a mental note to write only the first three or four letters while you listen and to complete each word after you have stopped the recording.
4. Listen to the recording as many times as necessary, but listen with specific questions in mind. Don't hesitate to replay any segment as often as you need to. *Never* check the answer section until you have listened to a segment at least five times.

Most of the time, you should be able to answer the questions in the task without understanding everything in the recording. Remember what you have learned about comprehension. In the classroom you have probably had ample opportunities to prove that you can understand what is being said to you by concentrating on key words, paying close attention to context, and taking some risks. Indeed, this is how comprehension will work in real life when you interact with native speakers of German.

Once you have done several assignments, you will start to notice that you are more comfortable with them. You can get additional benefits from these materials if, at this point, you go back and listen to the recordings for chapters you have already completed. Listen while going to school, while doing chores, or while lying down to relax. Let your mind create scenes that correspond to what you are hearing, and listen just to enjoy the exposure to the spoken language. The additional exposure of your ear and your mind to spoken German will result in increased confidence in real-life listening situations.

In order to help you maximize the benefits of this component, your instructor may play several of the recorded segments corresponding to **Einführung A** in the classroom. He or she will go over, clarify, and amplify the directions you have just read to make sure you master the procedure you need to follow. Be prepared to practice with your class and to ask your instructor any questions that come up as you read this introduction. There is also a guided practice segment before **Kapitel 1.** The goal of that segment is to provide you with the opportunity to review and try out several strategies that will be useful with the remaining **Hörverständnis** activities in this workbook.

Aussprache und Orthografie

Good pronunciation in a new language can be achieved by most people interacting in a normal communicative situation with native speakers of that language. The more spoken German you are in contact with, the more you will become used to rhythm, intonation, and sound of the language. In general, native speakers of German do not expect foreigners to speak German without a trace of an accent. There is nothing wrong with a foreign accent in German, but several errors in pronunciation can interfere with communication if they make it difficult for native speakers to understand what you want to say. For this reason we have included a series of pronunciation exercises in the *Arbeitsbuch.* They are designed to attune your ear to the differences between English and German and to help you pronounce German better.

The **Aussprache** sections use words you already know in order to give you the opportunity to practice the pronunciation of a particular sound they have in common. First, an explanation of the pronunciation of the sound is given, followed by examples for you to repeat aloud. The idea is not for you to memorize all pronunciation rules but to develop a feel for good pronunciation in German. If you are having problems in hearing or pronouncing, please consult your teacher. Make recordings of your own pronunciation regularly and listen carefully to hear whether they sound like the original. When you are content with your results, let your teacher listen to the recordings. He or she will give you further instructions.

The **Orthografie** sections consist of spelling rules and examples followed by dictation exercises. You will be familiar with the words in these dictation exercises from the oral activities done in class. Again, the idea is not to memorize a large number of spelling rules, but rather to concentrate on items that may be a problem for you. Remember to check the answers in the back of the *Arbeitsbuch* when you have completed these exercises.

Kulturecke

Each chapter of the *Arbeitsbuch* includes a section called **Kulturecke** that is meant to help you review and assimilate the cultural information found in the **Kultur … Landeskunde … Informationen** sections and the readings of the main text. Using a variety of formats, these cultural activities are both entertaining and edifying. Consider working together with your classmates outside of class on this section.

Starting with **Kapitel 6,** the **Kulturecke** closes with a reading passage complete with pre- and postreading activities. The reading passage may be a poem or short story by a well-known German-speaking author or the lyrics of a contemporary pop song by a well-known German rock group (the songs are included on the *Laboratory Audio Program to Accompany* **Kontakte Arbeitsbuch**). These reading passages are accompanied by a number of activities designed to help you understand the passages more readily and to appreciate their cultural value.

Aufsatz-Training

Each chapter concludes with a guided writing task, **Aufsatz-Training,** designed to help you make the transition from writing simple sentences to writing longer and more varied ones, then to writing paragraphs. The aim is to build writing skills you will need to carry out everyday activities in the German-speaking world.

EINFÜHRUNG A

Aufforderungen

Schriftliche Aktivitäten

TPR. Under each drawing, write the command Professor Schulz gave the students.

→ Lesen Sie Grammatik A.1, „Giving instructions: polite commands"!

~~Geben Sie mir das Buch!~~   Schauen Sie!
Gehen Sie!   ~~Schreiben Sie!~~
~~Hören Sie zu!~~   Setzen Sie sich!
~~Laufen Sie!~~   ~~Springen Sie!~~
~~Lesen Sie!~~   Stehen Sie auf!

1. _Lesen Sie_

2. _Laufen Sie!_

3. _Hören Sie zu!_

4. _Schreiben Sie_

5. _Springen Sie!_

6. _Geben Sie mir das Buch_

Hörverständnis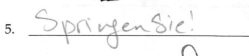

Aufforderungen. You will hear a part of Professor Schulz's German class. The students are participating in a Total Physical Response (TPR) activity.

Frau Schulz gibt Aufforderungen.

Professor Schulz's commands to the class are listed below out of sequence. Number the commands from 1 to 9 in the order you hear them.

1	Gehen Sie!	3	Schauen Sie an die Tafel!
4	Springen Sie!	9	Sagen Sie „Auf Wiedersehen"!
5	Nehmen Sie ein Buch!	8	Schließen Sie das Buch!
2	Laufen Sie!	7	Lesen Sie!
6	Öffnen Sie das Buch!		

Namen

Schriftliche Aktivitäten

Frau Schulz' Klasse. Answer the following questions based on the picture.

➜   Lesen Sie Grammatik A.2, „What is your name? The verb **heißen**"!

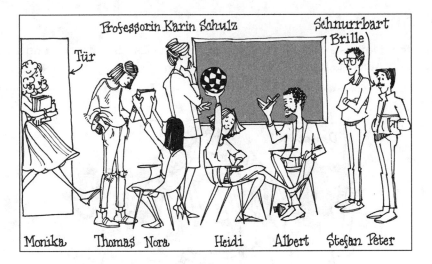

MODELLE: Wie heißt der Student mit der Brille? →
Er heißt Stefan.
Wie heißt die Professorin? →
Sie heißt Karin Schulz.

1. Wie heißt die Studentin mit dem Ball?

   Sie heißt Heidi

2. Wie heißt der Student mit dem Schnurrbart?

   Er heißt Peter

3. Wie heißt die Studentin an der Tür?

   Sie heißt Monika

4. Wie heißt der Student mit dem Stift?

   Er heißt Albert

5. Wie heißt die Studentin mit dem Buch?

   Sie heißt Nora

6. Wie heißt der Student mit dem langen Haar und dem Stirnband?

   Er heißt Thomas.

7. Wie heißen die drei Studentinnen?

Sie heißen ___Monika, Nora und Heidi___

8. Wie heißen die vier Studenten?

___Thomas, Peter, Albert und Stefan___

Hörverständnis

Namen der Studenten. Nora is a new student in the German class. She doesn't know the names of all her classmates yet, and Albert is trying to help.

Nora, eine neue Studentin im Deutschkurs, spricht mit Albert.

Listen to the conversation between Albert and Nora, and list the names they mention in the order in which you hear them. (Here are the names out of order: Stefan, Gabi, Monika, Heidi.)

1. ___Heidi___
2. ___Stefan___
3. ___Monika___
4. ___Gabi___

Kleidung

Schriftliche Aktivitäten

Buchstabensalat. Circle eight German nouns for articles of clothing in addition to **Hose.** The words may run in all directions: forward, backward, up, down, and diagonally.

```
G  B  L  B  I  D  L  U  S  A  F  A  P
M  L  N  L  J  M  B  M  A  N  T  E  L
F  A  L  U  A  E  T  T  A  W  A  R  K
T  R  G  S  C  H  U  H  E  H  U  T  H
O  L  M  E  K  V  D  O  U  A  W  Q  I
I  N  S  L  E  S  A  S  B  T  H  E  M
W  S  E  R  O  C  K  E  D  A  M  T  Y
```

Hörverständnis

Kleidung. Heidi and Stefan, students in Professor Schulz's class, are talking about the clothes that the instructor and the other students are wearing.

NEUE VOKABELN[1]
Quatsch! *Nonsense!*

Stefan und Heidi sprechen im Deutschkurs über die Kleidung der anderen Studenten.

Richtig oder falsch? Listen to the conversation, and then indicate whether the following statements are true or false (**richtig [R]** *oder* **falsch [F]**).

1. __F__   Monikas Bluse ist lila.

2. __R__   Noras Bluse ist orange.

3. __R__   Alberts Hose ist grau.

4. __F__   Peters Jacke ist blau.

5. __F__   Frau Schulz' Kleid ist blau und schön.

[1]*vocabulary*

Farben

Schriftliche Aktivitäten

Welche Farbe ist typisch? Provide the color adjectives typically associated with each item.

1. blau und weiß
2. grün
3. gelb
4. rosa
5. rot
6. grau

Hörverständnis

Farben. Today in Professor Schulz's class the students are counting the number of people wearing the same color clothing.

Wie viele Studentinnen tragen...?

NEUE VOKABELN
stellt Fragen   *asks questions*

Frau Schulz stellt den Studenten Fragen.

Indicate the number of students wearing each article of clothing mentioned.

1. __4__ Studentinnen tragen weiße Blusen.

2. __3__ Studenten tragen blaue Hemden.

3. __6__ Studenten tragen braune Hosen.

Begrüßen und Verabschieden

Schriftliche Aktivitäten

Kreuzworträtsel. Fill in the crossword puzzle according to the cues given in the following dialogues. Find the correct words in the list below. Remember that in crossword puzzles the letter **ß** is spelled **ss**.

Abend	~~Guten~~	~~Ich~~
Danke	Hallo	~~Sie~~
du	~~heiße~~	Tschüss
~~geht's~~	~~hier~~	wie

FRAU SCHULZ: Sind Sie neu ___[1]___ ?

NORA: Ja.

FRAU SCHULZ: Wie heißen ___[2]___ denn?   *Sie*

NORA: ___[3]___ heiße Nora Berber.   *Ich*

FRAU SCHULZ: Ich ___[4]___ Schulz.   *heiße*

HERR RUF: ___[5]___ Tag, Jens.   *Guten*

JENS: Tag, Herr Ruf.

HERR RUF: Na, wie ___[6]___ ?   *geht's*

JENS: ___[7]___ , gut.

HERR RUF: ___[8]___ , Jens.

Hörverständnis

A. Dialog aus dem Text. Frau Frisch ruft Herrn Koch an. Was ist richtig?

1. Herr Koch nimmt den Hörer ab[1] und sagt:
   a. Hallo!
   b. Guten Tag!
   c. Koch.
   d. Hi!
2. Frau Frisch sagt:
   a. Hallo!
   b. Guten Tag, Herr Koch.
   c. Guten Abend!
   d. Gute Nacht, Herr Koch.
3. Was ist bei Frau Frisch kaputt?
   a. der DVD-Player
   b. der Computer
   c. der Videorekorder
   d. das Radio

B. Dialog aus dem Text. Jutta trifft ihren Freund Jens. Was ist richtig?

1. Was sagt Jutta zur Begrüßung?
   a. Grüezi!
   b. Hallo!
   c. Servus!
   d. Tag!
2. Wohin geht Jens?
   a. zum Fußballtraining
   b. in die Schule
   c. in die Universität
   d. auf die Bank
3. Was sagt Jens zum Abschied?
   a. Servus
   b. Bis bald!
   c. Tschüss!
   d. Mach's gut

[1]nimmt … *picks up the phone*

C. Rollenspiel*: Begrüßen.

S1 and S2: Begrüßen Sie einen Mitstudenten oder eine Mitstudentin. Schütteln Sie dem Mitstudenten oder der Mitstudentin die Hand. Sagen Sie Ihren Namen. Fragen Sie, wie alt er oder sie ist. Verabschieden Sie sich.

NEUE VOKABELN
bis später! *see you later!*
schon *already*

VOR DEM HÖREN

Before listening to the **Rollenspiel,** think about what the two people in the role-play might say to each other. Write below any possible greetings, questions, and ways of saying good-bye that they could use.

Greetings

☐ _____

☐ _____

☐ _____

☐ _____

Questions

☐ _____

☐ _____

Good-byes

☐ _____

☐ _____

☐ _____

☐ _____

WÄHREND DES HÖRENS

1. Now listen to the **Rollenspiel** and mark those phrases written above that are actually used on the recording.
2. Listen to the dialogue again and write down those phrases that are used on the recording but were not on your list.

_____

_____

_____

---

*In this and all subsequent chapters, you will hear an enactment of the role-playing activities from your textbook. The first such role-play, or **Rollenspiel,** is on page 13 of the textbook. The accompanying exercises are designed to help prepare you to play the roles yourself in class. First, reread the **Rollenspiel** from the text, which is reprinted here in the *Arbeitsbuch.* Next, read the directions for the **Rollenspiel,** do any preliminary exercises, and listen to the audio. Last, do any follow-up activities.

D. Du oder Sie? Listen to the conversations. Decide whether the speakers are using formal (**Sie**) or informal (**du**) forms of address, and fill in the blanks with **Sie** or **du** accordingly.

1. In der Isabellastraße

a. Sie   b. du   c. Si

2. Im Deutschkurs

a. Sie   b. du   c. Sie

Zahlen

Schriftliche Aktivitäten

Kreuzworträtsel. Spell the numbers. Note that in crossword puzzles ß is spelled **ss.**

WAAGERECHT (*Horizontal*)

1. ~~100~~
2. 14
3. 20

SENKRECHT (*Vertical*)

1. ~~1~~
2. ~~30~~
3. ~~3~~
4. 8
5. 10

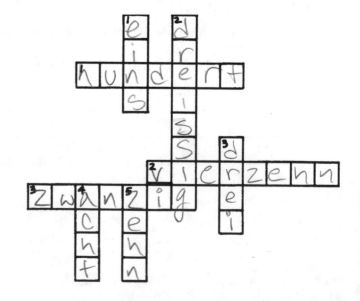

Hörverständnis

Zahlen. Professor Schulz is dictating random numbers between 10 and 100 to her class.

NEUE VOKABELN
zwischen   *between*
Entschuldigung!   *Excuse me! / Pardon me!*
Gern!   *Gladly!*

Frau Schulz diktiert Zahlen zwischen 10 und 100. Stefan hat Probleme.

Listen and write the numbers Professor Schulz dictates.

a. 52

b. 17

c. 69

d. 35

e. 26

f. 43

g. 95

h. 60

i. 16

j. 18

k. 80

Aussprache und Orthografie*

Aussprache

Das Alphabet

In this chapter you will learn the German alphabet. Because some sounds in German present a challenge to non-native speakers, in subsequent chapters you will have an opportunity to practice individual sounds and recognize specific spelling problems.

The German alphabet has 26 letters, just like the English alphabet, and four additional letters: **ä** (*a-umlaut*), **ö** (*o-umlaut*), **ü** (*u-umlaut*), and **ß** (*ess-tset*). In dictionary entries, however, **ä, ö, ü,** and **ß** are not included in the alphabet as separate letters.

A. Listen carefully to each letter of the German alphabet, and repeat each one after the speaker.

a	ah	n	en
b	bay	o	oh
c	tsay	p	pay
d	day	q	coo
e	ay	r	air
f	eff	s	ess
g	gay	t	tay
h	hah	u	ooh
i	eee	v	fow (like *foul* without the *l*)
j	yott	w	vay
k	kah	x	icks
l	el	y	üpsilon
m	em	z	tset

B. Now listen to all the German vowels and repeat after the speaker.

NOTE: For a detailed description of the grapheme:phoneme relationship please refer to **Appendix D** in the main text.

GRAPHEME (*WRITTEN*)	PHONEME (*SPOKEN*)
a	[a:], [a]
ä	[e:], [ɛ]
e	[e:], [ɛ]
i	[i:], [ɪ]
o	[o:], [ɔ]
ö	[ø:], [œ]
u	[u:], [ʊ]
ü	[y:], [ʏ]
y	[y:], [ʏ]

---

*Pronunciation and Spelling

C. Now listen to all the German consonants and repeat after the speaker.

GRAPHEME	PHONEME	GRAPHEME	PHONEME
b	[be:]	p	[pe:]
c	[tse:]	q	[ku:]
d	[de:]	r	[ɛr]
f	[ɛf]	s	[ɛs]
g	[ge:]	ß	[ɛs-tsɛt]
h	[ha:]	t	[te:]
j	[jɔt]	v	[fau]
k	[ka:]	w	[we:]
l	[ɛl]	x	[ɪks]
m	[ɛm]	y	[ʏpsilɔn]
n	[ɛn]	z	[tsɛt]

Orthografie

A. Listen as the following words are spelled.

1. Rock
2. Hemd
3. gelb
4. tschüss
5. danke
6. Jutta
7. Buch
8. Bücher
9. Fuß

B. **Diktat** (*Dictation*). Twelve words from the vocabulary in **Einführung A** will now be spelled. Listen and write the words as you hear them spelled. Remember to capitalize nouns.

1. _____ 7. _____

2. _____ 8. _____

3. _____ 9. _____

4. _____ 10. _____

5. _____ 11. _____

6. _____ 12. _____

Kulturecke

A. Vornamen. What first names are popular in Germany? Place an "x" next to four first names you think are very popular these days for both girls and boys. Then, check page 6 in your textbook to see whether you guessed right or not.

MÄDCHEN	JUNGEN
☐ Inge	☐ Lukas
☐ Laura	☐ Alexander
☐ Hildegard	☐ Frank
☐ Marie	☐ Maximilian
☐ Sophie	☐ Bernd
☐ Lea	☐ Kevin
☐ Sabine	☐ Christian
☐ Susanne	☐ Leon

B. Farben als Symbole. Which colors are symbols in German? What do they symbolize? Write down six colors and the associations that German speakers have with them.

FARBE   SYMBOL FÜR

_____   _____

_____   _____

_____   _____

_____   _____

_____   _____

_____   _____

C. Begrüßen und Verabschieden. Write down what greeting you would use in these situations.

NOTE: Consider three things when choosing the appropriate greeting or farewell: (1) time of day; (2) geographical setting (Northern vs. Southern Germany / Austria); (3) social setting (formal vs. familiar).

WAS SAGEN SIE?

1. Sie sind in Hamburg. Es ist 10 Uhr morgens. Sie treffen Ihre Professorin. _____

2. Sie sind in München. Es ist 3 Uhr nachmittags. Sie treffen Ihren Professor. _____

3. Sie sind auf einer Studentenparty. Es ist 23 Uhr und Sie gehen nach Hause. _____

4. Sie sind in Berlin. Sie treffen Ihre Professorin, sprechen kurz mit ihr und gehen wieder. _____

5. Das Telefon klingelt, Sie heben ab. _____

Aufsatz-Training

A. Claudias Lieblingsklamotten. Claudia has written a description of her favorite clothes. Had she read grammar section A.4, she would know how to use pronouns in place of nouns to eliminate redundancy. In her description below, cross out each repetitive article and noun. Then write the appropriate pronoun above it as shown. *Hint:* **Lieblings-** („favorite") combined with another noun becomes a compound noun—for example, **Lieblingsrock** („favorite skirt"). A compound noun takes its gender and plural form from the last component.

Achtung:	DEFINITE ARTICLE		PRONOUN
	der + noun (*m.*)	→	**er**
	das + noun (*n.*)	→	**es**
	die + noun (*f., pl.*) →		**sie**

Claudias Lieblingsklamotten[1]

Hier ist mein <u>Lieblingsrock</u>. ~~Der Rock~~ *Er* ist grün. Das ist mein Lieblingskleid. Das Kleid ist braun. Ja, und hier ist meine Lieblingsjacke. Die Jacke ist grau. Und hier sind meine Lieblingsstiefel. Die Stiefel sind schwarz. Ich trage auch gern blau, aber meine Lieblingsfarbe ist lila.

[1]*favorite clothes*

B. Meine Lieblingsklamotten. Now fill in the blanks below to describe your favorite things to wear, using items of clothing and colors from the boxes below. Follow the pattern of Claudia's description but use different items.

Meine Lieblingsklamotten

Hier ist mein _____. _____ ist _____ .

Das ist mein _____. _____ ist _____ .

Ja, und hier ist meine _____. _____ ist _____ .

Und hier sind meine _____. _____ sind _____ .

Ich trage auch gern _____ , aber meine Lieblingsfarbe ist _____ .

meine Lieblingshose (f.) mein Lieblingshemd (n.)	gelb
	lila
meine Lieblingskrawatte (f.) meine Lieblingssocken (pl.)	rosa
	schwarz
meine Lieblingsjeans (f.) mein Lieblingssweatshirt (n.)	blau
	braun
meine Lieblingsbluse (f.) mein Lieblingssakko (n.)	
	grau
mein Lieblingsanzug (m.)	grün
	mein Lieblingshut (m.)
	orange
mein Lieblingsmantel (m.) meine Lieblingsschuhe (pl.)	rot
mein Lieblingspullover (m.)	weiß

EINFÜHRUNG **B**

Das Klassenzimmer

Schriftliche Aktivitäten

A. Buchstabensalat. Find 10 more words for classroom objects.

➜ Lesen Sie Grammatik B.4, „Plural forms of nouns"!

```
O  L  R  Ü  T  N  H  L  M
T  K  D  E  C  K  E  B  B
T  T  X  I  S  D  F  M  O
I  B  D  P  C  N  T  E  D
S  S  T  Ü  H  L  E  B  E
C  L  A  M  P  E  Z  X  N
H  G  F  E  N  S  T  E  R
V  R  E  H  C  Ü  B  L  T
G  V  L  J  W  A  N  D  B
```

Eight of the 11 classroom objects named above are in the singular form. What are their plural forms?

1. _____   5. _____

2. _____   6. _____

3. _____   7. _____

4. _____   8. _____

What are the singular forms of the three remaining classroom objects?

1. _____

2. _____

3. _____

B. Was ist in Ihrem Klassenzimmer? Choose eight additional items from the word box below that are in your classroom, and indicate how many of each object or person there are. You may draw the object(s)/people or simply indicate their position in the room on the floor plan below.

> **Achtung!** *One* is **ein** for masculine and neuter nouns and **eine** for feminine nouns.

Bleistift, -e (m.)   Fernseher, - (television set)(m.)   Professorin, -nen (f.)

Tür, -en (f.)

Boden (m.)   Heft, -e (n.)   Student, -en (m.)

Uhr, -en (f.)

Buch, ˝-er (n.)   DVD-Spieler, - (m.)   Studentin, -nen (f.)

CD-Spieler, - (m.)   Lampe, -n (f.)   Stuhl, ˝-e (m.)   Videorekorder, - (m.)

Computer, - (m.)   Tafel, -n (f.)

Landkarte, -n (map)(f.)

Tageslichtprojektor, -en (m.)

Decke (f.)

Professor, -en (m.)   Wand, ˝-e (f.)

Fenster, - (n.)   Tisch, -e (m.)

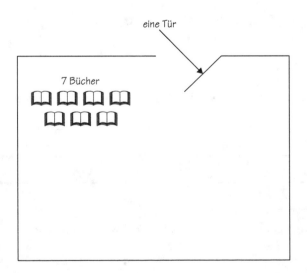

eine Tür

7 Bücher

Hörverständnis

Das Klassenzimmer. Ernst has just returned from his first day in school this fall. His mother is asking him about his classroom and the objects in it.

NEUE VOKABELN
sogar   *even*
der Schüler, -   *pupil*

Frau Wagner spricht mit Ernst über seinen ersten Schultag.

As you listen to the conversation, make a list of the objects in the classroom that Ernst and his mother mention.

1. _____
2. *Tische* _____
3. _____
4. _____
5. *Stifte* _____

6. _____
7. *Schwamm* _____
8. _____
9. *Bücher* _____
10. _____

Beschreibungen

Schriftliche Aktivitäten

A. **Aussehen oder Charaktereigenschaft?** Mark whether each description refers to appearance (*Aussehen*) or a personality trait (*Charaktereigenschaft*).

	AUSSEHEN	CHARAKTEREIGENSCHAFT
1. braunes Haar	☒	☐
2. ernsthaft	☐	☐
3. freundlich	☐	☐
4. groß	☐	☐
5. grüne Augen	☐	☐

	AUSSEHEN	CHARAKTEREIGENSCHAFT
6. klein	☐	☐
7. kurzes Haar	☐	☐
8. nervös	☐	☐
9. nett	☐	☐
10. schlank	☐	☐
11. schüchtern	☐	☐
12. verrückt	☐	☐

B. Meine Mitstudenten. Describe five students in your class, using one term to describe the appearance and another for a personality trait.

→ Lesen Sie Grammatik B.2, „Who are you? The verb **sein**", und B.3, „What do you have? The verb **haben**"!

MODELLE: Franz: Er hat langes Haar und er ist intelligent.
Helga: Sie ist hübsch und optimistisch.

1. _____
2. _____
3. _____
4. _____
5. _____

C. Beschreibungen.

1. Monikas Bruder Stefan. Monika describes her brother Stefan.

Mein Bruder heißt Stefan. Er ist 20 Jahre[1] alt. Er ist Student. Stefans Haar ist kurz und blond und er hat grüne Augen. Er ist groß und verrückt.

2. Stefan beschreibt sich. Now Stefan describes himself. In the boxes, put the correct form of the verb **sein** or **haben**.

Hallo! Ich heiße Stefan. Ich ☐ 20 Jahre alt. Ich ☐ Student.

Mein Haar ☐ kurz und blond und ich ☐ grüne Augen.

Ich ☐ groß und verrückt!

[1]*years*

3. **Wie sind Sie?** Now describe yourself. Write the correct form of the verb **sein** or **haben** in each box. Fill in the blanks using the same pattern as Stefan above. Use adjectives and colors from the list or others you've learned.

FARBEN

blau
blond
braun
grau
grün
lila
rosa
rot
schwarz
weiß

ADJEKTIVE

dick/schlank
ernsthaft/verrückt
freundlich
groß/klein
nervös/ruhig
nett
optimistisch/pessimistisch
schüchtern
sportlich
tolerant

a. Hallo! Ich heiße _____ .

b. Ich [ ] _____ Jahre alt.

c. Ich [ ] _____ . (Student, Studentin)

d. Mein Haar [ ] _____ und _____ .

e. Ich [ ] _____ Augen.

f. Ich [ ] _____ und _____ .

Hörverständnis

A. Beschreibungen. Michael Pusch introduces and describes himself.

NEUE VOKABELN
teures *expensive*
einfach *simply*

Wer sieht wie Michael aus? Circle the picture that most closely resembles Michael according to his description of himself.

a.

b.

B. Auf einer Party in Berkeley. Rolf Schmitz ist mit Peter Kaufmann auf einer Party. Peter ist ein bisschen nervös.

NEUE VOKABELN
da drüben   *over there*
frech   *rude, sassy, impertinent*
kennen   *to know* (a person)
stimmt   *that's right*
das Paar   *pair, couple*

Circle the characteristics that apply to Peter and those that apply to Sabine.

PETER	SABINE
frech	frech
glücklich	glücklich
hübsch	hübsch
intelligent	intelligent
nervös	nervös
nett	nett
schüchtern	schüchtern
sportlich	sportlich
traurig	traurig

Der Körper

Schriftliche Aktivitäten

A. Max. Draw Max in the space provided. Your drawing must include all the features mentioned in the description below.

Max ist groß und schlank. Er hat langes Haar und einen Schnurrbart und er trägt eine Brille. Seine Nase ist lang, sein Mund ist klein und er hat große Ohren. Er hat kurze Arme und große Füße. Er trägt ein graues T-Shirt, eine schwarze Hose und weiße Tennisschuhe.

B. Die Körperteile. Now label the following ten parts of the body in your drawing of Max above. Use the following expressions containing **sein** or **seine** (*his*) each time.

sein linker[1] Arm
seine Augen
sein rechtes[2] Bein
seine rechte Hand
sein rechter Fuß

sein Kopf
sein Bauch
sein Gesicht
seine Schultern
sein Haar

[1]*left*
[2]*rechtes, rechte, rechter = right*

Hörverständnis

Der Körper. The students in Professor Schulz's class are doing a TPR activity that involves various parts of the body. Listen to the sequence, and circle all the parts of the body in the illustration below that are mentioned. *Number* each part as you circle it, to indicate the order in which the parts are mentioned.

NEUE VOKABELN
Berühren Sie!   *Touch!*

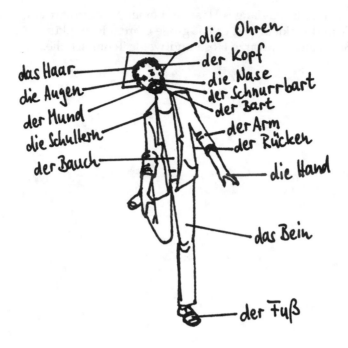

Die Familie

Schriftliche Aktivitäten

A. Familienstammbaum. Provide the appropriate kinship terms for the family members listed below.

1. Johannes ist Rolfs _____.

2. Sigrid ist Doras _____.

3. Ursula ist Johannes' _____.

4. Franz ist Sigrids _____.

5. Johannes ist Ulfs _____.

6. Helene ist Helgas _____.

7. Rolf ist Sigrids _____.

8. Manfred ist Viktors _____.

9. Ursula ist Manfreds _____.

10. Sigrid ist Claudias _____.

11. Franz ist Helenes _____.

B. Ihre Familie. Match the following kinship terms by gender and—for four of the pairs—the corresponding plural as well. The first group has been done as an example.

Bruder	Großvater	Schwester
~~Eltern~~	Kinder	Sohn
Frau	Kusine	Tante
Geschwister	Mann	Tochter
Großeltern	~~Mutter~~	~~Vater~~
Großmutter	Onkel	Vetter

MASKULIN		FEMININ		PLURAL
mein _Vater_	+	meine _Mutter_	=	meine _Eltern_
mein _____	+	meine _____	=	meine _____
mein _____	+	meine _____	=	meine _____
mein _____	+	meine _____	=	meine _____
mein _____		meine _____		
mein _____		meine _____		
mein _____		meine _____		

C. Meine Familie. Now describe three members of your family. Mention name, appearances and personality.

MODELLE: Meine Kusine heißt Margaret. Sie hat kurzes Haar und sie ist sehr intelligent.
Mein Onkel heißt Jim. Er hat graublaue Augen und er ist ernsthaft.

1. _____

   _____

2. _____

   _____

3. _____

   _____

Hörverständnis

Die Familie. Frau Schulz spricht mit Peter Kaufmann über seine Familie. Listen to the conversation and fill in the names of Peter's parents, brothers, and sisters.

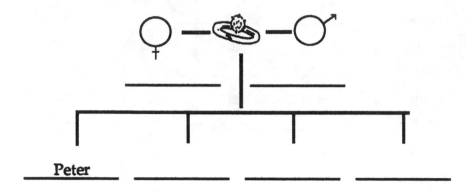

__Peter__ _____ _____ _____

Wetter und Jahreszeiten

Schriftliche Aktivitäten

A. Wie ist das Wetter? Each phrase in the list below refers either to a season or month, to a weather condition, or to a temperature. In the blanks provided, write the season or month, weather condition, and temperature that match each picture best. You may use weather conditions and temperature expressions more than once, but not seasons and months. The first one has been done for you.

Es ist Juni.	Es regnet.	Es ist sonnig.	~~Es ist Winter.~~
Es ist nicht schön.	Es ist Mai.	Es ist kühl.	Es ist warm.
Es ist heiß.	Es schneit.	Es ist Sommer.	Es ist schön.
Es ist wolkig[1].	Es ist kalt.	Es ist Oktober.	Es ist Februar.
Es ist Herbst.	Es ist Frühling.	Es ist windig.	Es ist feucht.

1.

2.

3.

4.

[1]cloudy

5. 6. 7.

	JAHRESZEIT ODER MONAT	WETTER	TEMPERATUR
1.	Es ist Winter.	Es schneit.	Es ist kalt.
2.			
3.			
4.			
5.			
6.			
7.			

B. Wie ist das Wetter heute? What is today's weather like in your town? Use complete sentences.

MODELLE: Wo sind Sie? <u>Ich bin in Ann Arbor, Michigan.</u>
Welche Jahreszeit ist es? <u>Es ist Sommer.</u>
Wie ist das Wetter heute? <u>Es ist nicht schön. Es regnet.</u>

1. Wo sind Sie? _____

2. Welche Jahreszeit ist es? _____

3. Wie ist das Wetter heute? _____

C. Heute ist der 26. Juli. Refer to the weather forecast below, and describe the weather in each of the ten cities listed as shown in the models. Mention the weather condition as well as general temperature.

Europa, 26. 7.

Amsterdam	wolkig	19°C	London	heiter	20°C
Athen	heiter	30°C	Madrid	heiter	26°C
Barcelona	heiter	26°C	Mailand	heiter	29°C
Belgrad	wolkig	23°C	Moskau	heiter	18°C
Bordeaux	bedeckt	20°C	Nizza	heiter	27°C
Bozen	heiter	21°C	Las Palmas	heiter	25°C
Dublin	heiter	20°C	Palma d.M.	wolkig	26°C
Dubrovnik	heiter	29°C	Paris	wolkig	19°C
Helsinki	wolkig	19°C	Prag	Regen	16°C
Innsbruck	wolkig	17°C	Rom	heiter	27°C
Istanbul	heiter	26°C	Salzburg	wolkig	17°C
Klagenfurt	bedeckt	16°C	Stockholm	wolkig	20°C
Lissabon	heiter	30°C	Wien	Regen	17°C
Locarno	heiter	26°C	Zürich	wolkig	15°C

Asien, 26. 7.

Delhi	heiter	36°C
Hongkong	wolkig	29°C
Peking	heiter	33°C
Tokio	wolkig	32°C
Bangkok	wolkig	30°C
Tel Aviv	heiter	31°C

Amerika, 25. 7.

New York	–	–°C
S. Francisco	heiter	20°C
Rio	–	–
Los Angeles	heiter	21°C
Mexiko-Stadt	–	–°C

(Alle Werte Mittag, Ortszeit)

Deutschland, 26. 7.

	Wetter	Wind km/Std.		Tempe-ratur °C früh	Mittag	rel. F. in %
Berlin	bedeckt	N	16	15	21	65
Bonn	wolkig	N	5	13	18	68
Dresden	bedeckt	NW	7	15	19	64
Frankfurt	wolkig	uml	5	14	20	62
Hamburg	bedeckt	NO	20	15	18	74
Leipzig	bedeckt	NW	9	14	20	55
München	st. bew.	W	18	12	14	79
Nürnberg	bedeckt	NW	10	14	18	86
Stuttgart	st. bew.	NW	13	13	17	65
Wendelstein	Nebeltr.	SW	29	4	4	94
Zugspitze	Schneefall	N	23	–3	–3	99

NEUE VOKABELN
heiter *fair*
bedeckt *overcast*

MODELLE: Athen → Es ist schön und warm.
　　　　　　Prag → Es regnet, und es ist etwas kühl.

1. Lissabon _____

2. Tokio _____

3. Berlin _____

4. San Francisco _____

5. Moskau _____

6. Zugspitze _____

7. Bangkok _____

8. Wien _____

9. Amsterdam _____

10. Innsbruck _____

Hörverständnis

A. Die Wettervorhersage. Die Familie Frisch hört die Wettervorhersage im Radio.

Listen to the weather forecast and match the city with the predicted weather. Answers may be used more than once.

1. _____   London

2. _____   Madrid

3. _____   Athen

4. _____   Paris

5. _____   Stockholm

6. _____   Hamburg

7. _____   Berlin

a. Es schneit.
b. Es ist heiß.
c. Es ist sonnig.
d. Es regnet.
e. Es ist schön.

B. Das Wetter in Kalifornien. Claire Martin, eine amerikanische Studentin, ist auf einer Party in Regensburg. Ihre Freundin Melanie stellt ihr einen anderen Studenten vor[1].

NEUE VOKABELN
neblig   *foggy*
brauchen   *to need*

Richtig (R) oder falsch (F)?

1. _____   Die Sonne scheint immer in Kalifornien.

2. _____   Im Sommer ist es oft kühl in San Francisco.

3. _____   In Kalifornien regnet es im Winter nicht.

4. _____   Es ist sehr neblig im Winter in Regensburg.

5. _____   Claire braucht eine neue Winterjacke.

Herkunft und Nationalität

Schriftliche Aktivitäten

Woher kommen diese Personen? Welche Sprache sprechen sie? Where were these people born and raised, and what language do they speak?

➔ Lesen Sie Grammatik B.6, „Origins: **Woher kommen sie?**" und Grammatik B.7, „Possessive adjectives: **mein** and **dein/Ihr**"!

    MODELLE: Julio Iglesias → Julio Iglesias kommt aus Spanien. Er spricht Spanisch.
                  Ihre Großmutter → Meine Großmutter kommt aus Irland. Sie spricht Englisch.

1. Ralf Schumacher _____

   _____

2. Isabella Rossellini _____

   _____

3. Gérard Depardieu _____

   _____

4. Ihre Mutter _____

   _____

5. Ihr Vater _____

   _____

[1]stellt ... *introduces another student to her*

6. Sie: Ich _____

_____

Hörverständnis

A. Rollenspiel: Herkunft.

s1: Sie sind ein neuer Student / eine neue Studentin an einer Universität in Deutschland. Sie lernen einen anderen Studenten / eine andere Studentin kennen. Fragen Sie, wie er/sie heißt und woher er/sie kommt. Fragen Sie auch, ob er/sie Freunde/Freundinnen in anderen Ländern hat und welche Sprachen sie sprechen.

s2: Sie sind Student/Studentin an einer Universität in Deutschland. Sie lernen einen neuen Studenten / eine neue Studentin kennen. Fragen Sie, wie er/sie heißt, woher er/sie kommt, woher seine/ihre Familie kommt und welche Sprachen er/sie spricht.

NEUE VOKABELN
miteinander   *together*

VOR DEM HÖREN

What questions might the two students ask each other? Formulate possible questions.

☐ _____

☐ _____

☐ _____

☐ _____

☐ _____

☐ _____

WÄHREND DES HÖRENS

1. Now listen to the dialogue. Of the questions you wrote above, check the ones that you actually heard in the dialogue between Ayako and Julia.
2. Listen again to the dialogue. Write the eight questions you hear.

a. _____

b. _____

c. _____

d. _____

e. _____

f. _____

g. _____

h. _____

B. Herkunft und Nationalität. Silvia Mertens und Jürgen Baumann sind auf einer Party im Studentenheim[1] in Göttingen. Jürgen kennt viele Studentinnen und Studenten, aber Silvia kennt niemand[2].

NEUE VOKABELN
neben   *next to*
genug   *enough*

Woher kommen sie?

1. Jean kommt aus _____.

2. Teresa kommt aus _____.

3. Lena kommt aus _____.

4. Julio kommt aus _____.

5. Mike Williams kommt aus _____.

6. Brad Pitt kommt aus _____.

Aussprache und Orthografie

Aussprache

Word Stress in Simple (Non-Compound) Words

In German and English, there are different rules for stressing syllables; you will learn these rules little by little. As you learn new words, pay attention to the stressed syllable.

Let's begin with simple, non-compound words. German verbs, nouns, and adjectives are usually stressed on the stem syllable (or on the first syllable of the word). This rule does not always apply to words from other languages and to names.

Stressed syllables are clearer, louder, and somewhat longer than unstressed syllables. Vowel length must be maintained in both stressed and unstressed syllables, because it often determines the word's meaning. Therefore, stressed short vowels must not be lengthened.

A. Listen to the pairs of words. Is the stress the same (=) or different (≠)?

1. Freund – Freundin (   )
2. Student – Schüler (   )
3. Professor – Professoren (   )
4. London – Madrid (   )
5. Berlin – Moskau (   )
6. Spanien – Spanisch (   )
7. Japan – Japanisch (   )
8. Italien – Italienisch (   )

[1]dormitory
[2]no one

Check your answers in the answer key. Then replay the segment and repeat the words after the speaker. When you hear the stressed syllable, tap lightly on your table.

B. Listen to the words and note the stressed syllable.

1. kommen
2. sehen
3. arbeiten
4. Sommer
5. Sonne

6. Orthografie
7. Peter
8. Sabine
9. Berlin
10. Argentinien

Now replay the segment and listen to the words a second time, marking the long stressed vowels with an underscore (_) and the short stressed vowels syllables with a dot (.).

Check your answers in the answer key. Then replay the segment again and repeat the words after the speaker. When you hear the stressed syllable, tap lightly on your table.

C. Listen to the names and write them in the correct column, depending on which syllable is stressed.

Sabine
Melanie
Teresa
Susanne
Peter

Jutta
Katharina
Alexander
Viktor
Helene

1st Syllable Stressed	2nd Syllable Stressed	3rd Syllable Stressed

Check your answers in the answer key. Repeat each name after the speaker. When you say the stressed syllable, tap lightly on your table.

Now read aloud two names together that have the same stressed syllable, for example, Sabine und Susanne. The rhythm will help you place the stress on the proper syllable.

D. Now use the same names in sentences. Listen to each sentence several times. Complete the missing words.

1. Peter ist _____.

2. Teresa ist _____.

3. Josef ist _____.

4. Sabine ist _____.

5. Johannes und Susanne sind _____.

6. Lisa ist _____.

7. Rolf ist _____.

8. Alexander ist _____.

Check your answers. Repeat each name after the speaker. When you say the stressed syllable, tap lightly on your table.

Did you notice that the names and words have the same stress? If not, listen to the sentences again and repeat them after the speaker.

Orthografie

Capitalization

In German, all nouns are capitalized, not just proper names as in English. Words other than nouns—verbs, adjectives,* pronouns,† and so on—are not capitalized unless they begin a sentence.

A. Listen to and then write the nouns you hear next to their English equivalents. Make sure each German noun starts with a capital letter.

1. car _____   4. arm _____

2. table _____   5. lamp _____

3. winter _____

B. Listen and fill in the missing letters.

1. ____eutschkurs – die ____eutsche ____prache

2. ____tudieren – das ____tudium – die ____tudenten

3. ____ommen ____ie mit! – ____ie ____ommen mit?

4. ____ie ____ eht ____s ____hnen?

5. ____eht ____s ____hnen ____ut?

Kulturecke

A. Temperaturen. What are these temperatures in degrees Fahrenheit?

1. 35° Celsius:	a. 60° F	b. 95° F	c. 105° F
2. −10° Celsius:	a. 14° F	b. 32° F	c. 58° F
3. 15° Celsius:	a. 29° F	b. 43° F	c. 59° F
4. 0° Celsius:	a. 0° F	b. 32° F	c. 50° F
5. 20° Celsius:	a. 48° F	b. 58° F	c. 68° F
6. −15° Celsius:	a. −5° F	b. 0° F	c. 5° F
7. 25° Celsius:	a. 77° F	b. 87° F	c. 97° F
8. 5° Celsius:	a. 31° F	b. 41° F	c. 51° F

---

*Even adjectives that refer to countries or languages begin with a lowercase letter: **ein deutscher Wein**— *a German wine.*

†The pronoun **Sie** is capitalized when it means *you;* **ich** (*I*) is not capitalized unless it begins the sentence: **Kann ich mitkommen? —Ja, kommen Sie doch mit.** *Can I come along? —Yes, why don't you come along.*

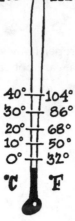

Anders Celsius (1701–1744)
Schwedischer Astronom

Gabriel Fahrenheit (1686–1736)
Deutscher Physiker

B. Deutschland: Lage, Klima und Wetter. Mark the correct answers.

1. Deutschland hat _____ Nachbarländer.

    a. fünf
    b. sieben
    c. neun
    d. elf

2. Dieses Land ist kein Nachbarland Deutschlands: _____.

    a. Dänemark
    b. Polen
    c. Italien
    d. Frankreich

3. Die längste Grenze hat Deutschland mit _____.

    a. Österreich
    b. der Schweiz
    c. Belgien
    d. Polen

4. Im _____ grenzt Deutschland an zwei Meere, die Nordsee und die Ostsee.

    a. Westen
    b. Norden
    c. Osten
    d. Süden

5. Im Nordwesten von Deutschland sind die Sommer _____.

    a. warm aber selten heiß
    b. kühl und selten warm
    c. immer sehr heiß
    d. sehr kühl

6. Die Durchschnittstemperatur im Winter beträgt _____ im Gebirge.

    a. -12° C
    b. -6° C
    c. $-1{,}5^\circ$ C
    d. 6° C

7. Am Rhein in Baden-Württemberg ist das Klima _____, hier wächst sogar Wein.

    a. sehr kalt
    b. mehr ozeanisch
    c. sehr mild
    d. nicht schön

C. Geografie: Die Europäische Union. On the map below, label all countries in addition to Germany that belong to the European Union. *Hint:* Refer to page 35 in your textbook.

Aufsatz-Training

A. Maurice und seine Familie. Using each verb form in the box only once, complete the story about Maurice and his family. The first one has been done for you.

hat

heißt

hat

ist

heißt

heißen

~~ist~~

ist

sind

kommt

kommt

sprechen

spricht

Maurice und seine Familie

Maurice Duvalier _____ist_____ zwanzig und er _____[1] Student. Sein Haar ist kurz und

dunkelblond und er _____[2] braune Augen. Er _____[3] Französisch, Deutsch,

Englisch und ein bisschen Italienisch. Er _____[4] ruhig und oft reserviert. Er _____[5]

einen Bruder und eine Schwester. Sein Bruder _____[6] Alain und seine Schwester

_____[7] Nicole. Alain und Nicole _____[8] beide vierzehn und Zwillinge*. Maurices

Eltern _____[9] Robert und Christine Duvalier. Sein Vater _____[10] aus Lausanne und

seine Mutter _____[11] aus Solothurn. Seine Eltern _____[12] Französisch und Deutsch.

*twins

B. Jetzt sind Sie dran! Now write a composition about yourself and your family. Provide the following information.

    a.   about yourself: first and last name, age, student status, eye color, hair length and color, language proficiency, two personality traits
    b.   your siblings, if any: number of brothers and sisters, names, ages
    c.   your parents: names, places of origin, language proficiencies

Meine Familie und ich

_____

_____

_____

_____

_____

_____

_____

_____

_____

_____

Hörverständnis: How to Get the Most out of This Component*

As you know, the purpose of the **Hörverständnis** sections is to give you more opportunities to hear spoken German in meaningful ways outside of class. These comprehension experiences can help you develop the ability to understand spoken German by learning to recognize the most important elements in sentences without being thrown off by unfamiliar words and structures. They also furnish more opportunities for language acquisition by providing additional comprehensible input and contact with German. The exercises for each text consist of (1) a list of the new vocabulary crucial to comprehension, with English translations; (2) a short introduction to the text you will hear; and (3) tasks to help you verify that you have understood the main ideas. Some **Hörverständnis** activities include prelistening (**Vor dem Hören**) activities and postlistening (**Nach dem Hören**) activities. These give you the opportunity to relate the topic to your own background knowledge and interests.

This short training section is included before **Kapitel 1** because it is important that you be able to do assignments confidently. The pointers included here should reinforce what your instructor has been teaching you in the classroom about comprehension.

The topics of the oral texts in the workbook loosely follow those of the corresponding chapters of your textbook. Logically then, it is advisable to work on the **Hörverständnis** once most of the chapter activities in the textbook have been done in class and you feel fairly comfortable with the topics and vocabulary of the chapter. But even when you think you are comfortable with the material, keep in mind the following remarks. Although you may listen to a recording as many times as you consider necessary, you should not listen over and over until you understand every single word you hear. This is unnecessary! Your goal should be to reach an acceptable, not perfect, level of comprehension. While listening to the segments several times can be helpful, if you listen over and over when you are not ready, you will only engage in an exercise in frustration.

The following strategies will help minimize your frustration and maximize your comprehension.

1. Listen for key words. (So far, these include words you are acquiring or have acquired in class in **Einführungen A** and **B** and **Kapitel 1** of your textbook, plus those given at the beginning of the specific section you will be listening to. In succeeding chapters, key words may come from vocabulary acquired in the current and previous textbook chapters as well as from the **Neue Vokabeln** sections in the workbook chapter you are currently working on.)
2. Pay close attention to the context.
3. Make educated guesses whenever possible!

Pressure is your worst enemy when doing these assignments. If you are under stress and a problem arises, you will tend to think that the material is too difficult or that you are not as good a student as you should be; yet more often than not, extraneous factors are to blame. For example, a frequent cause of stress is poor planning. Leaving this type of assignment for the morning of the day it is due and not allowing sufficient time to complete it without rushing can easily lead to frustration. Listening to a segment over and over again without previous preparation can have the same result. Finally, listening over and over, even when you have followed the right procedure, is usually not very rewarding. When you are feeling lost, a more effective remedy is to stop the recording and go over the particular topic, as well as the related vocabulary in your textbook.

Unrealistic expectations are also a source of stress. Often students expect to understand everything after listening to a segment once or twice. They automatically assume that they do not understand everything because the recording is in German. They forget that listening to a recording is always different from listening to real people. They also overlook the fact that even in your own language, when you listen to a radio talk show or to a song for the first time, you do not always grasp everything you hear. If you don't believe this, try this test. Record a radio show—in English, of

---

*To be used with **Kapitel 1**

course—and listen to it one time, then jot down the main ideas. Now listen a second time and compare how much more you grasped the second time. If you wish, do the test with a new song instead. Count the times you have to play it to feel that you really know what the singer is saying.

The following specific strategies will help you enhance your comprehension now that the material is a bit more advanced than in the two preliminary **Einführungen.**

1. First, take care of logistics, a very important factor of your success. Find a comfortable, well-lit place, one where you can listen and write without interruptions. Make sure you have the playback device, as well as your workbook, within easy reach.

2. Don't start until you are thoroughly familiar with the mechanics of the playback device and feel comfortable using it. Look for the play, rewind, fast forward, pause, and stop buttons, and familiarize yourself with their functions. Now find the counter (if there is one) and set it at 000. Remember to set it at 000 every time you begin a new exercise so that you will find the beginning easily every time you want to listen to that segment again.

3. Now open your workbook and locate the pages that correspond to the **Hörverständnis** section under **Schule und Universität** of **Kapitel 1.** Then look for **Dialog aus dem Text.** In this section you hear the dialogues from the text (with which you are probably already familiar) and perform listening tasks based on the dialogues. Read everything printed, including the introduction to the dialogue and the listening task instructions. Besides helping you get a clear idea of what is expected of you, this procedure will help you create a context. Starting the recording before properly preparing yourself is like coming into the middle of a serious conversation (or after a difficult class has already started) and expecting to participate intelligently.

4. Get into the habit of making sure you know what to listen for. (Yes, you are right, the task for the first segment is to listen to the conversation and say whether the statements are true or false. You are then to rewrite the false statements as true statements.)

5. Now that you know what you have to do, take a few seconds to map out a strategy. You may wish to set a simple goal for yourself, such as deciding whether all the statements are true or false before trying to correct any of the false statements. Then you can go back and listen to the dialogue again as many times as needed to correct the false statements.

Now try these suggestions with the **Hörverständnis** section under **Schule und Universität.** Find activity **A** on page 43. You have listened once and determined that both statements are false. Now listen again to see where the new student comes from. You might want to turn off the recording while you rewrite the statement as a correct one. That's right, the student comes from Germany, not Austria. Now listen once again to see what he really studies. That's right, psychology. When you're correcting false statements in an exercise like this, don't forget to use the existing sentences as models. Change only what has to be changed—in this case, **Deutschland** for **Österreich** in item **1** and **Psychologie** for **Medizin** in item **2.**

Now go to **Hobbys** on page 41. Read everything printed and look at the picture. Now look at the table. If you decide that Nora and Albert are talking about what they do during their free time and that you have to decide who does which of the listed activities, you're right. One way to approach this would be to decide to listen for the activities that Nora does the first time, purposely ignoring Albert, and then to listen again to determine Albert's activities, this time ignoring Nora. Try this now. What does Nora do during her vacation? That's right, she windsurfs, swims, and likes to go hiking in the mountains. Now listen again, to make sure that Albert spends his time studying math, working in the library, and camping in Yosemite.

Now go on to **Freizeitpark „Hansaland".** Once more, the first step is to read all that is printed on the page and to look at the illustration. After doing this, you should have come to the conclusion that you will hear an advertisement for some sort of resort. In the picture you see people engaged in various activities. You also know that you need to fill in which sports one can do at Hansaland, and you need to find the appropriate answer for questions **2** and **3.** Let's say you plan to listen three or four times, so this first time you decide to focus only on questions **2** and **3.** Now that you are ready, you can start the recording.

If you decided that **2** is **ja** and **3** is **keine Information,** you are right. The ad for the resort suggests that you stop in at the bar for a glass of beer, but windsurfing is not mentioned.

For the answers to **1,** you will have to work with a different strategy. You know that you need to write down three different sporting activities for **a, b,** and **c.** Remember that the possibilities for these answers are limited to words you have learned up until now or to cognates, words that are the same in German and English. (You may want to go back to the section „Freizeit" in your text and review the vocabulary.)

This time, since you have to write in whole words, you may want to concentrate just on getting **a** the first time you listen and work on getting subsequent activities with subsequent listenings. Or you may want to get **a, b,** and **c** but write only the first few letters of each word, and then go back and complete them when you have finished listening to the passage. Now you should look at each word you have written. Do you think you have spelled each one correctly? Is it a noun? Should it be capitalized? When you have finished looking over your answers to this section, go to the back of the workbook and check your answers.

A similar technique can be used for doing **Das Studium** on page 44. After reading what is printed for this segment, you know that Thomas and Katrin, two students in the German class at Berkeley, are discussing their course schedules. And you know that your task is to fill out the class schedule for each of them. Again, if you are a little unsure, look at the section „Schule und Universität" in the text and go over the vocabulary briefly. As before, you may want to fill in the information first for Katrin, then for Thomas. You may want to write just the first couple of letters for each class and then write in the whole words after you have finished listening, or you may want to fill in whole words at once and pause the recording so it doesn't keep going while you are trying to write. If you choose the last option, make sure that you listen to the whole segment at least once without stopping the recording, preferably the first time you listen (without attempting to write anything down).

As you move through the chapter, you will find that your work is getting easier. **Mein Tagesablauf** on page 46 should be even easier than the previous segments. After reading what is printed, you know that you are to mark each statement either **R** for **richtig** (true) or **F** for **falsch** (false), and then write correct statements for those you've marked false. Remember that you are listening only for specific information; you need not focus on information not asked for. You may want to listen to the dialogue several times to catch the information you're seeking and double-check yourself.

Going on to **Silvia arbeitet auf dem Bahnhof** on page 46, you see that you have to write down the destinations of the trains and their times of departure. First determine which column to write the destinations in and which to write the times in. If you determined that the times belong in the second column, you were right. Now you will probably decide to write the places in the order they are mentioned, or maybe just the first few letters of each place, so you can fill in the rest of the names later. It may take several times listening before you get all the times of departure, but don't worry; this is a relatively difficult task. When you've matched all the times of departure with the destinations, go to the answer section at the back of the workbook and verify your answers.

In **Biografische Informationen** on page 50 you need to answer two questions about the dance course Willi wants to take, and then you need to fill in information about Willi's address and the dance school's address. Dividing the task into its various components will make it easier.

The **Bildgeschichte** section on page 45 reviews the narration series (picture story) that appears in the main text. Here, both the pictures and the vocabulary are provided. Two kinds of exercises go with the stories: (1) a text-based exercise that helps you focus on an important feature of German such as a particular grammar point, and (2) an exercise in which you are asked to talk about yourself, using the new vocabulary in the picture story, in order to help you learn and retain the vocabulary more easily.

The **Rollenspiel** section of the **Hörverständnis** in each chapter (for example page 49) is designed to help prepare you to perform the **Rollenspiel** in class. The listening tasks accompanying the **Rollenspiel** are less specific than those that accompany **Hörverständnis** activities. You are often asked to identify or write down questions you hear the **Rollenspiel** participants ask. The point here is to not to hear every word and write down every question absolutely perfectly; rather, the idea is that you familiarize yourself with the kinds of questions and answers that will be useful when you do the **Rollenspiel** yourself.

The strategies we have given here are ones that students have told us have helped them in the past. No doubt you will pick the ones that work best for you and you will soon develop some of your own. We hope that this introduction has made you aware of the advisability of planning ahead and mapping out the most appropriate strategies before attempting a task. After some practice, you will be so familiar with the process that it will be more or less unconscious, as it should be—for then it will be a habit you can depend on when communicating with native speakers of German.

KAPITEL **3**

Talente,
Pläne, Pflichten

Talente und Pläne

Schriftliche Aktivitäten

Was können Sie gut? Was können Sie nicht gut? Verwenden Sie Aktivitäten aus der folgenden Liste.

➔   Lesen Sie Grammatik 3.1, „The modal verbs **können, wollen, mögen**"!

singen	Tennis, Volleyball, Fußball,	kochen
Witze erzählen	Tischtennis spielen	stricken
Autos reparieren	Deutsch, Französisch,	Rollschuh laufen
zeichnen	Spanisch, Russisch sprechen	Schlittschuh laufen
schwimmen	tanzen	Ski fahren
fotografieren	Klavier, Gitarre, Geige spielen	Motorrad fahren

KOMMENTARE

[+]	[0]	[−]
ausgezeichnet	ganz gut	nicht so gut
sehr gut	nur ein bisschen	gar nicht
gut		kein bisschen

ICH KANN …	ICH KANN NICHT…
MODELL: Ich kann ausgezcichnet Spaghetti kochen.	MODELL: Ich kann kein bisschen stricken.

1. Ich will gut Tennis spielen

2. Ich kann ganz gut Tischtennis spielen

3. Ich mag ganz gut Französisch sprechen

4. _____

5. _____

1. Ich will kein Gitarre spielen

2. Ich mag kein bisschen Klavier spielen

3. Ich kann sehr gut Spanisch sprechen

4. _____

5. _____

Hörverständnis

A. Talente. Wer kann was? Markieren Sie die richtigen Antworten.

NEUE VOKABELN
der Knoblauch   *garlic*

1. Monika kann _____.
   a. gut stricken   b. gut kochen   c. windsurfen   d. nicht stricken

2. Peter kann _____.
   a. stricken   b. gut windsurfen   c. gut Gitarre spielen   d. gut kochen

3. Nora kann _____.
   a. gut kochen   b. gut stricken   c. gut Gitarre spielen   d. gut windsurfen

4. Stefan kann _____.
   a. windsurfen   b. gut Gitarre spielen   c. gut kochen   d. gut stricken

B. Dialog aus dem Text: Ferienpläne. Ergänzen Sie die Sätze mit den Phrasen, die Sie hören.

1. Melanie will _____ und eine Ausstellung für Fotografie

   _____.

2. Außerdem will sie _____.

3. Sie _____ viel Querflöte _____.

4. Im Sommerurlaub muss man auch verreisen, irgendwohin, wo man

   _____ kann.

5. Josef will in den Ferien mindestens _____.

6. Am liebsten möchte er _____.

7. Er möchte jeden Tag _____.

8. Vorher muss er noch die Garage _____ und

   _____.

C. Pläne. Jürgen Baumann erzählt seinem Freund Hans, was er für seine Ferien plant.

NEUE VOKABELN
genießen   *to enjoy*
die „Ente"   *an old Citroen*

Beantworten Sie die folgenden Fragen mit ganzen Sätzen.

1. Wie viele Monate muss Jürgen noch arbeiten? _____

2. Was will er lernen? _____

3. Wie viele Wochen Ferien will er machen? _____

4. Wohin möchten Silvia und Jürgen fahren? _____

5. Was kann Silvia gut? _____

6. Was kann Jürgen gut? _____

7. Was wollen sie kaufen? _____

Pflichten

Schriftliche Aktivitäten

A. Lydia will fernsehen. Lydia Frisch möchte einen Krimi[1] im Fernsehen sehen. Sie fragt ihre Mutter. Benutzen Sie **können, dürfen** oder **müssen.**

➜ Lesen Sie Grammatik 3.2, „The modal verbs **müssen, sollen, dürfen**"!

> LYDIA: Mami, heute Abend kommt ein Krimi im Fernsehen. _____[a] ich den sehen?
>
> FRAU FRISCH: Wann denn?
>
> LYDIA: Um 9 Uhr.
>
> FRAU FRISCH: Nein, Lydia, das ist zu spät. Du _____[b] doch morgen früh zur Schule!
>
> LYDIA: Aber, Mami, ich gehe auch sofort nach dem Film ins Bett.
>
> FRAU FRISCH: Lydia, du bist erst 12. Ein Kind in deinem Alter _____[c] mindestens acht Stunden schlafen.
>
> LYDIA: Aber ich _____[d] doch acht Stunden schlafen!
>
> FRAU FRISCH: Wie denn? Du _____[e] um Viertel vor sieben aufstehen!
>
> LYDIA: Wenn ich nach dem Film um halb elf ins Bett gehe und gleich einschlafe, sind es genau acht Stunden bis Viertel vor sieben.
>
> FRAU FRISCH: Wer weiß, ob du da gleich einschläfst.
>
> LYDIA: Ach, Mami, _____[f] ich ihn sehen? Bitte?
>
> FRAU FRISCH: Nein, Lydia, tut mir leid, aber es geht einfach nicht.
>
> LYDIA: Ach, Mami, du bist gemein[2] … Alle in meiner Klasse _____[g] ihn sehen, nur ich nicht.

B. Andrea Wagner ist erst 10 Jahre alt. Was möchte Andrea? Aber was muss und darf sie? Schreiben Sie sechs Aktivitäten, zwei Aktivitäten für jedes der drei Modalverben.

AKTIVITÄTEN

um 10 Uhr mit Freunden ins Kino gehen
um 12 Uhr ins Bett gehen
um 7 Uhr aufstehen
jeden Tag Hausaufgaben machen
Chips essen
Cola trinken
um 8 Uhr „Die Simpsons" gucken[3]
jeden Tag in die Schule gehen

Andrea

---

[1]*crime thriller, "whodunit"*
[2]*mean*
[3]*watch*

1. Andrea möchte _____

   und _____ .

2. Andrea muss _____

   und _____ .

3. Andrea darf _____

   und _____ .

Und Sie? Was möchten Sie? Was müssen Sie? Was dürfen Sie *nicht*? Schreiben Sie sechs neue Aktivitäten, zwei Aktivitäten für jedes der drei Modalverben.

4. Ich möchte _____

   und _____ .

5. Ich muss _____

   und _____ .

6. Ich darf nicht _____

   und _____ .

Hörverständnis

A. Dialog aus dem Text: Rolf trifft Katrin in der Cafeteria.

Richtig oder falsch?

1. _____ Rolf stört Katrin beim Lernen.

2. _____ Morgen hat Katrin eine Prüfung.

3. _____ Katrin muss noch das Arbeitsbuch kaufen.

4. _____ Katrin kann heute Abend fernsehen.

B. Pflichten. Ernst Wagner möchte einen Hund. Ernst spricht mit seiner Mutter. Er fragt, ob er einen Hund haben darf.

NEUE VOKABELN
füttern   *to feed*
der Spinat   *spinach*
die Eisdiele, -n   *ice-cream parlor*

Was ist richtig?

1. Ernst möchte _____.
   a. einen kleinen Hund mit kurzen Ohren
   b. einen kleinen Hund mit langen Ohren
   c. einen großen Hund mit kurzen Ohren
   d. einen großen Hund mit langen Ohren

2. Hunde dürfen _____ essen.
   a. keine Wurst
   b. keinen Spinat
   c. keine Butter
   d. keine Tomaten

3. Ernst muss mit dem Hund jeden Tag _____ gehen.
   a. in den Park
   b. in die Schule
   c. an die Uni
   d. ins Kino

4. Ernsts Freund Hubert nimmt _____ in die Schule mit.
   a. seine Katze
   b. seinen Hamster
   c. seinen Hund
   d. seine Maus

5. Ernst will mit seinem Hund spazieren gehen, ihn kämmen, ihn füttern und _____.
   a. ihn baden
   b. mit ihm sprechen
   c. mit ihm spielen
   d. auf ihm reiten

6. Frau Wagner _____.
   a. will Ernst einen Hund kaufen
   b. will Ernst keinen Hund kaufen
   c. will mit ihrem Mann darüber sprechen
   d. will mit Jutta darüber sprechen

Ach, wie nett!

Schriftliche Aktivitäten

Geschmacksfragen. Wie finden Sie ihn, sie oder es? Beantworten Sie die Fragen.

→ Lesen Sie Grammatik 3.3, „Accusative case: personal pronouns"!

KOMMENTARE

VERSTÄRKUNG*	ABSCHWÄCHUNG†	[+]	[−]
sehr	ziemlich	ausgezeichnet	blöd[2]
einfach	ganz	fantastisch	dumm
total		gut aussehend[1]	hässlich
		hübsch	langweilig
		intelligent	schlecht
		interessant	schwierig
		lustig	untalentiert
		schön	traurig
		talentiert	uninteressant
		toll	verrückt

Wie finden Sie mein Halstuch?

Ich finde es sehr schön.

---

*To be more emphatic in your commentary, you can add **sehr** *very*, **einfach** *simply*, or **total** *totally*; for example, **einfach toll** or **total blöd.**

†To tone down your commentary, you can add **ziemlich** *rather* or **ganz** *fairly, pretty*; for example, **ziemlich langweilig** or **ganz gut.**

[1]*good-looking*

[2]*stupid, silly*

> **Achtung! Ich finde** + Akkusativ
>
> *masculine*　　ihn
> *neuter*　　　 es
> *feminine*　　 sie
> *plural*　　　 sie

MODELLE:　Wie finden Sie Orlando Bloom? → *Ich finde **ihn** sehr gut aussehend.*
　　　　　　Wie finden Sie seine Filme? → *Ich finde **sie** einfach fantastisch.*

1. Wie finden Sie Angelina Jolie? Ich finde _sie_ _____.

2. Wie finden Sie ihren letzten Film? Ich finde _____.

3. Wie finden Sie Justin Timberlake? Ich finde _____.

4. Wie finden Sie seine Musik? Ich finde _____.

5. Wie finden Sie das amerikanische Fernsehen? Ich finde _____.

6. Wie finden Sie „Die Simpsons"? Ich finde _____.

7. Wie finden Sie moderne Kunst? Ich finde _____.

8. Wie finden Sie italienisches Essen? Ich finde _____.

9. Wie finden Sie Ihren Deutschkurs? Ich finde _____.

10. Wie finden Sie Ihre Deutschlehrerin / Ihren Deutschlehrer? Ich finde _____

_____

Hörverständnis

A. Dialog aus dem Text: Heidi sucht einen Platz in der Cafeteria.

Beantworten Sie die Fragen mit ganzen Sätzen.

1. Woher kommt Stefan? _____

2. Woher kommt Heidi? _____

Richtig oder falsch? Korrigieren Sie die falschen Sätze. Schreiben Sie ganze Sätze.

3. _____　Heidi studiert Kunstgeschichte. _____

4. _____　Stefan will bei einer deutschen Firma arbeiten. _____

_____

B. Rollenspiel: In der Mensa.

s1: Sie sind Student/Studentin an der Uni in Regensburg. Sie gehen in die Mensa und setzen sich zu jemand an den Tisch. Fragen Sie, wie er/sie heißt, woher er/sie kommt und was er/sie studiert.

s2: Sie sind Student/Studentin an der Uni in Regensburg und sind in der Mensa. Jemand möchte sich an Ihren Tisch setzen. Fragen Sie, wie er/sie heißt, woher er/sie kommt und was er/sie studiert.

WÄHREND DES HÖRENS

Wie spricht Adrianna Tom an[1]? Welche Fragen stellt sie ihm? Wie versucht sie, mit ihm in Kontakt zu kommen? Ergänzen Sie den Text!

ADRIANNA: _____

TOM: Ja.

ADRIANNA: _____ in dem Englischseminar von Professor Hartmann?

TOM: Stimmt.

ADRIANNA: _____ so tolle Tennisschuhe an und sprichst so gut

Englisch … _____

TOM: Genau … aus Amerika, aus Washington, um genau zu sein …

ADRIANNA: _____ hier in Heidelberg?

TOM: Nein, dies ist mein erstes Semester. Eigentlich studiere ich Informatik. Ich will später bei einer internationalen Firma arbeiten.

ADRIANNA: _____

TOM: Nachtleben? Was für 'n Nachtleben?

ADRIANNA: Na, die Kneipen und Diskos in der Altstadt.

TOM: Nein, keine Ahnung. Wo denn?

ADRIANNA: _____ ins Kino ein, und dann gehen wir in

eine Kneipe oder vielleicht essen …

TOM: Hmmm, also eigentlich … eigentlich muss ich arbeiten …

ADRIANNA: Und morgen Abend? Wir können ja auch morgen gehen. _____

TOM: Morgen abend … muss ich auch arbeiten.

ADRIANNA: Okay, okay, _____,

dann rufe ich dich an …

TOM: Ich habe leider noch kein Telefon und muss jetzt auch gehen. Ich habe ein Seminar um 4 Uhr. Tschüss! Viel Spaß in der Kneipe!

NACH DEM HÖREN

Was sagen Sie, wenn Sie jemanden kennenlernen wollen oder mit ihm/ihr ausgehen möchten?

1. _____

2. _____

3. _____

[1]spricht an *addresses*

C. Ach, wie nett! Frau Frisch geht mit ihrer Tochter Rosemarie durch die Stadt. Frau Frisch ist in Eile, Rosemarie aber nicht. Rosemarie will alles haben und sieht sich alle Schaufenster[1] an.

Welches Wort passt?

1. Rosemarie findet den blauen Mantel *schön/hässlich/warm.*
2. Rosemarie will *eine Geige / ein Klavier / eine Trompete* kaufen.
3. Rosemarie möchte *eine Orange / einen Apfel / eine Banane* haben.
4. Sie sagt, sie hat *Hunger/Durst.*

Körperliche und geistige Verfassung

Schriftliche Aktivitäten

A. Körperliche Verfassung. Sagen Sie, warum Sie das machen wollen.

→ Lesen Sie Grammatik 3.4, „Word order: dependent clauses", und Grammatik 3.5, „Dependent clauses and separable-prefix verbs"!

   MODELLE: zur Bibliothek gehen → Ich gehe zur Bibliothek, weil ich ein Buch brauche.
               Aspirin nehmen → Ich nehme Aspirin, weil ich Kopfschmerzen habe.

1. zur Bank gehen

   _____

2. Pizza essen

   _____

3. Wasser trinken

   _____

4. zum Supermarkt gehen

   _____

5. zum Arzt gehen

   _____

[1]*display windows, store windows*

B. Geistige Verfassung. Sagen Sie, was Sie machen, wenn Sie sich so fühlen. Beachten Sie die Wortstellung!

> MODELLE: Was machen Sie, wenn Sie Langeweile haben? →
> Wenn ich Langeweile habe, rufe ich meine Freundin an.
>
> Was machen Sie, wenn Sie traurig sind? →
> Wenn ich traurig bin, esse ich ein Eis.

1. Was machen Sie, wenn Sie deprimiert sind?

   Wenn _____ bin, _____

   _____

2. Was machen Sie, wenn Sie glücklich sind?

   Wenn _____

   _____

3. Was machen Sie, wenn Sie wütend sind?

   Wenn _____

   _____

4. Was machen Sie, wenn Sie müde sind?

   Wenn _____

   _____

5. Was machen Sie, wenn Sie Angst haben?

   Wenn _____

   _____

Hörverständnis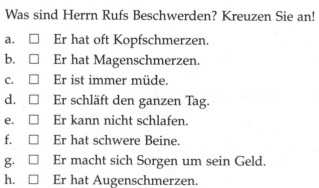

A. Der arme Herr Ruf. Herr Ruf ist bei seiner Ärztin. Es geht ihm nicht gut.

1. Was sind Herrn Rufs Beschwerden? Kreuzen Sie an!

   a. ☐ Er hat oft Kopfschmerzen.
   b. ☐ Er hat Magenschmerzen.
   c. ☐ Er ist immer müde.
   d. ☐ Er schläft den ganzen Tag.
   e. ☐ Er kann nicht schlafen.
   f. ☐ Er hat schwere Beine.
   g. ☐ Er macht sich Sorgen um sein Geld.
   h. ☐ Er hat Augenschmerzen.

NEUE VOKABELN
die Kopfschmerzen (*pl.*)   *headache*
der Wal, -e   *whale*
die Beratung, -en   *consultation*

2. Was rät ihm die Ärztin? Kreuzen Sie an!

    a. ☐ Er soll nicht mehr rauchen.

    b. ☐ Er soll Kopfschmerztabletten nehmen.

    c. ☐ Er soll nicht mit dem Auto zum Supermarkt fahren.

    d. ☐ Er soll jeden Tag schwimmen gehen.

    e. ☐ Er soll zu einer psychologischen Beratung gehen.

Aussprache und Orthografie

Aussprache (1. Teil)

Sentence Rhythm, Pauses, and Stress
As in sentence melody, great similarities exist in German and English sentence rhythm, pauses, and stress. In the following exercises you will be made aware of the small, yet significant, differences between German and English. They can be found above all in the type and phonetic features of the rhythmic grouping. As you work through the following exercises, pay attention to the pauses and to the main stresses of the rhythmic groups that occur between two pauses. One of these group stresses is the *sentence stress*, the heaviest stress in the sentence. In German it is often at the end of a sentence.

A. Listen, but do not repeat.

    1. Wenn ich Hunger habe, gehe ich … ins Restaurant.
    2. Wenn ich Durst habe, gehe ich … nach Hause.
    3. Wenn ich müde bin, gehe ich … ins Bett.
    4. Wenn ich traurig bin, gehe ich … zu meiner Freundin.
    5. Wenn ich krank bin, gehe ich … ins Krankenhaus.
    6. Wenn ich Langeweile habe, gehe ich … ins Museum.

Replay the segment and mark the pauses (/) in the sentences where you hear them.

B. What rhythm do the following place names have in the sentences in **Übung A**? Listen as the place names are read again and match each with the appropriate rhythm sequence (● = unstressed syllable, ● = stressed syllable).

    1. _____ ins Restaurant   a. ● ●
                                            b. ● ● ●
    2. _____ nach Hause   c. ● ● ● ●
                                              d. ● ● ●
    3. _____ ins Bett   e. ● ● ● ●
    4. _____ zu meiner Freundin   f. ● ● ● ● ●
    5. _____ ins Krankenhaus
    6. _____ ins Museum

Check your answers in the answer key. Read the place names aloud, and tap on your table when you say the stressed syllable (large dot). Then underline the stressed syllable in the place names in the numbered list above.

C. Listen as the sentences from **Übung A** are read once more, and underline the stressed syllable in each of the first two rhythmic groups.

1. Wenn ich Hunger habe, gehe ich … ins Restaurant.
2. Wenn ich Durst habe, gehe ich … nach Hause.
3. Wenn ich müde bin, gehe ich … ins Bett.
4. Wenn ich traurig bin, gehe ich … zu meiner Freundin.
5. Wenn ich krank bin, gehe ich … ins Krankenhaus.
6. Wenn ich Langeweile habe, gehe ich … ins Museum.

Replay the segment, this time paying attention to the pauses and stresses in the sentences. Underline twice the syllable that carries the main sentence stress.

Replay the segment several times and pronounce the sentences along with the speaker. Then read the sentences aloud. Be sure to insert appropriate pauses, and pay attention to the sentence stress.

Suggestion: Practice this with other sentences and texts. Mark the pauses, underline the stressed syllables in each rhythm group, underline twice the syllable that carries the main sentence stress, and read the sentences aloud.

Orthografie (1. Teil)

Punctuation

Listen to the following text. Fill in the missing letters and punctuation. Be sure to capitalize all words that begin a sentence.

_____ieber Peter_____ _____ie geht es dir_____ _____ch bin nun schon seit zwei Wochen in

Dallas_____ _____ch wohne bei meinem Freund Kevin_____ _____ir sind jeden Tag mit dem Auto

unterwegs_____ _____enn es gibt hier so viel zu sehen_____ _____eider muss ich schon am Sonntag

zurück nach Wien_____ _____nd du_____ _____ann sehen wir uns wieder_____ _____eine Karin

Aussprache (2. Teil)

Diphthongs

Three diphthongs (combinations of two vowel sounds in one syllable) occur in German: [ae̯], spelled <ei, ai, ey, ay>; [ao̯], spelled <au>; and [ɔø̯], spelled <eu, äu>. They roughly correspond to English <i> (*sight*), <ou> (*house*), and <oy> (*boy*).

A. Listen, but do not repeat.

1. heute: Freitag, 9. Mai
2. Paul: um neun aufstehen
3. fleißig sein
4. im Haus sauber machen
5. aufräumen
6. zeichnen, schreiben, geigen
7. um drei zu Heiner ins Krankenhaus
8. in Eile sein

Replay the segment and repeat the word groups after the speaker. Pay close attention to lip rounding in the diphthongs <au> and <eu/äu>.

B. Create sentences out of the word groups in **Übung A.** Write them down, then read them aloud.

1. _____
2. _____
3. _____
4. _____
5. _____
6. _____
7. _____
8. _____

C. Listen and fill in the missing diphthongs in the following geographic names.

1. (die) Schw_____z
2. Österr_____ch
3. D_____tschland
4. St_____ermark
5. B_____ern
6. B_____r_____th

7. _____gsburg
8. K_____sersl_____tern
9. H_____delberg
10. Gr_____bünden
11. N_____enburg
12. Pass_____

Replay the segment and repeat the words after the speaker.

D. Now organize the geographic names in **Übung C** according to the following three diphthongs. Note: Some names may belong in more than one column.

[ae̯]	[ao̯]	[ɔø̯]

Check your answers in the answer key. Replay the segment for **Übung C,** several times if necessary, and repeat the words after the speaker. Then read the names in each of the columns.

Do you know all these geographic names? If not, locate them on the map in the front of your textbook.

Orthografie (2. Teil)

A. Listen and write only the words with the diphthong **ei.**

1. _____   4. _____

2. _____   5. _____

3. _____   6. _____

B. Listen and write only the words with the diphthong **eu.**

1. _____   4. _____

2. _____   5. _____

3. _____   6. _____

C. Listen and write only the words with the diphthong **äu.**

1. _____   3. _____

2. _____   4. _____

D. Listen and write only the words with the diphthong **au.**

1. _____   4. _____

2. _____   5. _____

3. _____   6. _____

Kulturecke

A. Jugendschutz in Deutschland. In welchem Alter darf man das machen? Kreuzen Sie an!

Man darf …	MIT 13	MIT 15	MIT 16	MIT 18
1. … bis 24.00 Uhr in die Disko gehen.	☐	☐	☐	☐
2. … im Restaurant Bier oder Wein trinken, wenn die Eltern dabei sind.	☐	☐	☐	☐
3. … den Führerschein machen.	☐	☐	☐	☐
4. … mit Erlaubnis[1] der Eltern in den Ferien arbeiten.	☐	☐	☐	☐
5. … rauchen.	☐	☐	☐	☐
6. … wählen.	☐	☐	☐	☐
7. … mit der Arbeit anfangen.	☐	☐	☐	☐
8. … mit Erlaubnis der Eltern heiraten.	☐	☐	☐	☐
9. … ohne Erlaubnis der Eltern heiraten.	☐	☐	☐	☐
10. … im Kino alle Filme sehen.	☐	☐	☐	☐

[1]*permission*

B. Wer weiß – gewinnt! Markieren Sie die richtigen Antworten.

1. Das Schuljahr in Deutschland dauert _____ des nächsten Jahres.
   a. von August/September bis Juni/Juli/August   c. von Oktober bis August/September
   b. von August/September bis Mai/Juni   d. von September/Oktober bis Juli/August

2. Es gibt _____ im Jahr Zeugnisse.
   a. einmal   b. zweimal   c. dreimal   d. viermal

3. Die beste Note in Deutschland ist _____.
   a. die Eins   b. die Sechs   c. das A   d. das F

4. In Deutschland ist die Note Zwei _____.
   a. „sehr gut"   b. „befriedigend"   c. „gut"   d. „ungenügend"

5. Die Noten im Zeugnis sind das Resultat von _____.
   a. Klassenarbeiten und Tests   c. Sommerkursen
   b. Nachhilfestunden   d. Schuljahren

6. Wenn man _____ hat, bleibt man sitzen.
   a. eine Fünf und zwei Sechsen   c. eine Fünf oder zwei Sechsen
   b. zwei Fünfen und eine Sechs   d. zwei Fünfen oder eine Sechs

7. In Deutschland regeln die Jugendschutzgesetze, in welchem Alter _____ und Jugendliche etwas dürfen.
   a. Jungen   b. Enkel   c. Kinder   d. Mädchen

C. Sommerferien 2009. Schauen Sie sich den Ferienkalender an und markieren Sie die richtigen Antworten.

1. In wie vielen Bündesländern beginnen die Sommerferien schon Ende Juni?
   a. zwei
   b. drei
   c. vier
   d. fünf

2. In welchem Bundesland beginnen die Sommerferien erst im August?
   a. Hessen
   b. Bayern
   c. Sachsen
   d. Thüringen

3. Wie lange dauern die Sommerferien ungefähr[1]?
   a. 6 Wochen
   b. 3 bis 4 Wochen
   c. eine Woche
   d. einen Monat

4. In wie vielen Bundesländern sind die Sommerferien am 5. August zu Ende?
   a. zwei
   b. drei
   c. vier
   d. fünf

Ferienkalender
Sommerferien 2009
Bundesrepublik Deutschland

BUNDESLAND	DATEN
Baden-Württemberg	30.07.09 – 12.09.09
Bayern	03.08.09 – 14.09.09
Berlin	15.07.09 – 28.08.09
Brandenburg	16.07.09 – 29.08.09
Bremen	25.06.09 – 05.08.09
Hamburg	16.07.09 – 26.08.09
Hessen	13.07.09 – 21.08.09
Mecklenburg-Vorpommern	20.07.09 – 29.08.09
Niedersachsen	25.06.09 – 05.08.09
Nordrhein-Westfalen	02.07.09 – 14.08.09
Rheinland-Pfalz	13.07.09 – 21.08.09
Saarland	13.07.09 – 22.08.09
Sachsen	29.06.09 – 07.08.09
Sachsen-Anhalt	25.06.09 – 05.08.09
Schleswig-Holstein	20.07.09 – 29.08.09
Thüringen	25.06.09 – 05.08.09

Für die Richtigkeit dieser Angaben wird
keine Gewähr übernommen!

[1]approximately

Aufsatz-Training

A. Haralds Urlaubspläne: Vera fragt. Harald spricht mit seiner Bekannten Vera über Pläne für einen Winterurlaub. Lesen Sie den Dialog!

VERA: Hast du schon Pläne für deinen Winterurlaub?

HARALD: Ja, ich <u>möchte</u> mit den Kindern nach Österreich <u>fahren</u>.

VERA: Wann denn?

HARALD: Im Januar.

VERA: Wie soll das Wetter sein?

HARALD: Es <u>soll</u> sonnig <u>sein</u>, und vorher <u>muss</u> es viel <u>schneien</u>.

VERA: Und warum?

HARALD: Dann <u>kann</u> ich gut <u>snowboarden</u> und hinterher in der Sonne <u>liegen</u> und die Kinder können Schlitten fahren und einen Schneemann bauen.

VERA: Wo <u>wollt</u> ihr <u>übernachten</u>?

HARALD: In einer Skihütte. Aber die Unterkunft[1] <u>darf</u> nicht zu teuer <u>sein</u>.

VERA: Wie lange <u>wollt</u> ihr <u>bleiben</u>?

HARALD: Zwei Wochen.

VERA: Was hast du noch vor?

HARALD: In der zweiten Woche <u>möchte</u> ich einfach nur <u>faulenzen</u>, vielleicht <u>lesen</u> und auch ein bisschen <u>spazieren</u> gehen. Die Kinder können in der Zeit Skiunterricht nehmen.

VERA: Was wollt ihr abends machen?

HARALD: Abends <u>wollen</u> wir <u>essen</u> gehen und Schlittschuh <u>laufen</u>.

VERA: Na, das klingt alles sehr toll. Viel Spaß!

HARALD: Danke.

die Skihütte

[1]*accommodations*

B. Vera erzählt. Am Abend erzählt Vera ihrem Mann über Haralds Pläne. Ergänzen Sie den folgenden Dialog mit den unterstrichenen Informationen aus dem Dialog oben.

> | Achtung! | First person / second person → third person |

MODELLE: HARALD: Ich möchte nach Österreich fahren. → Er möchte nach Österreich fahren.
VERA: Wie lange wollt ihr bleiben? HARALD: Zwei Wochen. → Sie wollen zwei Wochen bleiben.

Vera erzählt

VERA: „Heinz, weißt du was? Harald plant einen super Winterurlaub. Stell dir vor,[1] im

Januar ____*möchte*____ [a] er nach Österreich ____*fahren*____ [b]. Das Wetter
　　　　　Modalverb　　　　　　　　　　　　　　Infinitiv

_____ [c] sonnig _____ [d], und vorher _____ [e] es viel
　Modalverb　　　　　　　　　Infinitiv　　　　　　　　　　　　Modalverb

_____ [f]. Dann _____ [g] er gut _____ [h], und
　Infinitiv　　　　　　　　Modalverb　　　　　　　　　Infinitiv

hinterher in der Sonne _____ [i]. Sie _____ [j] in einer
　　　　　　　　　　　　Infinitiv　　　　　　　Modalverb

Skihütte _____ [k]. Die Unterkunft _____ [l] aber nicht zu
　　　　　Infinitiv　　　　　　　　　　　　　　Modalverb

teuer _____ [m]. Sie _____ [n] zwei Wochen
　　　Infinitiv　　　　　　　　Modalverb

_____ [o]. In der zweiten Woche _____ [p] er
　Infinitiv　　　　　　　　　　　　　　Modalverb

_____ [q], _____ [r] und auch ein bisschen _____ [s]
　Infinitiv　　　　　　Infinitiv　　　　　　　　　　　　　　　Infinitiv

_____ [t]. Abends _____ [u] sie _____ [v]
　Infinitiv　　　　　　　Modalverb　　　　　　Infinitiv

_____ [w] und Schlittschuh _____ [x].“
　Infinitiv　　　　　　　　　　　　　　Infinitiv

HEINZ: Na, das klingt alles sehr toll.
VERA: Das habe ich ja auch gesagt!

[1]stell … *just imagine*

C. **Jetzt sind Sie dran!** Schreiben Sie über Ihre Pläne für einen Sommer- oder Winterurlaub. Beschreiben Sie die Jahreszeit oder den Monat, das Reiseziel, das Wetter, die Unterkunft, die Aufenthaltslänge und minimal fünf Aktivitäten. Benutzen Sie die Modalverben **wollen, möchten, müssen, sollen, dürfen** und **können** wie in Teil **A** auf Seite 98.

NÜTZLICHE AUSDRÜCKE

REISEZIEL

nach New York fahren

nach Australien fliegen

nach Vancouver reisen

Es muss (nicht)*

Es soll (nicht)

Es darf (nicht)

WETTER

regnen.

schneien.

windig sein.

bedeckt sein.

schön sein.

sonnig sein.

kalt sein.

heiß sein.

warm sein.

UNTERKUNFT / HOTEL

Das Hotel

Das Hotelzimmer

Die Skihütte

Die Ferienwohnung

muss (nicht)

soll (nicht)

darf (nicht)

billig sein.

direkt am Strand liegen.

ein Restaurant haben.

ein Schwimmbad haben.

einen Blick haben.

gemütlich sein.

komfortabel sein.

teuer sein.

AUFENTHALTSLÄNGE

ein paar Tage

eine Woche

zwei Wochen

vierzehn Tage

einen Monat

drei Monate

ein Jahr

bleiben

---

*Remember: **muss nicht** means *need not,* but **darf nicht** means *must not.*

Meine Urlaubspläne

_____

_____

_____

_____

_____

_____

_____

_____

_____

_____

KAPITEL **4** | # Ereignisse und Erinnerungen

Der Alltag

Schriftliche Aktivitäten

A. Kreuzworträtsel: Das Perfekt. Tragen Sie die Partizipien der folgenden Verben ein.

➜ Lesen Sie Grammatik 4.1, „Talking about the past: the perfect tense", und Grammatik 4.2, „Strong and weak past participles"!

WAAGERECHT	SENKRECHT
1. schlafen	1. spielen
2. arbeiten	2. essen
3. nehmen	3. kochen
4. trinken	4. sehen
	5. bekommen

B. Sofie und Willi sind ins Kino gegangen. Was ist logisch? Setzen Sie die fehlenden Partizipien ein. Verwenden Sie die folgenden Verben.

essen	gehen	sehen
finden	schlafen	trinken

Sofie ist gestern Abend mit Willi ins Kino _____[1]. Sie haben den Film *Drakula*

_____[2]. Nach dem Film haben Sofie und Willi ein Eis _____[3]

und eine Limonade _____[4]. Sofie hat *Drakula* sehr unheimlich

_____[5]; sie hat die ganze Nacht nicht _____[6].

C. Ihr Tagesablauf. Was haben Sie heute Morgen oder heute Vormittag gemacht?

TYPISCHE AKTIVITÄTEN

aufstehen*	frühstücken	meine Tasche packen
duschen	in einen Kurs gehen*	schlafen
in einem Kurs einschlafen*	Gymnastik machen	einen Kaffee trinken
losfahren*	den Bus nehmen	mir die Haare waschen

> ***Achtung!   Hilfsverb *sein***

MODELLE: Ich habe heute Morgen bis 8 Uhr geschlafen.
Ich bin um halb zehn losgefahren.

1. _____

2. _____

3. _____

4. _____

5. _____

Hörverständnis

A. Dialog aus dem Text: Das Fest. Silvia und Jürgen sitzen in der Mensa und essen zu Mittag.

Ergänzen Sie den Dialog. Was sagt Jürgen?

SILVIA: Ich bin furchtbar müde.

JÜRGEN: _____

SILVIA: Ja. Ich bin heute früh erst um vier Uhr nach Hause gekommen.

JÜRGEN: _____

SILVIA: Auf einem Fest.

JÜRGEN: _____

SILVIA: Ja, ich habe ein paar alte Freunde getroffen und wir haben uns sehr gut unterhalten.

JÜRGEN: _____

B. Jutta hatte einen schweren Tag. Jutta ruft gerade ihre Freundin Angelika an. Der Tag war nicht leicht für Jutta.

NEUE VOKABELN
blöd   *stupid*
das Klassenfest, -e   *class party*
versprechen (verspricht), versprochen   *to promise*

Wer ist es?

1. _____ Sie telefoniert mit Angelika.

2. _____ Sie ist wütend, weil Jutta die Hausaufgaben nicht gemacht hat.

3. _____ Er ist wütend, weil Jutta gestern Abend im Kino war.

4. _____ Er hat Juttas Shampoo benutzt.

5. _____ Er hat nicht angerufen.

6. _____ Er hat schon zweimal angerufen.

7. _____ Sie hat Billy versprochen, mit ihm zum Klassenfest zu gehen.

8. _____ Sie hat Juttas neuen Pullover ruiniert.

a. Jutta
b. die Katze
c. Juttas Bruder Hans
d. Juttas Freund Billy
e. Juttas Mutter
f. der dicke, schüchterne Junge aus dem Tanzkurs
g. Juttas Vater
h. Jutta

C. Stefan weiß mehr, als er glaubt. Stefan ist im Büro von Frau Schulz.

Was hat Stefan gemacht? Kreuzen Sie an.

1. ☐ Stefan hat das Kapitel im Deutschbuch verstanden.

2. ☐ Stefan hat das Kapitel gelesen.

3. ☐ Stefan hat die Übungen gemacht.

4. ☐ Er hat Physikaufgaben gemacht und einen Roman gelesen.

5. ☐ Stefan hat zum Geburtstag eine Katze bekommen.

6. ☐ Stefan hat als Kind seine Großeltern besucht.

7. ☐ Stefan benutzt das Perfekt falsch.

Urlaub und Freizeit

Schriftliche Aktivitäten

A. Silvias Freitag. Stellen Sie Silvia zehn Fragen über ihren Tagesablauf am Freitag. Bilden Sie Fragen im Perfekt, mit und ohne Fragewörter.

FRAGEWÖRTER
wann
was
wen
wie lange
wie weit
wo
um wie viel Uhr

AKTIVITÄTEN
schlafen (bis)
laufen*
tragen
den Bus nehmen
Mittag essen
treffen
zum Essen einladen
fernsehen
lesen
einschlafen*

---

*Achtung! Hilfsverb *sein*

---

1. *Wie lange hast du geschlafen?* _____

2. _____

3. _____

4. _____

5. _____

6. _____

7. _____

8. _____

9. _____

10. _____

B. Was haben Sie gemacht, als Sie in die Oberschule gingen? Schreiben Sie ganze Sätze.

NÜTZLICHE AUSDRÜCKE

vor der Schule	nach der Schule	in den Ferien
in der Schule	morgens	am Wochenende
in den Pausen	auf Partys	pünktlich

MODELLE: In der Schule → In der Schule **habe** ich immer **geschlafen.**
Morgens → Morgens **habe** ich nie **gefrühstückt.**

1. _____

2. _____

3. _____

4. _____

5. _____

Hörverständnis

A. Richards Wochenende.

1. Sie hören, was Richard am Wochenende gemacht hat. Setzen Sie die fehlenden Verbformen in die folgende Geschichte ein.

Am Samstag _____*ist*_____ᵃ Richard um halb neun aufgestanden. Zuerst hat er

_____*geduscht*_____ᵇ und _____ᶜ. Dann hat er seinen Rucksack

_____ᵈ und _____ᵉ zum Strand gefahren. Er hat am

Strand _____ᶠ und er hat Freunde _____ᵍ. Am Nachmittag

_____ʰ er ins Wasser gegangen und er _____ⁱ

geschwommen. Danach hat er Eis _____ʲ. Später hat er auch Frisbee

_____ᵏ und eine Limo _____ˡ. Dann hat er in der Sonne

_____ᵐ. Um fünf Uhr _____ⁿ er nach Hause gefahren und

zu Hause hat er noch eine Stunde _____ᵒ.

2. Was haben Sie gemacht, als Sie das letzte Mal am Strand oder an einem See[1] waren? Schreiben Sie einen Absatz mit fünf Aktivitäten. Beginnen Sie nicht jeden Satz mit „ich", sondern variieren Sie die Wortstellung.

TYPISCHE AKTIVITÄTEN

essen	schwimmen
laufen	spazieren gehen
Wasserski fahren	Volleyball spielen
lesen	surfen gehen
in der Sonne liegen	trinken
Fotos machen	windsurfen gehen
schlafen	Sandburg bauen

_____

_____

_____

_____

_____

_____

_____

[1]*lake*

B. Erlebnisse. Es ist Montagmorgen in Regensburg und Melanie Staiger spricht mit Jochen, einem anderen Studenten.

NEUE VOKABELN
Du Ärmster! / Du Ärmste!   *You poor thing!*
das Referat, -e   *class presentation*

Was haben sie gesagt?

1. MELANIE: Ich _____ am Samstag mit ein paar Freunden zum Waldsee

   _____.

2. MELANIE: Wir sind viel _____. Wir haben viel _____ und

   _____.

3. JOCHEN: Ich _____ leider das ganze Wochenende _____.

4. JOCHEN: Am Samstag habe ich zuerst _____ und dann habe ich an einem Referat

   für Kunstgeschichte _____.

5. JOCHEN: Am Sonntag _____ ich für meinen Französischkurs _____

   und dann das Referat fertig _____.

Richtig oder falsch?

1. _____ Melanies Wochenende war schön.

2. _____ Jochen muss noch ein Geschichtsreferat machen.

3. _____ Melanie hat ihr Referat schon fertig gemacht.

Was haben Sie am Wochenende gemacht? Schreiben Sie drei Aktivitäten auf, je eine für freitagabends, samstags und sonntags.

_____

_____

_____

C. Hausaufgaben für Deutsch. Heute ist Montag. Auf dem Schulhof[1] des Albertus-Magnus-Gymnasiums sprechen Jens, Jutta und ihre Freundin Angelika übers Wochenende.

NEUE VOKABELN
aufhaben   *to have assigned*
keine Ahnung   *no idea*
wenigstens   *at least*
überhaupt   *actually*
eine ganze Menge   *a whole lot*

[1]schoolyard

Was haben Jutta und Angelika übers Wochenende *nicht* gemacht? Ergänzen Sie die Sätze.

1. Jutta und Angelika <u>haben</u> _____.

2. Jutta und Angelika _____.

3. Jutta und Angelika _____.

Was haben Jutta und Angelika übers Wochenende gemacht? Ergänzen Sie die Sätze.

4. Angelika <u>hat</u> _____.

5. Angelika _____.

6. Jutta und Angelika _____.

7. Jutta und Angelika _____.

8. Jutta _____.

9. Jutta _____.

Geburtstage und Jahrestage

Schriftliche Aktivitäten

→ Lesen Sie Grammatik 4.3, „Dates and ordinal numbers", Grammatik 4.4, „Prepositions of time: **um**, **am**, **im**", und Grammatik 4.5, „Past participles with and without **ge-**"!

Geburtsdaten. Schreiben Sie die Geburtsdaten dieser Personen auf.

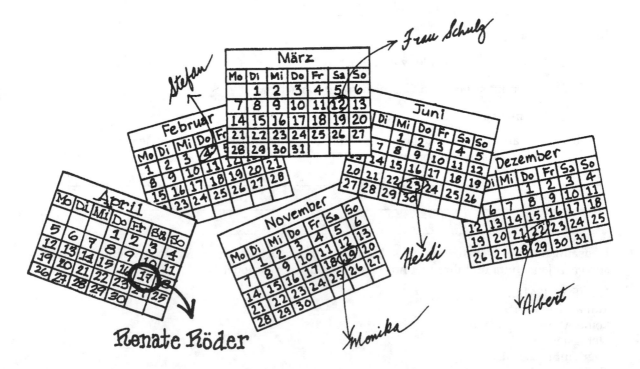

MODELLE: Renate Röder ist am siebzehnten April geboren. *oder*
Renate Röder hat am siebzehnten April Geburtstag.

1. _____

2. _____

3. _____

4. _____

5. _____

6. Wann sind Sie geboren? _____

Hörverständnis

A. Dialog aus dem Text: Welcher Tag ist heute? Marta und Sofie sitzen im Café.

Beantworten Sie die Fragen!

1. Wann hat Willi Geburtstag? _____

2. Wann hat Christian Geburtstag? _____

3. Hat Sofie schon ein Geschenk für Willi? _____

B. Ein Informationsspiel. Es ist Dienstagabend. Ernst Wagner und sein Vater machen ein Spiel.

NEUE VOKABELN
die Röntgenstrahlen   X *rays*
die Glühbirne, -n   *lightbulb*

Setzen Sie die fehlenden Informationen ein.

Wer?	Was?	Wann?
	das Auto	1893
	Röntgenstrahlen	
	ins Bett gehen	

Ereignisse

Schriftliche Aktivitäten

Eine Kurzreise. Ergänzen Sie **um, am, im, in** oder -.

Meine Freundin hat mir _____[1] 2007 zu meinem Geburtstag eine Kurzreise nach München geschenkt.

_____[2] 15. Juli, an meinem Geburtstag also, sind wir _____[3] 7 Uhr mit dem Taxi zum Flughafen

gefahren. Das Flugzeug ist _____[4] 8 Uhr 15 von Düsseldorf abgeflogen und der Flug hat nur eine

Stunde gedauert. _____[5] Vormittag sind wir durch die Stadt gegangen und haben uns alles angesehen.

Es war heiß, denn _____[6] Sommer ist das Wetter in München immer schön. _____[7] 2 Uhr haben wir in

einem typisch bayrischen Restaurant mit Biergarten zu Mittag gegessen. _____[8] Nachmittag sind wir

zuerst in die Neue und die Alte Pinakothek gegangen. Das sind zwei große Museen in München.

Danach, _____[9] frühen Abend, haben wir auf der Leopoldstraße in einem Café gesessen und Wein

getrunken. Später haben wir in einem italienischen Restaurant zu Abend gegessen. Wir hatten genug

Zeit, denn unser Flug war erst _____[10] Mitternacht. Mitten _____[11] der Nacht waren wir wieder zu

Hause. Es war so schön, dass ich ihr _____[12] September, an ihrem Geburtstag, eine Kurzreise für einen

Tag nach Hamburg schenke.

Hörverständnis

A. Rollenspiel: Das Studentenleben.

s1: Sie sind Reporter/Reporterin einer Unizeitung in Österreich und machen ein Interview zum Thema: Studentenleben in Ihrem Land. Fragen Sie, was Ihr Partner / Ihre Partnerin gestern alles gemacht hat: am Vormittag, am Mittag, am Nachmittag und am Abend.

s2: Sie sind Student/Studentin an einer Uni in Ihrem Land. Ein Reporter / Eine Reporterin aus Österreich fragt Sie viel und Sie antworten gern. Sie wollen aber auch wissen, was der Reporter / die Reporterin gestern alles gemacht hat: am Vormittag, am Mittag, am Nachmittag und am Abend.

WÄHREND DES HÖRENS

1. Wie beginnt die Reporterin das Interview? Was sagt sie genau?

   _____

   _____

2. Welche Fragen stellt die Reporterin dann?

   a. _____

   b. _____

c. _____

d. _____

NACH DEM HÖREN

3. Schreiben Sie zwei zusätzliche[1], eigene[2] Fragen zum Thema Studentenleben.

a. _____

b. _____

4. Beantworten Sie alle sechs Fragen mit Ihrer persönlichen Information.

a. _____

b. _____

c. _____

d. _____

e. _____

f. _____

B. Ein schöner Urlaub. Melanie Staiger beschreibt ihren letzten Sommerurlaub.

Richtig oder falsch? Korrigieren Sie die falschen Sätze.

1. _____ Melanie hat im Sommer gearbeitet. _____

2. _____ Melanie ist im Sommer nach Amerika geflogen. _____

3. _____ Melanie hat oft Freunde besucht. _____

4. _____ Melanie hat mit ihren Freunden manchmal gekocht. _____

5. _____ Melanie hat viele Romane gelesen. _____

[1]additional
[2]own

Aussprache und Orthografie

Aussprache (1. Teil)

Word Stress in Compound Words
In **Einführung B,** we learned about stress in simple, non-compound words. In this chapter, we focus on stress in compound words. In compounds, it is important to stress the correct syllable. Remember that stressed syllables are clearer, louder, and formed with more muscle tension than unstressed syllables, which are often greatly reduced. Stressed short vowels, therefore, must not be lengthened.

COMPOUND VERBS
In German, verbs often have prefixes. If the prefixes are inseparable, the verb stem carries the word stress. If the prefixes are separable, the prefix carries the primary word stress.

A. Listen to the following verbs and organize them in the table according to stress.

ansehen
verstehen
anziehen
unterschreiben
entdecken
einsteigen
erzählen
übersetzen
mitbringen
aussehen
beginnen
anfangen

Separable Prefix (Prefix Stressed)	Inseparable Prefix (Verb Stem Stressed)

Check your answers in the answer key. Now replay the segment and repeat the words after the speaker. Then read the words aloud and tap on your table when you say the stressed syllable in each word.

B. Read some nouns that are derived from verbs. Then give the infinitive and the third-person plural (**sie**) form for each verb.

Derived Noun	Verb	Third-Person Plural
(der) Anfang	anfangen	sie fangen an
(die) Bezahlung		
(die) Vorlesung		
(die) Einladung		
(die) Unterschrift		
(der) Einkauf		
(die) Übersetzung		
(der) Anzug		
(die) Beschreibung		
(der) Beginn		

Listen to the answers and mark all the stressed vowels (___ = long stressed vowel, . = short stressed vowel).

Now read the nouns, along with their definite article, and the verbs in the infinitive and third-person plural forms. As you do so, tap on your table when you pronounce the stressed syllables.

COMPOUND NOUNS

C. Create compound nouns, using the elements provided. Watch out for word order. Be sure to give the correct definite article.

1. Tennis – Schläger _____

2. Telefon – Auto _____

3. Ball – Fuß _____

4. Motor – Rad _____

5. Wörter – Buch _____

6. Uhr – Arm – Band _____

7. Kamera – Video _____

8. Kurs – Sommer _____

9. Studenten – Leben _____

D. Listen to the compound words, making any necessary corrections.

- Then replay the segment and mark all stressed vowels (__ = long stressed vowel, . = short stressed vowel).
- Replay the segment a third time, and pronounce the words after the speaker.
- Now read the compound nouns aloud and, as you pronounce each stressed syllable, tap on your table.

Orthografie (1. Teil)

One or More Words?
Listen and complete the missing words.

1. die _____
2. das _____
3. zusammen _____
4. das _____
5. wir fahren _____

6. wir fahren _____ Wien
7. noch _____ bitte
8. das _____
9. das Buch ist _____
10. das ist _____

Check your answers in the answer key. Replay the segment and repeat each phrase after the speaker.

Aussprache (2. Teil)

Ich- and *ach-***Sounds**
There are several sounds for the letters <ch>:

1. a harsher one called the **ach**-sound, produced in the back of the mouth, and
2. a softer one called the **ich**-sound, which is produced in the front of the mouth.

These two sounds will be the focus here.
   [At the beginning of a word, the letters <ch> are pronounced:

- as [k] (as in **charakteristisch, Chemnitz**),
- as [ʃ] (as in **Chef, Chance**), and
- as [tʃ] (as in **Checkliste, Chile**)]

A. Listen to the following words and organize them in the table according to their sound.

Woche	Buch
wöchentlich	Bücher
Fach	Bauch
Fächer	Bäuche
sprechen	richtig
Sprache	leicht

ach-Sounds	**ich**-Sounds

Replay the segment, and pronounce the words after the speaker.

What are the rules for the pronunciation of **ch?**

ach-sounds: after _____

ich-sounds: after all other _____

B. Listen to the following adjectives and nouns. Underline all **ich**-sounds.

1. wichtig
2. langweilig
3. billig
4. lustig

5. Bücher
6. Gedichte
7. Geschichten
8. Gespräche

Orthografie (2. Teil)

A. Listen and write words with **ch** and/or **sch.**

1. _____
2. _____
3. _____
4. _____
5. _____

6. _____
7. _____
8. _____
9. _____
10. _____

B. Listen and write words with **ch** and/or **ig.**

1. _____
2. _____
3. _____
4. _____
5. _____

6. _____
7. _____
8. _____
9. _____
10. _____

Kulturecke

A. Universität und Studium in den USA (USA) und in Deutschland (D). Kreuzen Sie an!

	USA	D
1. Die jüngsten Studienanfänger sind 18–20 Jahre alt.	☐	☐
2. Die jüngsten Studienanfänger sind 17–18 Jahre alt.	☐	☐
3. Für einige Fächer gibt es einen „Numerus clausus".	☐	☐
4. 7% der Studenten kommen aus dem Ausland.	☐	☐
5. Man muss teilweise sehr hohe Studiengebühren bezahlen.	☐	☐
6. Nach 4 oder 5 Jahren schließt man mit dem Bachelor ab.	☐	☐
7. Nach 5 bis 6 Jahren schließt man mit dem Master ab.	☐	☐
8. Normalerweise braucht man das Abitur, wenn man studieren will.	☐	☐

B. Wer weiß – gewinnt: *Das Wunder von Bern*. Markieren Sie die richtigen Antworten.

1. Wo fand das Endspiel der Fußballweltmeisterschaft 1954 statt?
   a. Essen
   b. Ungarn
   c. Bern
   d. Deutschland

2. Richard kommt aus _____ zurück.
   a. Russland
   b. der Schweiz
   c. Ungarn
   d. Essen

3. Richard ist in den Jahren der Gefangenschaft _____ geworden.
   a. Fußballstar
   b. sympathisch
   c. sportlich
   d. unfreundlich

4. Was trägt Matthias für Helmut Rahn?
   a. den Fußball
   b. das Essen
   c. die Sporttasche
   d. die Sportschuhe

5. Was hilft Richard Lubanski mit seinen persönlichen Problemen?
   a. der Verein Rot-Weiß Essen
   b. der Traum seines Sohnes
   c. Helmut Rahn
   d. Bern

C. Wer weiß – gewinnt: Feiertage und Brauchtum. Markieren Sie die richtigen Antworten.

1. Ein Adventskalender hat _____ Türchen.
   a. 6
   b. 31
   c. 25
   d. 24

2. Der Adventskalender ist _____ alt.
   a. 50 Jahre
   b. über 100 Jahre
   c. 90 Jahre
   d. fast 1000 Jahre

3. Am liebsten feiern die Deutschen Weihnachten _____.
   a. bei Freunden
   b. in der Kneipe
   c. im Urlaub
   d. zu Hause

Aufsatz-Training

A. Der Besuch. Lesen Sie den Bericht über das Wochenende der Kohls.

Die Kohls haben im Sommerurlaub Herrn und Frau Gauthier, ein nettes Ehepaar aus Strassburg, kennengelernt und sie zu einem Besuch in Stuttgart eingeladen. An einem Wochenende im Oktober sind die Gauthiers dann zu Besuch gekommen. Am Donnerstag hat Herr Kohl zuerst das Gästezimmer aufgeräumt und danach die Fenster geputzt. Frau Kohl hat das Bett gemacht und zum Schluss hat sie noch frische Blumen auf den Tisch gestellt.

Am Freitagabend hat Herr Kohl die Gauthiers vom Bahnhof abgeholt. Zu Hause haben die Kohls ihre Gäste mit einem Glas Sekt begrüßt und dann sind sie essen gegangen. Hinterher sind sie noch durch die Altstadt gebummelt.

Am Samstag haben alle zuerst einmal ausgeschlafen. Nach dem Frühstück sind die beiden Frauen auf den Markt gegangen und haben für das Grillfest am Abend eingekauft. Die Männer haben ein Fußballspiel im Fernsehen angeschaut. Schließlich haben alle zusammen auf der Terrasse gesessen, über Urlaubserinnerungen gesprochen und viel gelacht. Herr Kohl hat saftige Steaks gegrillt und dazu haben sie einen neuen, französischen Rotwein probiert. Zum Schluss haben sie noch ein bisschen Karten gespielt. Am Sonntagmittag sind die Gauthiers mit dem Zug wieder nach Hause gefahren. Es war ein schönes Wochenende!

1. **Glossar.** Schreiben Sie die passenden deutschen Wörter in die Glossartabelle. Note: The English verb phrases are listed in the order in which they occur in the German text. List the verb phrases in their infinitive forms. Verify your guesses using a dictionary.

ENGLISCH	DEUTSCH	VERIFIZIERT
a. to invite for a visit	zu einem Besuch einladen	✓
b. to come for a visit		
c. to put fresh flowers on the table		
d. to welcome with a glass of champagne		
e. to stroll through the old town		
f. to sleep in		
g. to watch soccer on TV		
h. to sit on the patio		
i. to reminisce about one's vacation		
j. to barbecue juicy steaks		
k. to sample a new French red wine		
l. to take the train back home		

2. Welche Zeitausdrücke[1] gehören zusammen?

a. ___ zuerst   i. after that
b. ___ dann   ii. afterward
c. ___ danach   iii. finally
d. ___ hinterher   iv. first
e. ___ zum Schluss   v. then

B. **Jetzt sind Sie dran!** Schreiben Sie über einen Besuch, den Sie bekommen haben. Wer ist gekommen? Wie haben Sie sich auf den Besuch vorbereitet? Was haben Sie gemacht? Schreiben Sie zehn Sätze.

NÜTZLICHE AUSDRÜCKE

am Freitag	am Sonntagnachmittag	hinterher	um halb fünf
am Samstagabend	danach	im Herbst	um neun Uhr
am Samstagvormittag	dann	im Mai	zuerst

[1]time expressions

Der Besuch

_____

_____

_____

_____

_____

_____

_____

_____

_____

_____

_____

_____

_____

_____

_____

_____

_____

_____

_____

_____

_____

_____

_____

_____

KAPITEL **5**

Geld und Arbeit

Geschenke und Gefälligkeiten

Schriftliche Aktivitäten

A. Geschenke. Alle Ihre Freunde und Verwandten haben bald Geburtstag. Weil Sie nicht so viel Geld haben, können Sie nur ein paar Geschenke kaufen. Was kaufen Sie wem? Was machen Sie für die anderen?

→ Lesen S~~ie Gra~~mmatik 5.1, „Dative case: articles and possessive adjectives"!

LE .... VERBEN

M: .... f.), backen, erklären, erzählen, geben,

Ta .... kaufen, kochen, leihen,

F: ....
B .... machen, putzen, schenken,
T .... uppe schreiben, tun, verkaufen, ?
?

N

1. _____
2. _____
3. _____
4. _____
5. _____
6. _____
7. _____
8. _____

B. W .... Deutschkurs, aber Sie können ihn nicht
v .... n Sie nach dem unterstrichenen Teil.

→ .... wen, wem"!

.... r gestern einen Apfel gegeben.
.... gegeben?

.... hat ihm auch einen Apfel gegeben.
.... pfel gegeben?

5.12

1. IHR FREUND: Ich habe gestern mit meiner Familie <u>meine Tante und meinen Onkel</u> besucht.

   SIE: _____

2. IHR FREUND: Meine Tante und meinen Onkel. Meine Tante hat <u>meiner Schwester</u> ein Buch gegeben.

   SIE: _____

3. IHR FREUND: Meiner Schwester. <u>Ich</u> habe meiner Tante Witze erzählt.

   SIE: _____

4. IHR FREUND: Ich! Meine Tante hat <u>mich</u> nicht hören können.

   SIE: _____

5. IHR FREUND: Mich!

   SIE: **Ich** kann dich auch nicht hören! Vielleicht solltest du lauter sprechen!

Hörverständnis

A. **Bildgeschichte: Josef kauft Weihnachtsgeschenke.** Es ist fast Weihnachten und Josef hat noch keine Geschenke.

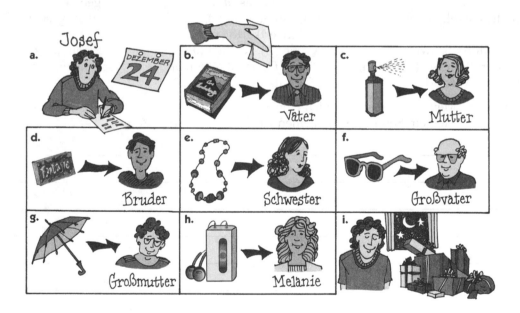

1. Wem kauft Josef was? Schauen Sie auf die Bilder und ergänzen Sie die Sätze.

> **Achtung!** *masculine* → seinem
> *feminine* → seiner

a. Josef macht eine Liste und geht einkaufen.

b. Er kauft sein*em*   *Vater*   einen Roman.

c. Er kauft sein_____   _____ Parfüm.

d. Er kauft sein_____   _____ ein Videospiel.

e. Er kauft sein_____   _____ eine Halskette.

f. Er kauft sein_____   _____ eine Sonnenbrille.

g. Er kauft sein_____   _____ einen Regenschirm.

h. Er kauft sein_____   _____ einen MP3-Spieler.

i. Es ist 6 Uhr abends und Josef hat alles, was er braucht.

2. Und Sie? Wem haben Sie was geschenkt? Schreiben Sie fünf Sätze.

NÜTZLICHE AUSDRÜCKE

zum Geburtstag
zum Muttertag
zum Valentinstag
zum Vatertag
zu Weihnachten

MODELLE: Zum Valentinstag habe ich meinem Freund ein Handy geschenkt.
           Zu Weihnachten habe ich meinen Eltern Konzertkarten geschenkt.

a. _____

b. _____

c. _____

d. _____

e. _____

B. **Geschenke.** Herr und Frau Wagner sind im Kaufhaus und überlegen, was für Weihnachts-geschenke sie kaufen können.

NEUE VOKABELN
der Rollschuh, -e *roller skate*
die Puppe, -n *doll*
das Märchen, - *fairy tale*

Richtig oder falsch?

1. _____ Herr und Frau Wagner kaufen ihrer Tochter Andrea ein Fahrrad.

2. _____ Sie kaufen ihrer Tochter Paula eine Puppe.

3. _____ Herr Wagner findet die Puppe sehr schön.

4. _____ Die Wagners haben Paula schon zum Geburtstag eine Puppe geschenkt.

5. _____ Frau Wagner findet das Märchenbuch zu teuer.

6. _____ Herr und Frau Wagner wollen mit den Kindern Fußball spielen.

7. _____ Frau Wagner schenkt ihrer Mutter einen Pullover.

8. _____ Sie wollen Frau Wagners Vater ein Buch schenken.

C. **Gefälligkeiten.** Jürgen fährt mit Silvia zum Skifahren in die Alpen. Er bittet Claudia, eine andere Studentin in seiner Wohngemeinschaft[1], um Gefälligkeiten.

Was gehört zusammen?

1. _____ Jürgen fährt zum Skifahren

2. _____ Klaus hat eine Skihose,

3. _____ Jürgen gießt die Blumen

4. _____ Claudia leiht Jürgen eine Skibrille

a. einmal in der Woche.
b. aber keine Skier.
c. und Claudia gießt für ihn die Blumen.
d. die Jürgen passt.
e. weil seine Skibrille kaputt ist.
f. für Silvia.
g. weil Claudia zum Skifahren fährt.

Berufe

Schriftliche Aktivitäten

A. **Kreuzworträtsel.** Setzen Sie die fehlenden Berufe ein.

SENKRECHT

1. Er macht kranke Menschen wieder gesund.
2. Er pflegt kranke Menschen im Krankenhaus.
3. Sie verteidigt den Angeklagten.
4. Er arbeitet im Gericht.

WAAGERECHT

5. Sie fliegt ein Flugzeug.
6. Er plant ein Haus.
7. Sie schreibt Romane.
8. Sie unterrichtet in einer Schule.

[1]*shared apartment/house*

B. Was wollen sie werden? Was wollen die folgenden Personen werden? Verbinden Sie die Satzteile auf der nächsten Seite!

Ernst   Helga & Sigrid   Jutta   Thomas

Katrin   Silvia   Jens   Peter   Melanie

1. _____ Ernst will
2. _____ Sigrid und Helga wollen
3. _____ Jutta will
4. _____ Thomas will
5. _____ Katrin will
6. _____ Silvia will
7. _____ Jens will
8. _____ Peter will
9. _____ Melanie will

a. Mechaniker werden.
b. Polizist werden.
c. Stewardess werden.
d. Friseurin werden.
e. Architektin werden.
f. Koch werden.
g. Lehrerin werden.
h. Fernsehreporterin werden.
i. Arzt werden.

C. Warum nicht? Machen Sie für jede Situation zwei Berufsvorschläge von der folgenden Liste.

MASKULIN	FEMININ
Anwalt	Anwältin
~~Automechaniker~~	~~Automechanikerin~~
~~Dirigent~~	~~Dirigentin~~
Fernsehreporter	Fernsehreporterin
~~Ingenieur~~	~~Ingenieurin~~
Journalist	Journalistin
~~Musiker~~	~~Musikerin~~
Pilot	Pilotin
Richter	Richterin
Steward	Stewardess
Zahnarzt	Zahnärztin
Zahntechniker	Zahntechnikerin

→ Lesen Sie Grammatik 5.3, „Expressing change: the verb **werden**"!

MODELLE: LINDA: Autotechnik interessiert mich. →

SIE: Warum _wirst_ du nicht _Automechanikerin_ oder _Ingenieurin_ ?

FRAU KELLER: Mein Sohn hat Interesse an Musik. →

SIE: Warum _wird_ er nicht _Musiker_ oder _Dirigent_ ?

1. CHRISTOPH: Ich habe Interesse an Zahnmedizin.

SIE: Warum _____ du nicht _____ oder _____ ?

2. HERR MOSER: Meine Tochter möchte auf dem Gericht arbeiten.

SIE: Warum _____ sie nicht _____ oder _____ ?

3. FRAU GERBER: Ich fliege gern.

SIE: Warum _____ Sie nicht _____ oder _____ ?

4. FRAU LOHMAR: Mein Sohn hat Interesse an Journalistik.

SIE: Warum _____ er nicht _____ oder _____ ?

5. Und Sie? Was interessiert Sie und was möchten Sie werden?

_____

_____

Hörverständnis

A. Bildgeschichte: Was Michael Pusch schon alles gemacht hat.

Ergänzen Sie die Sätze mit den folgenden Ausdrücken.

als Koch arbeiten
in einem Schwimmbad als Bademeister arbeiten
Zeitungen austragen
dem Jungen von nebenan Nachhilfe in
    Mathematik geben

Maria kennenlernen
als Taxifahrer arbeiten
den Nachbarn den Rasen mähen
Krankenpfleger lernen
Versicherungen verkaufen

a. Als Michael 10 war, _____.

b. Als er 12 war, _____.

c. Als er 14 war, _____.

d. Als er mit der Schule fertig war, _____.

e. Als er bei der Bundeswehr war, _____.

f. Nach der Bundeswehr _____.

g. Als er 25 war, _____.

h. Damals _____.

i. Später _____.

B.   Der neue Trend: „Kombi-Berufe".

BERUF

SPORT-ÖKONOMIN schon mal gehört?

NEUE VOKABELN
der Sportverein, -e *sports club*
der Sportler, - / die Sportlerin, -nen   *person who participates in sports*
das Recht *law*
brutto *gross*

Setzen Sie die fehlenden Wörter ein.

Interessieren Sie sich für Sport und _____[1], Technik und _____[2] oder

Sprachen und Wirtschaft? Jetzt gibt es die neuen „Kombi-Ausbildungen". Hier ein Beispiel:

Sport-_____[3] oder Sport-_____[4].

   Es gibt in der Bundesrepublik _____[5] Millionen organisierte _____[6]

und Hobbysportler. Man sucht immer mehr Sportmanager und -managerinnen, die bei

Sportartikelfirmen, Sportvereinen und in _____[7]- und Fitness-Centern

_____[8]. Deshalb kann man jetzt an der _____[9] Bayreuth Sport-Ökonomie

_____[10]. Neben Sport stehen dort Wirtschaft, Recht und _____[11] auf

dem Stundenplan. Wenn Sie Geschäftsführer bei einem großen _____[12] werden,

verdienen Sie am Anfang zwischen 2 750 und 3 000 Euro brutto im Monat.

Arbeitsplätze

Schriftliche Aktivitäten

A. Wo macht man was? Kombinieren Sie die Verben mit den Arbeitsplätzen.

➔ Lesen Sie Grammatik 5.4, „Location: **in, an, auf** + dative case"!

> **Achtung!** *Location:* **in, an, auf** + Dativ
> *Masculine, neuter:* **dem;** *feminine:* **der**
> *Contractions:* **an + dem → am**
> **in + dem → im**

arbeiten
Briefmarken kaufen
Bücher finden
ein Konto eröffnen   an
einkaufen   auf
Filme sehen   in
lesen
schwimmen
studieren

Bank (*f.*)
Bibliothek (*f.*)
Buchhandlung (*f.*)
Büro (*n.*)
Kino (*n.*)
Post (*f.*)
Schwimmbad (*n.*)
Supermarkt (*m.*)
Universität (*f.*)

MODELLE: Man kauft Briefmarken **auf der** Post.
Man kauft **im** Supermarkt ein.

1. _____
2. _____
3. _____
4. _____
5. _____
6. _____
7. _____

B. Warum arbeitet Nora? Nora hat nicht viel Freizeit, denn abends und am Wochenende arbeitet sie. Sie wohnt mit drei Mitbewohnern in einem Haus und sie braucht Geld für Miete und Essen. Sie hat auch ein Auto und muss das Benzin und die Autoversicherung selbst zahlen. Dieses Semester jobbt sie 20 bis 25 Stunden pro Woche in einem Buchladen. Sie arbeitet an der Kasse, bedient Kunden und stellt Bücher weg. Ihr Stundenlohn ist € 6,50. Das ist jedoch nicht ihr erster Job. Ihr erster Job war im 12. Schuljahr. Sie hat in einem Supermarkt gearbeitet. Dort hat sie Lebensmittel in die Regale eingeräumt und Einkaufswagen auf dem Parkplatz eingesammelt. In den Sommerferien hat sie auch einmal als Hilfsköchin in einem mexikanischen Restaurant gearbeitet. Dort hat sie Salsa gemacht und die Salsa dann den Gästen mit Chips serviert. Manchmal hat sie gutes Trinkgeld bekommen.

1. **Glossar.** Schreiben Sie die passenden deutschen Wörter in die Glossartabelle. Note: The English terms are listed in the order in which they occur in the German text. First record your guesses. Circle the appropriate article for nouns. List verbs or verb phrases in their infinitive form. Then verify them in a dictionary.

Glossartabelle

ENGLISCH	DEUTSCH	VERIFIZIERT
a. rent	der/ die /das *Miete*	✓
b. gasoline	der/die/das	
c. to work (at a temporary job)		
d. bookstore	der/die/das	
e. to wait on		
f. customer	der/die/das	
g. to shelve, to put away		
h. hourly wage	der/die/das	
i. groceries	der/die/das	
j. to collect		
k. female kitchen help	der/die/das	
l. tip	der/die/das	

2. Richtig (R) oder Falsch (F)?

a. _____ Nora arbeitet, weil sie Geld für Kleidung und Unterhaltung braucht.

b. _____ Dieses Semester hat sie einen Job als Hilfsköchin in einem mexikanischen Restaurant.

c. _____ Als Hilfsköchin hat sie manchmal gutes Trinkgeld bekommen.

3. Ein Interview mit Nora. Schreiben Sie fünf Fragen und beantworten Sie die Fragen mit Informationen aus dem Text.

  MODELL: SIE: *Wann arbeitest du?* _____

         NORA: *Ich arbeite abends und am Wochenende.* _____

  a.   SIE: _____

       NORA: _____

  b.   SIE: _____

       NORA: _____

  c.   SIE: _____

       NORA: _____

  d.   SIE: _____

       NORA: _____

  e.   SIE: _____

       NORA: _____

Hörverständnis

A. Rollenspiel: Bei der Berufsberatung.

s1: Sie arbeiten bei der Berufsberatung. Ein Student / Eine Studentin kommt in Ihre Sprechstunde. Stellen Sie ihm/ihr Fragen zu diesen Themen: Schulbildung, Interessen und Hobbys, besondere Kenntnisse, Lieblingsfächer.

s2: Sie sind Student/Studentin und gehen zur Berufsberatung, weil Sie nicht wissen, was Sie nach dem Studium machen sollen. Beantworten Sie die Fragen des Berufsberaters / der Berufsberaterin.

NEUE VOKABELN
überhaupt nicht   *not at all*

WÄHREND DES HÖRENS

1. Wie beginnt die Berufsberaterin das Gespräch? Was sagt sie genau?

   _____

   _____

2. Welche Fragen stellt die Berufsberaterin? Hier sind Richards Antworten. Schreiben Sie nur die Fragen auf.

   BERUFSBERATERIN: _____

       RICHARD: Jetzt im Frühling.

   BERUFSBERATERIN: _____

       RICHARD: Eigentlich nicht. Nur Geisteswissenschaften interessieren mich überhaupt nicht.

   BERUFSBERATERIN: _____

       RICHARD: Ich weiß nicht. Eigentlich habe ich erstmal genug von Büchern.

BERUFSBERATERIN: _____

    RICHARD: In Mathematik und Naturwissenschaften bin ich ganz gut. Und ich fotografiere gern.

3. Beantworten Sie die Fragen.
   a. Was für eine Ausbildung empfiehlt die Berufsberaterin?

   _____

   b. Wie endet das Gespräch?

   _____

   _____

B. Berufe erraten. Frau Schulz und ihre Klasse machen ein Ratespiel. Ein Student / Eine Studentin sagt, *wo* er/sie arbeiten möchte, und die anderen raten, was er/sie werden will.

NEUE VOKABELN
Sie sind dran. *It's your turn.*
das Rathaus, ⸚er *city hall*
der Schauspieler, - *actor*

Setzen Sie die fehlenden Informationen ein!

Student(in)	Arbeitsplatz	Beruf
Stefan	*in einer Schule*	
Heidi		
Peter		

In der Küche

Schriftliche Aktivitäten

A. In der Küche. Jochen Ruf ist Schriftsteller und Hausmann. Hier ist ein Stück aus seinem neuen Roman *Kinder, Küche und ein Mann.* Setzen Sie die richtigen Wörter ein: **Backofen, Fensterbank, Geschirrspülmaschine, Herd, Küche, Küchenlampe, Kühlschrank, Schublade, Spülbecken, Wasserhahn.**

Abends kommt er noch einmal in die _____[1], allein. Dort

sieht es wieder schrecklich aus. Die Kinder haben das schmutzige Geschirr nicht in die

_____[2] gestellt. Auf dem _____[3]

steht noch eine benutzte Pfanne. Auch die _____[4], in der das

Besteck ist, steht offen. Im _____[5] steht ein leerer Topf und in der

_____[6] stehen Flaschen. Der _____[7]

tropft und das _____[8] ist voll Wasser. Es ist chaotisch! Aber die

_____[9] brennt und der _____[10]

brummt leise in der Ecke und irgendwie ist es gemütlich.

B. Jeden Tag eine gute Tat! Ernst hat zwei Hobbys: Er kocht gerne und er ist bei den Pfadfindern[1].
Setzen Sie die Personalpronomen ein.

➜ Lesen Sie Grammatik 5.5, „Dative case: personal pronouns"!

1. Am Montag hat Ernst seine Oma besucht. Er hat _____ beim Geschirrspülen geholfen.

2. Am Dienstag war sein Freund Markus traurig. Ernst hat _____ einen Milch-Shake gemacht.

3. Am Mittwoch hatten seine Schwestern Hunger. Ernst hat _____ Spaghetti gekocht.

4. Am Donnerstag hatte sein Hund einen schlechten Tag. Ernst hat _____ Hundekuchen gegeben.

5. Am Freitag hat Andrea eine Geburtstagsparty gefeiert. Ernst hat _____ eine Schokoladentorte gebacken.

6. Am Samstag war sein Vater krank. Ernst hat _____ einen Tee gekocht.

7. Am Sonntag war Pfadfindertreffen. Da hat Ernst alle seine Freunde getroffen und _____ von seinen guten Taten erzählt.

Hörverständnis

Josef Bergmanns Küche. Josef hat sehr gern Gäste und kocht sehr gern. Er beschreibt, wie seine Küche aussieht.

NEUE VOKABELN
das Gewürz, -e *spice*
der Haken, - *hook*
hintere *back*
vordere *front*

[1]Boy Scouts

Wo ist das?

1. _____ Wo ist der Kühlschrank?
2. _____ Wo ist das Spülbecken?
3. _____ Wo sind die Messer?
4. _____ Wo sind Teller und Gläser?
5. _____ Wo hängen die Tassen?
6. _____ Wo steht der Tisch?
7. _____ Wo sitzt Peter oft?
8. _____ Wo sind die Gewürze?

a. unter dem Regal
b. im Gewürzregal
c. an dem großen Tisch
d. rechts in der hinteren Ecke
e. unter dem Fenster
f. an dem Magneten
g. in der vorderen linken Ecke
h. im Regal

Können Sie Josefs Küche zeichnen?

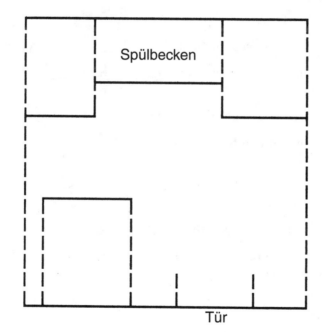

Aussprache und Orthografie

Aussprache (1. Teil)

Word Stress in German and Foreign Words with *Ur-/ur-, Un-/un-, -ei*

The prefixes **Ur-/ur-** and **Un-/un-,** as well as the ending **-ei,** are always stressed—for example: *Ur*laub, *Ur*kunde, *ur*sprünglich, *Un*fall, Bäcke*rei*, Tür*kei*. In such German words, the word stress is easily recognizable. However, rules and exceptions apply to foreign words used in German: Stress depends on the original pronunciation of the word and on the degree to which it has been Germanized.

Often foreign words have the stress on the last syllable, especially when the last vowel is long—for example, words ending in:

- **-ion,** such as Na*tion*;
- **-al,** such as natio*nal*;
- **-ös,** such as ner*vös*;
- **-ie,** such as Fotogra*fie*;
- **-ör** or **-eur,** such as Fris*eur* or Fris*ör*;
- **-ik,** (when <i> is long), such as Mu*sik*.*

The second-to-last syllable is stressed in words ending in:

- **-ieren,** such as stu*dieren*;[†]
- **-or,** such as Dok*tor*.[‡]

A. Listen and complete the prefixes in **Ur-/ur-** or **Un-/un-.**

1. Eine _____kunde für _____gewöhnliche Leistungen.

2. _____laub in _____garn.

3. Das Wetter ist sehr _____freundlich – ein richtiges _____wetter.

4. Ein _____glücklicher _____fall.

5. Ein _____sympathischer _____bekannter.

6. Auch Paul ist _____geduldig und _____höflich.

Check your answers in the answer key. Replay the segment and repeat the sentences after the speaker. Be sure to stress the prefixes.

Some words that are similar in German and English have different word stress.

B. Listen to the German words and indicate the stressed vowel (__ = long, . = short).

1. Adresse (   )
2. Zigarette (   )
3. robust (   )
4. Idee (   )
5. defekt (   )
6. Aristokrat (   )
7. Akzent (   )
8. Person (   )
9. Kontakt (   )
10. Romanze (   )

Replay the segment and indicate whether the stress is the same (=) in English or different (≠).
    Replay the segment once more and pronounce the words after the speaker. Tap on your table when you pronounce the stressed syllables.

---

*When <i> is short, often the stress falls on the previous syllable—for example: **Infor*ma*tik.**

[†]This holds true for derivations such as **Kass*ie*rer** (*cashier*) from **kass*ie*ren.** In other forms, the syllable with **-ie** may occur at the end of a word: **er stu*diert*.**

[‡]In the plural the stress shifts to the syllable with **-or: Dok*tor*en.**

C. Listen to the following words and organize them in the table according to whether the first, second-to-last, or last syllable is stressed.

interessieren
Polizei
Universität
Urlaub
Information
Biologie
Chemie
Unfall

Physik
Religion
Professorin
Mathematik
Professor
Cafeteria
Grammatik
Kultur

Stress on First Syllable	Stress on Second-to-Last Syllable	Stress on Last Syllable

Check your answers in the answer key. Then replay the segment and pronounce the words after the speaker.

Read the words aloud and tap on your table as you pronounce the stressed syllables.

Orthografie (1. Teil)

Foreign Words

Listen and write the following words.

1. _____   6. _____

2. _____   7. _____

3. _____   8. _____

4. _____   9. _____

5. _____   10. _____

Aussprache (2. Teil)

l-Sound

German has only one pronunciation of the letter <l>, which is very similar to the *l*-sound in English words such as *million* and *billion*. Concentrate on using the same sound in all German words with <l> or <ll>.

A. Listen and repeat.

lila	lange
lila Bälle	langweilig
Fußball spielen	ein Telefon
die Leute	ein Bildtelefon
viele Leute	

B. Listen and repeat.

Viele Leute spielen Fußball.
Fußbälle sind nicht lila.
Für Ulla ist Fußballspielen langweilig.
Ulli liebt Fußball.
Ulla und Ulli haben Bildtelefone.
Sie telefonieren immer sehr lange.

C. Find more words with <L, l, ll> in the chapter vocabularies of **Einführung A** and **B** and **Kapitel 1–5** and read them aloud. Remember: All <l>s are pronounced the same.

L/l (at the Beginning of a Word)	l (at the End of a Word)	ll (in the Middle of a Word)	ll (at the End of a Word)

Orthografie (2. Teil)

Listen and write words with <l> and/or <ll>.

1. _____
2. _____
3. _____
4. _____
5. _____

6. _____
7. _____
8. _____
9. _____
10. _____

Kulturecke

A. Ausbildung, Beruf und Ferienjob. Markieren Sie die richtigen Antworten.

1. Junge Menschen, die eine Berufsausbildung machen, nennt man _____.

   a. Azubis   b. Ausbilder   c. Schüler   d. Studenten

2. Eine Berufsausbildung dauert _____.

   a. ein Jahr   b. zwei Jahre   c. drei Jahre   d. vier Jahre

3. Die theoretische Ausbildung findet _____ statt.

   a. am Gymnasium   c. an der Berufsschule

   b. an der Universität   d. an der Realschule

4. Der Unterricht beträgt _____ Stunden pro Woche.

   a. 4–6   b. 8–10   c. 14–16   d. 18–20

5. Neben den berufsspezifischen Fächern hat man auch Fächer wie _____.

   a. Latein und Französisch   c. Musik und Sport

   b. Wirtschaft und Englisch   d. Religion und Kunst

6. Die praktische Seite des Berufs lernt man _____.

   a. in der Schule   b. auf der Straße   c. bei den Eltern   d. in einem Betrieb

7. Die Prüfung am Ende der Ausbildung nennt man _____.

   a. Diplom   b. Abitur   c. Azubiprüfung   d. Gesellenprüfung

8. Wenn man die Ausbildung erfolgreich abgeschlossen hat, ist man _____.

   a. Meister(in)   b. Praktikant(in)   c. Facharbeiter(in)   d. Lehrer(in)

9. Viele Schüler in Deutschland _____ vor oder nach der Schule, weil sie Geld verdienen wollen.

   a. schwimmen   b. joggen   c. jobben   d. reiten

10. Diese Schüler brauchen Geld für _____.

   a. Essen   c. CDs, Kino und Markenklamotten

   b. Schulbücher   d. den Schulbus

B. Wissenswertes zur deutschen Kultur. Wählen Sie die richtigen Antworten aus dem Wörterkasten.

> in den Tankstellenshops an Sonn- und Feiertagen Polen Ladenschlussgesetz
>
> Italien 13 Uhr 24 Uhr im Kaufhaus an größeren Bahnhöfen
>
> Österreich 18–19 Uhr Großbritannien Niederlande
>
> Jugendschutzgesetz montags bis freitags Irland
>
> Städten Bundesländern Belgien Supermärkte

1. Das _____ regelt, an welchen Tagen und wie lange die Läden in Deutschland geöffnet sind.

2. Das Ladenschlussgesetz wird von den _____ selbst geregelt.

3. Viele Läden in Deutschland schließen um _____.

4. Fast alle Läden sind _____ geschlossen.

5. Wenn der Supermarkt schon zu ist, kann man _____ und

   _____ Lebensmittel einkaufen.

6. In _____, _____ und

   _____ gibt es keine Begrenzung der Öffnungszeiten.

Einkaufen in Deutschland

Aufsatz-Training

A. **Christians Zukunftspläne.** Christian ist 18 Jahre alt und besucht ein Gymnasium. Er möchte gern Meeresbiologe werden. Er taucht seit seinem neunten Lebensjahr. Er findet die Unterwasserwelt sehr interessant. Als Meeresbiologe muss man Wasserproben und Fische untersuchen und man muss Berichte schreiben. Für diesen Beruf braucht Christian das Abitur und ein Studium. Er muss Meeresbiologie studieren. Man braucht auch einen Tauchschein. Christians Traum ist es, einmal als Meeresforscher für die Organisation von Jacques Cousteau zu arbeiten. Christian ist sehr sportlich. Er treibt gern Wassersport, wie schwimmen und tauchen. Aber er fährt auch gern Fahrrad und er spielt in einer Fußballmannschaft. Er möchte später auch einmal heiraten und eine Familie haben, aber nicht mehr als zwei Kinder. Aber zuerst möchte er viele weite Reisen in ferne Länder machen und Abenteuer erleben.

1. **Glossar.** Schreiben Sie die passenden deutschen Wörter in die Glossartabelle. Note: The English terms are listed in the order in which they occur in the German text. First record your guesses. Circle the appropriate article for nouns. List verbs or verb phrases in their infinitive form. Then verify them in a dictionary.

Glossartabelle

ENGLISCH	DEUTSCH	VERIFIZIERT
a. marine biologist	der die/das	
b. water samples	der/die/das	
c. to examine		
d. report	der/die/das	
e. marine biology	der/die/das	
f. diving license	der/die/das	
g. marine researcher	der/die/das	
h. journey, trip	der/die/das	
i. adventure	der/die/das	
j. to experience		

2. Machen Sie ein Interview mit Christian. Schreiben Sie sieben Fragen und beantworten Sie die Fragen mit Informationen aus dem Text.

MODELL: SIE: *Wie alt bist du?*

CHRISTIAN: *Ich bin 18.*

a. SIE: _____

CHRISTIAN: _____

b. SIE: _____

CHRISTIAN: _____

c.   SIE: _____

      CHRISTIAN: _____

d.   SIE: _____

      CHRISTIAN: _____

e.   SIE: _____

      CHRISTIAN: _____

f.   SIE: _____

      CHRISTIAN: _____

g.   SIE: _____

      CHRISTIAN: _____

B. **Jetzt sind Sie dran!** Was sind Ihre Zukunftspläne? Schreiben Sie zwölf (12) Sätze.

Schreibhilfe

Beantworten Sie in Ihrem Aufsatz die folgenden Fragen.

- Was wollen Sie werden? Warum?
- Braucht man dazu ein Studium oder eine Ausbildung?
- Was ist Ihr Traumjob? Warum?
- Wo wollen Sie einmal arbeiten? Warum?
- Wie soll Ihr Privatleben aussehen? Möchten Sie einmal heiraten und eine Familie haben?
- Was wollen Sie in Ihrer Freizeit machen? Warum?

Meine Zukunftspläne

_____

_____

_____

_____

_____

_____

_____

_____

_____

_____

KAPITEL 6 Wohnen

Haus und Wohnung

Schriftliche Aktivitäten

A. Was ist das? Diese Dinge finden Sie im Haus. Setzen Sie die Wörter waagerecht ein. Wie heißt das Lösungswort?

1. In ihr liegt man, wenn man badet.
2. Das ist eine Art Veranda im ersten oder zweiten Stock.
3. In ihm bleiben Lebensmittel kühl.
4. Man benutzt ihn zum Fegen.
5. In diesem Zimmer arbeitet man.
6. In diesem Zimmer duscht oder badet man.
7. Man benutzt sie zum Wäschewaschen.
8. In diesem Zimmer schläft man.
9. In ihm backt man Kuchen, Pizza oder Brot.
10. Man benutzt ihn zum Staubsaugen der Teppiche.

Wenn alles richtig ist, finden Sie hier das Lösungswort.

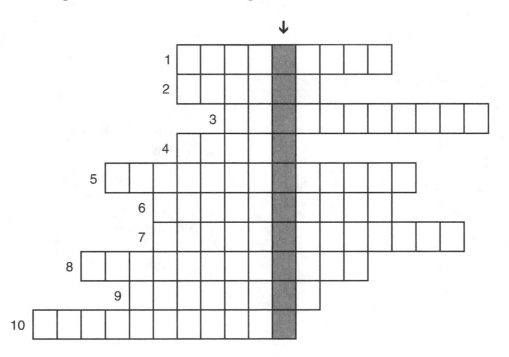

Das Lösungswort heißt: _____
Kleine Hilfe: Man sitzt dort mit Gästen oder sieht fern.

B. **Silvias neues Zimmer.** Silvia hat jetzt endlich ein Zimmer. Silvias Freund Jürgen will ihr beim Umzug[1] helfen. Auf dem Weg haben sie zufällig[2] Rolf getroffen, also hilft er auch mit. Das neue Zimmer ist im fünften Stock, gleich unter dem Dach, hell und möbliert. Die Vermieterin hat Silvia ein Bett, einen Tisch und zwei Stühle hingestellt[3]. Silvia findet den kleinen Tisch sehr schön und die beiden Stühle ganz hübsch. Aber sie mag das Bett nicht so sehr. Es ist nicht besonders attraktiv. Das Zimmer hat auch einen neuen Teppichboden, aber Silvia hat noch keinen Staubsauger. Weil das Zimmer so hell ist, hat Jürgen ihr seine Zimmerpflanze gegeben.

➔ Lesen Sie Grammatik 6.1, „Dative verbs"!

Was passt zusammen? Verbinden Sie die Satzteile!

1. _____ Jürgen

2. _____ Rolf

3. _____ Der kleine Tisch

4. _____ Silvia

5. _____ Das Bett

6. _____ Die Pflanze

7. _____ Zwei Stühle

a. fehlt noch ein Staubsauger.
b. gefällt Silvia sehr.
c. gehören der Vermieterin.
d. hat früher mal Jürgen gehört.
e. hilft Silvia beim Umzug.
f. ist Jürgen und Silvia begegnet.
g. gefällt Silvia nicht.

[1]*move*
[2]*by chance*
[3]*furnished*

Hörverständnis

A. Ein alter Nachbar. Frau Frisch trifft einen alten Nachbarn, Herrn Übele, in einem Geschäft im Zentrum von Zürich.

NEUE VOKABELN
das Erdgeschoss *first floor*
der Neubau *new building*

Beantworten Sie die Fragen.

1. Warum wird Herr Übele fast verrückt? _____

2. Welche Vorteile[1] hat das Haus? _____

   _____

3. Wie alt ist das Haus? _____

4. Setzen Sie die Namen der Zimmer in den Plan ein:

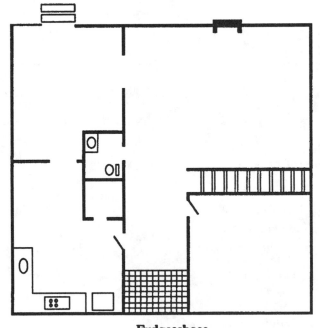

Erdgeschoss

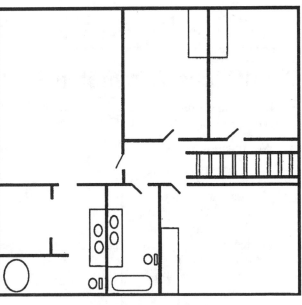

erster Stock

[1]advantages

B. Alte Möbel. Herr Siebert ist bei Frau Gretter. Sie sprechen über Frau Gretters neue Möbel.

NEUE VOKABELN
das Holz, ⁻er   *wood*
der Stahl   *steel*
ganz unter uns   *just between us*

Beantworten Sie die Fragen.

1. In welchem Zimmer sind Frau Gretter und Herr Siebert? _____

2. Ist der Tisch neu? _____

3. Aus welchem Material sind die Stühle in der Essecke? _____

4. Was für Möbel möchte Herr Siebert für sein Wohnzimmer, antike oder moderne? _____

5. Von wem hat Frau Gretter den Esszimmerschrank? Von wem die Stühle? _____

_____

Das Stadtviertel

Schriftliche Aktivitäten

→ Lesen Sie Grammatik 6.2, „Location vs. destination: two-way prepositions with the dative or accusative case"!

A. Wo machen Sie was? Schreiben Sie fünf Fragen und Antworten.

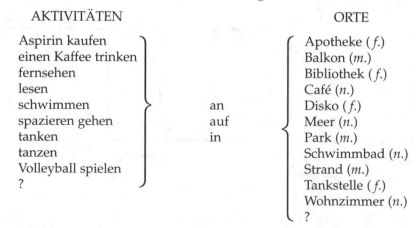

AKTIVITÄTEN		ORTE
Aspirin kaufen		Apotheke (*f.*)
einen Kaffee trinken		Balkon (*m.*)
fernsehen		Bibliothek (*f.*)
lesen		Café (*n.*)
schwimmen	an	Disko (*f.*)
spazieren gehen	auf	Meer (*n.*)
tanken	in	Park (*m.*)
tanzen		Schwimmbad (*n.*)
Volleyball spielen		Strand (*m.*)
?		Tankstelle (*f.*)
		Wohnzimmer (*n.*)
		?

> **Achtung!** *Location:* **an, auf, in** + Dativ
> *Masculine, neuter:* **dem;** *feminine:* **der**
> *Contractions:* **an** + **dem** → **am**
> **in** + **dem** → **im**

MODELL: A: Wo tanzen Sie?
          B: Ich tanze in der Disko.

1. A: _Wo_ _____?

   B: _Ich_ _____.

2. A: _____

   B: _____

3. A: _____

   B: _____

4. A: _____

   B: _____

5. A: _____

   B: _____

B. Wohin gehen Sie? Schreiben Sie fünf Fragen und Antworten.

> **Achtung!** *Destination:* **an, auf, in** + Akkusativ
> *Masculine:* **den;** *neuter:* **das;** *feminine:* **die**
> *Contractions:* **an** + **das** → **ans**
> **auf** + **das** → **aufs**
> **in** + **das** → **ins**

MODELL: A: Wohin gehen Sie, wenn Sie tanzen wollen?
          B: Ich gehe in die Disko.

1. A: _Wohin_ _____?

   B: _Ich_ _____.

2. A: _____

   B: _____

3. A: _____

   B: _____

4. A: _____

   B: _____

5. A: _____

   B: _____

C. Ich habe viel zu tun! Wann muss ich wohin und warum?

WANN?	WOHIN?	WARUM?
am Mittwoch	in die Bäckerei	Zahnpasta und Toilettenpapier kaufen
am Freitag	auf die Bank	einen Flug buchen[1]
um 8 Uhr	in den Buchladen	Brötchen holen
um 14 Uhr	in die Drogerie	einen Anzug reinigen lassen
heute	zum Friseur	mir die Haare schneiden lassen
heute Vormittag	in die Metzgerei	den neuen Bestseller kaufen
heute Abend	auf die Polizei	eine Geburtstagskarte kaufen
morgen	auf die Post	mir die Zähne untersuchen lassen
morgen früh	in die Reinigung	Fleisch und Wurst kaufen
morgen Nachmittag	ins Reisebüro	Geld abheben[2]
nächsten Dienstag	ins Schreibwarengeschäft	ein Paket abholen
nächste Woche	zum Zahnarzt	eine Strafanzeige erstatten[3]
?	?	?

MODELLE: Ich muss heute in die Drogerie, denn ich will Zahnpasta und Toilettenpapier kaufen.
Ich muss morgen zum Friseur, denn ich will mir die Haare schneiden lassen.

1. Ich muss _____ ,

   denn _____ .

2. Ich muss _____ ,

   denn _____ .

3. Ich muss _____ ,

   denn _____ .

4. Ich muss _____ ,

   denn _____ .

5. Ich muss _____ ,

   denn _____ .

Hörverständnis

Ein Interview mit Richard. Richard Augenthaler ist in der Stadt. Ein Mann auf der Straße will ein Interview mit ihm machen, aber er hat keine Zeit.

[1]einen ... *book a flight*   [2]*withdraw*   [3]eine ... *report an offense*

Wohin will Richard? Bringen Sie die folgenden Zeilen in die richtige Reihenfolge.

_____ in die Reinigung

_____ zur Bank

_____ zum Supermarkt

_____ ins Kaufhaus

Was will der Mann auf der Straße wissen? _____

Auf Wohnungssuche

Schriftliche Aktivitäten

A. Wie wohnen Sie? Wie möchten Sie wohnen? Kreuzen Sie an.

WIE WOHNEN SIE JETZT?	WIE MÖCHTEN SIE WOHNEN?
☐ Ich wohne im Studentenwohnheim.	☐ im Studentenwohnheim
☐ Ich wohne in einem Apartmenthaus.	☐ in einem Apartmenthaus
☐ Ich wohne in einem Hochhaus.	☐ in einem Hochhaus
☐ Ich wohne allein.	☐ allein
☐ Ich wohne bei meinen Eltern.	☐ bei meinen Eltern
☐ Ich wohne mit Freunden zusammen.	☐ mit Freunden zusammen
☐ Ich habe ein großes Zimmer.	☐ in einem großen Zimmer
☐ Mein Zimmer ist klein.	☐ in einem kleinen Zimmer
☐ Ich habe viel Platz.	☐ mit viel Platz
☐ Ich habe wenig Platz.	☐ mit wenig Platz
☐ Meine Wohngegend ist ruhig.	☐ in einer ruhigen Wohngegend
☐ Meine Wohngegend ist laut.	☐ in einer lauten Wohngegend
☐ Ich wohne in der Stadt.	☐ in der Stadt
☐ Ich wohne auf dem Land.	☐ auf dem Land

B. Meine Wohnsituation. Beantworten Sie die folgenden Fragen.

→ Lesen Sie Grammatik 6.1, „Dative verbs"!

1. Was gefällt Ihnen an Ihrer jetzigen Wohnsituation?

_____

_____

_____

2. Was gefällt Ihnen nicht? Was möchten Sie stattdessen[1]?

_____

_____

_____

3. Was fehlt Ihnen noch in Ihrem Haus / Ihrer Wohnung?

_____

_____

_____

4. Was gehört Ihnen nicht in Ihrem Haus / Ihrer Wohnung? Wem gehört es? Wie lange haben Sie es schon und warum haben Sie es?

_____

_____

_____

5. Wer hilft Ihnen normalerweise bei der Wohnungssuche und beim Umziehen[2]?

_____

_____

_____

Hörverständnis

A. **Dialog aus dem Text: Auf Wohnungssuche.** Silvia ist auf Wohnungssuche.

Richtig oder falsch? Korrigieren Sie die falschen Sätze.

1. _____ Das Zimmer ist in Frankfurt-Nord. _____

2. _____ Das Zimmer liegt im fünften Stock. _____

3. _____ Es gibt keinen Aufzug. _____

4. _____ Das Zimmer ist nicht möbliert. _____

5. _____ Das Zimmer hat kein Bad. _____

6. _____ Silvia kommt morgen vorbei. _____

B. **Rollenspiel: Zimmer zu vermieten.**

s1: Sie sind Student/Studentin und suchen ein schönes, großes Zimmer. Das Zimmer soll hell und ruhig sein. Sie haben nicht viel Geld und können nur bis zu 300 Euro Miete zahlen, inklusive Nebenkosten. Sie rauchen nicht und hören keine laute Musik. Fragen Sie den Vermieter / die Vermieterin, wie groß das Zimmer ist, was es kostet, ob es im Winter warm ist, ob Sie kochen dürfen und ob Ihre Freunde Sie besuchen dürfen. Sagen Sie dann, ob Sie das Zimmer mieten möchten.

[1]instead [2]moving

s2: Sie möchten ein Zimmer in Ihrem Haus vermieten. Das Zimmer ist 25 Quadratmeter groß und hat Zentralheizung. Es kostet warm 310 Euro im Monat. Es hat große Fenster und ist sehr ruhig. Das Zimmer hat keine Küche und auch kein Bad, aber der Mieter / die Mieterin darf Ihre Küche und Ihr Bad benutzen. Der Mieter / Die Mieterin darf Freunde einladen, aber sie dürfen nicht zu lange bleiben. Sie haben kleine Kinder, die früh ins Bett müssen. Fragen Sie, was der Student / die Studentin studiert, ob er/sie raucht, ob er/sie oft laute Musik hört, ob er/sie Haustiere hat, ob er/sie Möbel hat.

VOR DEM HÖREN

Was fragen Sie, wenn Sie eine Wohnung mieten wollen?

1. _____

2. _____

3. _____

4. _____

5. _____

WÄHREND DES HÖRENS

Schreiben Sie die vier Fragen auf, die Sie im Dialog hören.

1. _____

2. _____

3. _____

4. _____

C. Die Wohnungssuche. „Hier ist Radio Bremen mit den Kurznachrichten. Doch zuvor noch etwas Werbung …"

NEUE VOKABELN
der Waldblick *forest view*
der Hauswirt, -e / die Hauswirtin, -nen *landlord / landlady*
erreichen *to reach*

Setzen Sie die fehlenden Informationen ein.

1. Man kann im Apartmenthaus „Waldblick" eine Wohnung _____.

2. Die Apartments sind _____ und _____.

3. Die Apartments haben _____ Zimmer, eine _____, ein Bad und einen Balkon.

4. Die Küche hat einen _____, einen Kühlschrank und eine _____.

5. Jede Wohnung hat einen _____ in der Tiefgarage und einen Keller.

Hausarbeit

Schriftliche Aktivitäten

Arbeit im Haushalt.

➜ Lesen Sie Grammatik 6.5, „Separable-prefix verbs: the present tense and the perfect tense"!

1. Wer (Sie, Mitbewohner/Mitbewohnerin, Bruder, Schwester, Mutter, Vater, usw.) hat in Ihrem Haushalt letzte Woche was gemacht?

   NÜTZLICHE AUSDRÜCKE

Staub saugen	die Wäsche waschen	den Rasen sprengen[1]
das Wohnzimmer aufräumen	den Tisch abwischen	die Blumen gießen
aufwischen	das Geschirr spülen	einkaufen
den Tisch abräumen	den Rasen mähen	das Essen kochen

   MODELLE: Meine Mutter hat letzte Woche das Essen gekocht.
   Ich habe letzte Woche eingekauft.

   a. _____

   b. _____

   c. _____

   d. _____

   e. _____

2. Wer macht diese Woche oder nächste Woche was im Haushalt?

   MODELLE: Ich sauge nächste Woche Staub.
   Mein Sohn räumt diese Woche sein Zimmer auf.

   a. _____

   b. _____

   c. _____

   d. _____

   e. _____

[1]to water

Hörverständnis

A. Bildgeschichte: Der Frühjahrsputz.

1. Was haben sie gemacht? Ergänzen Sie die Sätze mit den richtigen Partizipien.

abtrocknen	die Fenster putzen
den Keller aufräumen	das Geschirr spülen
sein Zimmer aufräumen	im ganzen Haus Staub saugen
die Terrasse fegen	die Flaschen wegbringen
fernsehen	

a. Gestern war bei Wagners der große Frühjahrsputz. Alle haben geholfen.

b. Herr Wagner hat zuerst _____.

c. Dann hat er _____.

d. Frau Wagner hat zuerst _____.

e. Dann hat sie _____.

f. Jens hat zuerst _____.

g. Und Ernst hat zuerst _____.

h. Dann hat Jens _____.

i. Und Ernst hat _____.

j. Und Andrea? Andrea war bei ihrer Freundin und hat _____.

2. Was haben Sie im letzten Monat gemacht? Nennen Sie vier Hausarbeiten, die Sie im letzten Monat gemacht haben und vier, die Sie nicht gemacht haben. Schreiben Sie ganze Sätze.

MODELL

Ich habe den Tisch abgewischt.

MODELL

Ich habe den Rasen nicht gemäht.

_____   _____

_____   _____

_____   _____

_____   _____

B. Die Hausarbeit. Rolf und Nora haben geplant, nach San Francisco zu fahren, um ins Kino zu gehen. Aber Nora hat viel zu tun. Jetzt ruft Rolf sie an.

1. Was muss Nora alles tun? Kreuzen Sie an!

   a. ☐ die Garage aufräumen   f. ☐ Auto waschen

   b. ☐ die Wäsche waschen   g. ☐ ihr Zimmer aufräumen

   c. ☐ Geschirr spülen   h. ☐ den Rasen mähen

   d. ☐ Staub saugen   i. ☐ die Fenster putzen

   e. ☐ einkaufen gehen

2. An welches Stereotyp denkt Noras Vater? _____

Aussprache und Orthografie

Aussprache (1. Teil)

e-Sounds

In **Kapitel 1** we focused on the unrounded German vowels. In that chapter, we concentrated on the **e**-sounds. Native speakers of English who are learning German may experience some difficulty with the **e**-sounds: The letters <e, ee> are pronounced differently in English, and English does not have the combinations of <eh, ä, äh>. In English, the lax **e**-sounds are often diphthongized to [ei].

In German there are as many as four different realizations of the **e**-sound:

1. long, tense **e** ([e:], as in **e**ben, **T**ee, s**eh**en);
2. short lax **e** ([ɛ], as in **Bett, Bälle**);
3. long lax **e** ([ɛ:], as in sp**ät**, **äh**nlich); and
4. schwa ([ə] as in bitt**e**).

As we described in **Kapitel 1,** the long, lax **e**-sound is pronounced in the standard language more and more as a long, tense **e**-sound. We recommend that you pronounce all long **e**-sounds the same—that is, as long, tense [e:], even if they are written as <ä> or <äh>.

Schwa (as in English *ago*) was practiced in **Kapitel 2**; it often disappears completely in the ending **-en** (see **Kapitel 10**).

A. Listen to and read the information in the following table. Underline all long, tense **e**-sounds, as in **Dr**e**sden.**

Name	Wohnort	Berufswunsch	Hobbys
Jens	Dresden	Bäcker	essen, Freunde treffen
Mehmet	Bremen	Fernsehreporter	fernsehen
Ken	Gera	Apotheker	lesen, zelten
Peggy	Bern	Lehrerin	segeln, Tennis spielen

Replay the segment, and mark all short, lax **e**-sounds with a dot below the vowel, as in **Jẹns.** All unmarked letters <e> are pronounced as schwa or, in combination with <r>, as a vocalic **r.** Check your answers in the answer key. Replay the segment and pronounce the names and words after the speaker.

B. Sprechen Sie über Jens, Mehmet, Ken und Peggy. Verwenden Sie die Wörter aus der Tabelle.

1. Jens wohnt in _____. Er möchte _____ werden. Seine

   Hobbys sind _____.

2. Mehmet _____

   _____.

3. Ken _____

   _____.

4. Peggy _____

   _____.

Orthografie (1. Teil)

e-Sounds

Listen and write the words with <E, e, ee, eh, ä>.

1. _____
2. _____
3. _____
4. _____
5. _____

6. _____
7. _____
8. _____
9. _____
10. _____

Aussprache (2. Teil)

Word Stress in Compounds

In **Kapitel 4** we focused on stress in compound words. We are revisiting this topic here, because this is an area in which speakers of English often make two mistakes: (1) They put equal stress on the individual parts of a compound; and (2) they pronounce short, stressed vowels with greater muscle tension. Neither of these phenomena occurs in German.

A. Form compounds using the words in the box. You should be able to use all the words. Indicate the gender of each of your compounds. Some compounds use three words.

Geschäft   Zimmer   Wasch   Putz

Wohn   Heizung   Büro

Stelle   Waren   Jahrs   Sauger

Garten   Kinder   Maschine   Innen

Schreib   Zentral   Bus   Reise

Halte   Tisch   Früh   Staub   Stadt

---

1. _____
2. _____
3. _____
4. _____
5. _____

6. _____
7. _____
8. _____
9. _____
10. _____

Check your answers in the answer key.

B. Listen to the ten compound words in **Übung A**. Indicate whether the vowel with the main stress is long (including diphthongs) or short.

		LONG	SHORT
1.	die Waschmaschine	☐	☐
2.	der Kindergarten	☐	☐
3.	die Zentralheizung	☐	☐
4.	der Frühjahrsputz	☐	☐
5.	der Staubsauger	☐	☐
6.	das Reisebüro	☐	☐
7.	die Innenstadt	☐	☐
8.	das Schreibwarengeschäft	☐	☐
9.	der Wohnzimmertisch	☐	☐
10.	die Bushaltestelle	☐	☐

Check your answers in the answer key. Replay the segment and pronounce the words after the speaker. Tap on your table as you pronounce the stressed syllables. Remember: As a rule, the first element in a compound word is the determining word, which is stressed.

C. Form phrases using prepositions (**an, auf, für, in, zu**) and the nouns from **Übung B**. Pronounce the words aloud, paying close attention to the stressed syllable.

MODELL: die Waschmaschine → in der Waschmaschine

1. die Waschmaschine: _____

2. der Kindergarten: _____

3. die Zentralheizung: _____

4. der Frühjahrsputz: _____

5. der Staubsauger: _____

6. das Reisebüro: _____

7. die Innenstadt: _____

8. das Schreibwarengeschäft: _____

9. der Wohnzimmertisch: _____

10. die Bushaltestelle: _____

D. In some compound words the first element is not stressed. Listen to the weather forecast, several times if necessary, and underline the words in which the second element is stressed.

Im Südosten bleibt es kalt. Die Tagestiefsttemperatur liegt bei minus 3 Grad Celsius. Im Südwesten wird es freundlicher, die Tageshöchsttemperatur erreicht 15 Grad Celsius. Aber auch hier wird in den nächsten Tagen der Nordostwind stärker und es fällt Schneeregen.

Check your answers in the answer key. Replay the segment, several times if necessary, and read along with the speaker. Now read the weather forecast aloud.

Orthografie (2. Teil)

Numbers

Listen and write out the numbers and times you hear.

1. _____
2. _____
3. _____
4. _____
5. _____
6. _____
7. _____
8. _____
9. _____
10. _____

Kulturecke

A. Wohnen in den USA (USA) und in Deutschland (D). Kreuzen Sie an, zu welchem Land die folgenden Aussagen eher passen.

	USA	D
1. Im Durchschnitt wohnen 80 Menschen auf einer Quadratmeile.	☐	☐
2. Das Dach ist oft mit Holzschindeln gedeckt.	☐	☐
3. Das Dach ist meistens aus Ziegeln.	☐	☐
4. Den Stock über dem Keller nennt man den 1. Stock.	☐	☐
5. Ein modernes Einfamilienhaus ist massiv und aus Stein gebaut.	☐	☐
6. Fast alle Häuser haben einen Keller.	☐	☐
7. Nur 30% der Bevölkerung wohnt im eigenen Heim.	☐	☐
8. Viele Häuser sind aus Holz gebaut.	☐	☐
9. Das typische Haus ist von einem Zaun, einer Mauer oder Hecke umgeben[1].	☐	☐

B. Wer weiß – gewinnt: *Good bye Lenin!* Markieren Sie die richtigen Antworten. Hinweis: Mehrere Antworten sind möglich.

1. Während[1] Christiane Kerner im Krankenhaus liegt, _____.
   a. hört die DDR auf zu existieren.
   b. hängt man ein Fast-Food-Plakat am Haus gegenüber auf.
   c. stirbt sie.
   d. wird die Bundesrepublik Deutschland ein Teil der DDR[2].

[1]*surrounded*
[2]*ein ... part of The GDR*

2. Warum sagt Alex seiner Mutter nichts von den politischen Veränderungen?
   a. Weil sie eine überzeugte Sozialistin ist.
   b. Weil sie sich nicht aufregen[1] darf.
   c. Weil Alex entschlossen und kreativ ist.
   d. Weil selbst Freunde und Nachbarn mitspielen.

3. Es gibt keine Lebensmittel und Möbel aus DDR-Produktion mehr, weil _____.
   a. Christiane Kerner im Krankenhaus liegt.
   b. Alex und Ariane ein Problem haben.
   c. Fast-Food-Restaurants nun den Osten überrollen.
   d. es die DDR nicht mehr gibt.

4. In Alex' Wunsch-DDR _____.
   a. ist der Staatschef ein Kosmonaut.
   b. wollen alle Menschen leben.
   c. gibt es gefälschte Fernsehsendungen.
   d. erfährt Mutter Christiane vom Zusammenbruch der DDR.

C. *Der Erlkönig* (**Johann Wolfgang von Goethe**). Johann Wolfgang von Goethes (1749–1832) Ballade über den Erlkönig[2] ist eines seiner berühmtesten Gedichte. Die meisten Schüler in Deutschland mussten dieses Gedicht irgendwann in ihrer Schulzeit auswendig lernen[3]. Die Elfen, Figuren aus der germanischen und nordischen Mythologie, haben etwas Dämonisches und bringen Krankheit und Unglück. Sie verführen[4] die Menschen mit ihrem Gesang[5] und locken[6] sie in den Tod.

Der Erlkönig

Wer reitet so spät durch Nacht und Wind?

Es ist der Vater mit seinem Kind;

Er hat den Knaben[7] wohl in dem Arm,

Er fasst ihn sicher, er hält ihn warm.

Mein Sohn, was birgst[8] du so bang[9] dein Gesicht?　　　　　_____

Siehst, Vater, du den Erlkönig nicht?　　　　　_____

Den Erlenkönig mit Kron' und Schweif[10]?

Mein Sohn, es ist ein Nebelstreif[11].　　　　　_____

Du liebes Kind, komm, geh mit mir!　　　　　_____

Gar schöne Spiele spiel ich mit dir;

Manch bunte Blumen sind an dem Strand,

Meine Mutter hat manch gülden Gewand[12].

Mein Vater, mein Vater, und hörest du nicht,　　　　　_____

Was Erlenkönig mir leise verspricht[13]?

Sei ruhig, bleibe ruhig, mein Kind!　　　　　_____

In dürren[14] Blättern säuselt[15] der Wind.

---

[1]sich aufregen *to get upset*　[2]*king of the elves*　[3]auswendig … *memorize*　[4]*bewitch*　[5]*singing*　[6]*lure*　[7]*boy*　[8]*hide*
[9]*fearfully*　[10]*train (of dress)*　[11]*streak of fog*　[12]*clothes*　[13]*is promising*　[14]*dry*　[15]*whispers*

Willst, feiner Knabe, du mit mir gehn?

Meine Töchter sollen dich warten[1] schön;

Meine Töchter führen den nächtlichen Reihn[2],

Und wiegen und tanzen und singen dich ein[3].

_____

Mein Vater, mein Vater, und siehst du nicht dort

Erlkönigs Töchter am düsteren[4] Ort?

_____

Mein Sohn, mein Sohn, ich seh' es genau;

Es scheinen die alten Weiden[5] so grau.

_____

Ich liebe dich, mich reizt deine schöne Gestalt[6];

Und bist du nicht willig, so brauch' ich Gewalt[7].

_____

Mein Vater, mein Vater, jetzt fasst er mich an[8]!

Erlkönig hat mir ein Leids getan[9]!

_____

Dem Vater grauset's[10], er reitet geschwind[11],

Er hält in den Armen das ächzende[12] Kind,

Erreicht den Hof mit Müh und Not[13];

In seinen Armen das Kind war tot.

1. In diesem Gedicht sprechen drei Personen: der Vater, der Sohn und der Erlkönig. Schreiben Sie in die Lücken rechts neben dem Gedicht, wer gerade spricht!

2. Der Vater (V), der Sohn (S) oder der Erlkönig (E)?

_____ a. Er reitet durch die Nacht.

_____ b. Er hat den Jungen sicher im Arm.

_____ c. Er hat Angst.

_____ d. Er hat eine Krone und einen Schweif.

[1]dich … *wait on you* [2]führen … *lead off the nocturnal round* (*of dance*) [3]wiegen ein *rock to sleep* [4]*dark* [5]*willows*
[6]mich … *I'm attracted to your beautiful form* [7]*force* [8]fasst an *is grabbing* [9]hat … *has hurt me* [10]dem … *the father shudders* [11]*fast* [12]*groaning* [13]mit … *with great difficulty*

_____ e. Er verspricht dem Jungen schöne Spiele.

_____ f. Seine Mutter hat goldene Kleider.

_____ g. Er hört nur den Wind in den Blättern.

_____ h. Er hat Töchter, die für den Jungen tanzen und singen.

_____ i. Er fürchtet sich immer mehr.

_____ j. Er sieht nur die alten grauen Weiden.

_____ k. Er fasst den Jungen an und tötet ihn.

_____ l. Er hat große Angst und reitet so schnell er kann.

3. Inhaltsangabe. Bringen Sie die Sätze in die richtige Reihenfolge.

_____ Als der Vater zu Hause ankommt, ist sein Sohn tot.

_____ Der Erlkönig verspricht dem Jungen viele schöne Dinge.

_____ Der Sohn sieht den Erlkönig, aber der Vater sieht ihn nicht.

_____ Der Vater reitet mit seinem Sohn durch die Nacht.

_____ Der Vater reitet so schnell er kann, weil es seinem Sohn nicht gut geht.

_____ Erlkönig wird den Jungen auch mit Gewalt holen, wenn es sein muss.

_____ Erlkönigs Töchter werden sich um den Jungen kümmern.

Aufsatz-Training

A. **Juttas Traumwohnung.** Lesen Sie diese Beschreibung von Juttas Traumwohnung.

Jutta liebt die Großstadt und möchte gern in einer Altbauwohnung im Süden Deutschlands wohnen, vielleicht in München oder Augsburg. Sie will mitten in der Stadt wohnen, weil da immer viel los ist. Die Zimmer müssen eine hohe Decke und viele Fenster haben. Die Wohnung soll hell und warm sein und die Küche darf nicht zu klein sein, weil sie Hobbyköchin ist. Im Bad möchte sie eine große, alte Badewanne. Jutta möchte allein dort wohnen, aber sie will oft Freunde zu Partys einladen. Deshalb soll ihr Wohnzimmer groß und gemütlich sein, vielleicht mit einem Kamin[1]. Die Wände müssen gut isoliert[2] sein, weil sie gern laute Musik hört.

Markieren Sie jede Aussage richtig (R) oder falsch (F). Korrigieren Sie dann die falschen Aussagen mit ganzen Sätzen.

1. _____ Jutta möchte vielleicht in Bayern leben. _____

2. _____ Juttas Wohnung soll im Stadtzentrum liegen. _____

3. _____ Jutta kocht nicht gern. _____

4. _____ Jutta möchte mit Freunden zusammen wohnen. _____

5. _____ Juttas Wohnung soll vielleicht einen Kamin haben. _____

[1]fireplace [2]insulated

B. Jetzt sind Sie dran! Beschreiben Sie Ihr Traumhaus oder Ihre Traumwohnung. Schreiben Sie zehn Sätze.

Schreibhilfe

Beantworten Sie in Ihrem Aufsatz die folgenden Fragen:

- In welchem Bundesstaat oder Land möchten Sie wohnen? Warum?
- Wie soll die Wohnlage/Wohngegend sein? Warum?
- Wie soll Ihr Traumhaus oder Ihre Traumwohnung aussehen?
- Was soll es haben? Warum?
- Was sollen Ihre Traumküche und Ihr Traumbad haben? Warum?
- Mit wem möchten Sie dort wohnen?
- Was möchten Sie in Ihrer Wohnung / Ihrem Haus Besonderes machen?

To spice up your description, mention specific details and avoid using too many adjectives. Use **weil** clauses to explain why you want to live the way you do and remember that in German you can change word order to add variety. Read Jutta's description again and notice the varied word order. Suggestion: Read your composition out loud and revise it if necessary to make sure you have varied the word order and sentence length.

KAPITEL **7** | Unterwegs

Geografie

Schriftliche Aktivitäten

A. Kreuzworträtsel: Geografische Begriffe. Setzen Sie die Wörter waagerecht ein.

1. eine Erhebung[1], die nicht so hoch wie ein Berg ist
2. Niederung[2], die zwischen zwei Bergen liegt
3. Wasser, das meistens Richtung Meer fließt
4. eine Gruppe von Bergen
5. große Fläche, die mit Gras bewachsen ist
6. sandiges Land, das am Meer liegt
7. Land, das trocken und sandig ist
8. salziges Wasser, das große Teile der Erde bedeckt
9. Fläche, die dicht mit Bäumen bewachsen ist

Wenn alles richtig ist, finden Sie hier das Lösungswort.

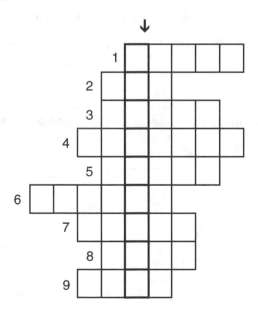

Das Lösungswort heißt _____.

Kleine Hilfe: Land, das nicht ganz von Wasser umgeben ist.

[1]*rise in the earth*
[2]*depression*

B. Satzpuzzle. Peter hat letzten Sommer in der Schweiz gearbeitet. Jetzt hält er im Deutschkurs von Frau Schulz ein Referat über seine Erfahrungen in der Schweiz. Er zeigt Dias von den Orten, wo er gewesen ist. Was sagt er zu den Bildern? Bilden Sie Sätze aus den gegebenen Elementen und lösen[1] Sie das Satzpuzzle.

➔ Lesen Sie Grammatik 7.1, „Relative clauses"!

> MODELLE: Der Bodensee ist der See   (trennt / Deutschland / der / von der / Schweiz) →
> Der Bodensee ist der See, der Deutschland von der Schweiz trennt.
>
> Das ist der Strand   (ich / habe / an dem / gelegen / in der Sonne) →
> Das ist der Strand, an dem ich in der Sonne gelegen habe.

1. Das ist der Berg   (habe / auf dem / ich / gewohnt)

   _____

2. Das ist das Tal   (ich / gearbeitet / in dem / habe)

   _____

3. Das ist das Kind   (im See / ist / das / jeden Tag / geschwommen)

   _____

4. Das ist der Fluss   (durch / der / fließt / das Tal)

   _____

5. Das ist ein Wald   (ich / besucht / den / habe)

   _____

C. Vergleiche. Bilden Sie Vergleiche und benutzen Sie den Komparativ und den Superlativ.

➔ Lesen Sie Grammatik 7.2 „Making comparisons: the comparative and superlative forms of adjectives and adverbs"!

Achtung!		Komparativ		Superlativ
hoch	→	höher	→	am höchsten
viel	→	mehr	→	am meisten

MODELL

(lang sein): Amazonas (6 400 km)
              der Nil (6 671 km)
              der Jangtsekiang (6 300 km)

→ *Der Amazonas ist länger als der Jangtsekiang, aber der Nil ist am längsten.*

[1]*solve*

1. alt sein: Trier/Deutschland (um 16 v. Chr. gegründet[1])
Byblos/Libanon (um 5000 v. Chr. gegründet)
Auckland/Neuseeland (1840 gegründet)

_____

_____

2. tief liegen: das Tote Meer (–396 m)
das Kaspische Meer (–28 m)
das Tal des Todes (–86 m)

_____

_____

3. groß sein: die Wüste Gobi (1 040 000 km^2)
die Sahara (8 700 000 km^2)
die Mojave Wüste (65 000 km^2)

_____

_____

4. klein sein: die Vatikanstadt (0,44 km^2)
Monaco (1,85 km^2)
Gibraltar (6,5 km^2)

_____

_____

5. hoch sein: der Mount Everest (8 848 m)
der Kilimandscharo (5 889 m)
der Mount McKinley (6 194 m)

_____

_____

6. viel kosten: eine 5-tägige Safari in Afrika (circa € 7 000)
ein Flug von Frankfurt nach Kathmandu (circa € 2 500)
eine Expedition auf den Mount Everest (circa € 20 000)

_____

_____

7. jung sein: die Universität Wien (1365 gegründet)
die Universität Tübingen (1477 gegründet)
die Universität Marburg (1527 gegründet)

_____

_____

8. schön sein: Hawaii*
Tahiti
Teneriffa

_____

_____

*Ihre subjektive Meinung. Sie können diese Inseln durch andere ersetzen.
[1]founded

Hörverständnis

Geografie. Ernst und Andrea Wagner spielen ein Ratespiel über Geografie. Wenn der eine einen geografischen Begriff[1] nennt, muss der andere einen bestimmten Ort in der Welt nennen, zu dem der geografische Begriff passt.

Füllen Sie die Tabelle aus. Welche Begriffe nennen Ernst und Andrea? Was sind ihre Antworten? Nennen Sie dann noch ein weiteres Beispiel für den genannten geografischen Begriff.

Geografischer Begriff	Ernsts und Andreas Antworten	Ihre Antworten
eine Insel	England	
ein _____		
ein Tal		
eine _____	arabische	
ein _____		
eine Wüste		
ein _____		
eine _____		

[1]term, concept

Transportmittel

Schriftliche Aktivitäten

A. Womit fahren Sie?

TRANSPORTMITTEL

das Auto	der Lastwagen	die Straßenbahn
der Bus	das Motorrad	das Taxi
das Fahrrad	das Pferd	die U-Bahn
das Flugzeug	die Rakete	der Zug
der Kinderwagen		

Achtung!	**mit** + Dativ	
der/das	→	**mit dem**
die	→	**mit der**

1. Sie sind in New York, in der Bronx, und wollen nach Manhattan. Womit fahren Sie? _____
2. Sie sind in San Francisco und wollen nach Hawaii. Wie kommen Sie dahin? _____
3. Sie sind Tourist in San Francisco und wollen sich die Stadt ansehen, aber nicht zu Fuß laufen. Womit fahren Sie? _____
4. Sie sind auf einem Fest und wollen nach Hause. Leider haben Sie etwas getrunken und können nicht mehr Auto fahren. Wie kommen Sie nach Hause? _____
5. Es ist Sonntag, das Wetter ist schön und Sie brauchen ein bisschen Bewegung. Womit fahren Sie? _____
6. Es ist das Jahr 2100. Sie haben in der Lotterie eine Reise zum Mond gewonnen. Wie kommen Sie dahin? _____
7. Sie ziehen um, mit allen ihren Möbeln, von Chicago nach Santa Fe. Womit fahren Sie? _____
8. Sie wollen von Ottawa nach Toronto fahren, haben aber kein Auto. Womit fahren Sie? _____
9. Sie sind in München und wollen ohne Stress nach Hamburg fahren. Womit fahren Sie? _____
10. Sie wollen im Urlaub die Route 66 entlang fahren. Womit fahren Sie? _____
11. Sie sind in Montana und wollen einen Ausflug in die Berge machen. Womit machen Sie das? _____
12. Sie wollen mit Ihren Kindern in den Zoo. Die Kinder können noch nicht laufen. Womit transportieren Sie die Kinder? _____
13. Sie sind in Deutschland und wollen mit 170 km/h auf der Autobahn fahren. Womit fahren Sie? _____

B. Was ist logisch? Finden Sie für jeden Satz das richtige Bild.

➜ Wiederholen Sie Grammatik 6.2, „Location vs. destination: two-way prepositions with the dative or accusative case"!

1. _____ Das Kind schwimmt im Wasser.

2. _____ Das Auto fährt auf der Autobahn.

3. _____ Das Flugzeug steigt in die Luft.

4. _____ Das Taxi fährt in der Stadt.

5. _____ Die Straßenbahn fährt in den Tunnel.

6. _____ Das Flugzeug fliegt in der Luft.

7. _____ Das Auto fährt auf die Autobahn.

8. _____ Das Kind läuft in das Wasser.

9. _____ Das Taxi fährt in die Stadt.

10. _____ Die Straßenbahn fährt im Tunnel.

Hörverständnis

A. Dialog aus dem Text: Im Reisebüro in Berlin.

Richtig oder falsch?

1. _____ Renate möchte nach Zürich fahren.

2. _____ Sie möchte am Montagabend so spät wie möglich fahren.

3. _____ Der erste InterCity kommt um 14.25 Uhr an.

4. _____ Renate reserviert einen Platz in der ersten Klasse.

B. Rollenspiel: Am Fahrkartenschalter.

s1: Sie stehen am Fahrkartenschalter im Bahnhof von Bremen und wollen eine Fahrkarte nach München kaufen. Sie wollen billig fahren, müssen aber vor 16.30 Uhr am Bahnhof in München ankommen. Fragen Sie, wann und wo der Zug abfährt und über welche Städte der Zug fährt.

s2: Sie arbeiten am Fahrkartenschalter im Bahnhof von Bremen. Ein Fahrgast möchte eine Fahrkarte nach München kaufen. Hier ist der Fahrplan.

Bremen → München

	Abfahrt	Ankunft	1. Klasse Euro	2. Klasse Euro
IC	4.25	15.40	169,–	109,–
ICE	7.15	14.05	182,–	116,–
IC	7.30	20.45	169,–	109,–

Alle Züge fahren über Hannover und Würzburg.

VOR DEM HÖREN

Welchen Zug müssen Sie nehmen, um billig zu fahren und um vor 16.30 Uhr in München anzukommen?

_____

WÄHREND DES HÖRENS

Welchen Zug nimmt der Fahrgast? _____

Wie viel kostet das? _____

Wann kommt der Zug in München an? _____

C. Transportmittel. Claire trinkt gerade mit Josef einen Kaffee und erzählt, dass sie in zwei Wochen nach Berlin fahren will.

NEUE VOKABELN
die Mitfahrzentrale, -n   *ride-share information center*
der Stau   *traffic jam*
sich verändern   *to change*

Tragen Sie die Vorteile und Nachteile der Transportmittel ein.

	Vorteile	**Nachteile**
Flugzeug		
Bahn		
Bus		
Mitfahrzentrale		

Das Auto

Schriftliche Aktivitäten

A. Was macht man mit diesen Teilen des Autos? Benutzen Sie die **da**-Verbindungen: **darauf, daran, darin, damit,** und definieren Sie die Teile des Autos. Benutzen Sie **man** als Subjekt.

➜ Lesen Sie Grammatik 7.3, „Referring to and asking about things and ideas: **da**-compounds and **wo**-compounds"!

NÜTZLICHE AUSDRÜCKE

das Auto anhalten	Musik und Nachrichten hören
andere Leute warnen	Koffer verstauen
die Scheiben wischen	sich setzen

MODELLE: das Lenkrad → Damit lenkt man den Wagen.
das Nummernschild → Daran erkennt man, woher das Auto kommt.

1. die Bremsen

_____

2. der Kofferraum

_____

3. die Scheibenwischer

_____

4. die Sitze

_____

5. das Autoradio

_____

6. die Hupe

_____

B. Melanie will nach Hamburg fahren. Sie spricht mit Claire über die Reise. Claire hat viele Fragen. Welche? Lesen Sie die Antworten und schreiben Sie die Fragen. Benutzen Sie die **wo**-Verbindungen.

NÜTZLICHE AUSDRÜCKE

sich kümmern **um**[1]	handeln **von**
sprechen **über**	einen Koffer brauchen **für**
nach Hamburg fahren **mit**	denken **an**
sich freuen **auf**	

MODELL: **Worüber** sprecht ihr gerade?
Über Melanies Reise nach Hamburg.

[1]*to take care of, look after*

1. CLAIRE: _____?

   MELANIE: Mit dem Auto.

2. CLAIRE: _____?

   MELANIE: Auf das Musical „Cats".

3. CLAIRE: _____?

   MELANIE: Von alten und jungen Katzen und natürlich von ihren Menschen.

4. CLAIRE: _____?

   MELANIE: Für meine Schlittschuhe. Die möchte ich mitnehmen.

5. CLAIRE: _____?

   MELANIE: Um meinen Hamster. Kannst du ihm jeden Tag Futter geben?

6. CLAIRE: Na klar, und _____?

   MELANIE: An meine Blumen. Kannst du sie gießen? Ich bringe dir auch ein Geschenk mit!

C. **Quiz: Womit? Wofür? Woran? Worauf?** Finden Sie die **wo**-Verbindungen und beantworten Sie die Quizfragen.

> Scheiben   Benzin   Nummernschild
>
> Autoradio   ~~Hupe~~
>
> Sitze   Bremse

MODELL: **Womit** warnt man andere Fahrer und Fußgänger? →
Mit der Hupe.

1. _____ bremst man?

   Mit der _____.

2. _____ braucht man Scheibenwischer?

   Für saubere und trockene _____.

3. _____ sieht man, woher das Auto kommt?

   An dem _____.

4. _____ hört man Musik im Auto?

   Mit dem _____.

5. _____ fährt das Auto?

   Mit _____.

6. _____ setzt man sich?

   Auf die _____.

Hörverständnis

A. Der New Beetle. Sie hören eine Werbung von VW für den New Beetle.

NEUE VOKABELN

ABS: Antiblockiersystem *antilock brakes*	die Klimaanlage *air conditioning*
der Außenspiegel *outside mirror*	das Schiebedach *sliding top*
die Ausstattung *features*	serienmäßig *standard*
einstellbar *adjustable*	die Servolenkung *power steering*
die Karosserie *auto body*	die Zentralverriegelung *central locking system*

Was hat der New Beetle serienmäßig? Kreuzen Sie an!

1.	Servolenkung	☐	8.	Klimaanlage	☐
2.	ergonomische Sitze	☐	9.	Glasschiebedach	☐
3.	elektrisch einstellbare Außenspiegel	☐	10.	ABS	☐
4.	Zentralverriegelung	☐	11.	zwei Front-Airbags	☐
5.	Radioanlage „gamma"	☐	12.	stabile Karosserie	☐
6.	Lederausstattung	☐	13.	6-Zylinder-Ottomotor	☐
7.	Sportlenkrad	☐	14.	136 PS	☐

B. Josef will ein Auto kaufen. Josef will einen gebrauchten Wagen kaufen. Er spricht am Telefon mit der Verkäuferin des Wagens.

NEUE VOKABELN
die Kupplung *clutch*
die Karosserie *auto body*
ausbauen *to take out*
einbauen *to put in*

Tragen Sie die fehlenden Informationen ein.

Baujahr	
Kilometerstand	92 000
Kupplung	
Bremsen	
	in sehr gutem Zustand
	nein, ausgebaut
Preis	

Reiseerlebnisse

Schriftliche Aktivitäten

A. Familie Wagner in Spanien. Wagners waren letztes Jahr im Urlaub in Spanien. Was haben sie gemacht?

→ Lesen Sie Grammatik 7.4, „The perfect tense (review)"!

MODELL: Jeden Morgen _____. (alle zusammen frühstücken) →
Jeden Morgen haben alle zusammen gefrühstückt.

1. Wagners _____. (oft an den Strand gehen)

2. Herr Wagner _____. (viel schlafen)

3. Frau Wagner _____. (Bilder malen)

4. Andrea _____. (Comics lesen)

5. Paula _____. (Burgen aus Sand bauen)

6. Ernst _____. (Fußball spielen)

7. Jens _____. (surfen gehen)

8. Abends _____. (alle zusammen essen gehen)

B. Brigittes Berlinbesuch. Ergänzen Sie den Dialog mit Formen von **haben** und **sein** im Imperfekt.

➔ Lesen Sie Grammatik 7.5, „The simple past tense of **haben** and **sein**"!

GISELA: Hallo, Brigitte! Lange nicht gesehen!

BRIGITTE: Ja, hallo, Gisela. Du, ich __war__ ein paar Tage verreist.

GISELA: Wo _____[a] du denn?

BRIGITTE: Ich _____[b] in Berlin.

GISELA: _____[c] du gutes Wetter?

BRIGITTE: Ich _____[d] Glück. Das Wetter _____[e] trocken und warm.

GISELA: Wo hast du übernachtet?

BRIGITTE: Bei meinem Onkel. Mein Cousin _____[f] gerade auf einer Studienreise und sein Zimmer

_____[g] frei. Das Zimmer _____[h] einen schönen Ausblick auf den Garten.

GISELA: Wie _____[i] das Nachtleben in Berlin? Warst du tanzen?

BRIGITTE: Nein, dazu _____[j] ich keine Lust.

GISELA: Was hast du denn alles gemacht?

BRIGITTE: Einen ganzen Tag _____[k] ich auf der Museumsinsel und habe die verschiedenen

Museen besichtigt. Dann _____[l] meine Tante und ich noch in Potsdam und haben

Schloss Sanssouci besucht.

GISELA: _____[m] du auch am Wannsee?

BRIGITTE: Nein, aber wir _____[n] Zeit, in den Spreewald[1] zu fahren und dort eine Kahnfahrt[2]

zu machen. Am Tag vor meiner Abreise[3] _____[o] meine Tante auch noch

Geburtstag und wir _____[p] alle zusammen im Theater und hinterher in einem

feinen Restaurant.

GISELA: Du _____[q] ja sehr beschäftigt.

BRIGITTE: Ja. Ich _____[r] viel Spaß und nie Langeweile. Es _____[s] wirklich ein schöner

Urlaub.

---

[1](*area of woodland and water 60 miles south of Berlin*)
[2]*gondola ride*
[3]*departure*

Hörverständnis

A. Bildgeschichte: Stefans Reise nach Österreich.

1. Was hat Stefan in Österreich erlebt? Bringen Sie die Sätze in die richtige Reihenfolge und ergänzen Sie die Hilfsverben.

   a. _____ Dann _____ er Salzburg besichtigt.

   b. _____ Dann _____ er mit dem Zug nach Österreich gefahren.

   c. _____ Er _____ sich auf dem Bahnhof eine Fahrkarte gekauft.

   d. _____ Erst _____ er eine Wanderung in den Alpen gemacht.

   e. _____ In einem Café _____ er Christine, eine nette Österreicherin, kennengelernt.

   f. _____ Jetzt schreibt Stefan immer Briefe nach Salzburg.

   g. _____ Schließlich _____ sie auf dem Wolfgangsee Boot gefahren.

   h. _____ Sie _____ in ein Konzert gegangen und _____ in einer Disko getanzt.

   i. __1__ Stefan _ist_ zuerst nach Frankfurt geflogen.

2. Stefans Reisebericht. Stefan erzählt seinem Freund Robert über seinen Urlaub in Österreich. Stefan übertreibt[1] gerne. Schreiben Sie zehn Sätze in der ersten Person (*ich*-Form), aber schreiben Sie so, wie es Stefan erzählt, wenn er übertreibt.

   Zuerst bin ich nach Frankfurt geflogen. Der Flug hat 36 Stunden gedauert. _____

   _____

   _____

   _____

   _____

[1]*exaggerates*

_____

_____

_____

_____

_____

_____

_____

_____

B. Reiseerlebnisse. Silvia will in die Sonne und träumt vom Urlaub.

Beantworten Sie die folgenden Fragen.

1. Was kann man in Rio de Janeiro tun? _____

_____

2. In Paris? _____

_____

3. An der Nordsee? _____

_____

4. Was hat Silvia gegen Mallorca? _____

_____

C. Sommerskifahren in der Schweiz. Claire ist letzten Juli in die Schweiz gefahren. Jetzt spricht sie mit Josef über ihren Urlaub.

NEUE VOKABELN
der Gletscher, - *glacier*
die Piste, -n *ski slope*
der Abfall *litter*

Wer hat was gesagt: Claire (C) oder Josef (J)?

1. _____ Wie war's in der Schweiz?

2. _____ Es war toll.

3. _____ Der Schnee war nicht so gut wie im Winter.

4. _____ Ich war noch nie in der Schweiz zum Skifahren.

5. _____ [Ich fahre] meistens nach Oberstdorf in Bayern oder auch nach Österreich.

6. _____ Ich war noch nie zum Sommerskifahren auf einem Gletscher.

7. _____ Das schönste am Sommerskifahren ist, dass es so warm ist.

8. _____ Zürich ist eine der saubersten Städte, die ich je gesehen habe.

9. _____ [Ich wollte überall] ein bisschen Abfall fallen lassen.

Aussprache und Orthografie

Aussprache (1. Teil)

Fortis-Lenis Consonants / Final Devoicing

As in English, the difference between the fortis consonants [p, t, k, f, s, ʃ, ç, x] and the lenis consonants [b, d, g, v, z, ʒ, j, r] in German lies in the degree of muscle tension. Fortis consonants are pronounced with more muscle tension and are voiceless. In German, they are not as heavily aspirated as in English. Lenis consonants are formed with less muscle tension. In English, they are always voiced, but in German they are voiced only in a voiced environment. In German, after voiceless consonants, lenis consonants lose their voicing. This is known as assimilation (see **Kapitel 11**). In addition, they are pronounced voiceless (fortis) in word- and syllable-final position. For example, the final <d> in **Kind** is pronounced as a [t]. This phenomenon is known as *final devoicing.*

Let us practice the difference between fortis and lenis consonants.

A. Listen to the words and organize them in the table according to the highlighted consonant.

Hu**p**e	Ta**sch**e	Ko**ff**er
Tan**k**	**J**acht	Wel**t**
Dan**k**	Ra**d**	**G**arage
In**s**el	**B**us	Ri**ch**tung
Gang	Flu**ss**	Na**ch**t
Fel**d**		

Fortis	Lenis
[p]	[b]
[t]	[d]
[k]	[g]
[f]	[v]
[s]	[z]
[ʃ]	[ʒ]
[ç]	[j]
[x]	[r]

Check your answers in the answer key.

B. Listen to the words in **Übung A** as word pairs, and pronounce them after the speaker.

Read aloud the words with fortis consonants; then read those with lenis consonants. Then read the fortis/lenis word pairs aloud.

C. Look for other examples with these spelling variations. A complete overview can be found in the main text, Appendix D.

[p]: p, pp   [b]: b, bb
[t]: t, tt, th, -d   [d]: d, dd
[k]: k, ck, kk, -g   [g]: g, gg
[f]: f, ff, v, ph   [v]: w, v
[s]: s, ss, ß   [z]: s
[ʃ]: sch, s(t), s(p)   [ʒ]: j, g
[ç]: ch, -(i)g   [j]: j
[x]: ch   [r]: r, rr

Let us now practice final devoicing.

D. Provide the singular form, along with the definite article, for the following nouns.

1. die Strände – _____*der Strand*_____

2. die Wälder – _____

3. die Felder – _____

4. die Schilder – _____

5. die Räder – _____

6. die Flugzeuge – _____

7. die Züge – _____

8. die Häuser – _____

Check your answers in the answer key.

E. Listen to the word pairs in **Übung D** and compare the difference in pronunciation.

Replay the segment, then repeat after the speaker, paying careful attention to the final devoicing.

F. **Jetzt sind Sie dran!** Write four sentences using one or more of the nouns (singular or plural) from **Übung D** above in each sentence.

1. _____

2. _____

3. _____

4. _____

Final devoicing is found not only in nouns.

G. Listen, but do not repeat. Pay close attention to the highlighted letters. Underline all consonants with final devoicing.

1. lesen, liest, las, gelesen
2. reisen, reist, reiste, gereist
3. leben, lebt, lebte, gelebt
4. geben, gibt, gab, gegeben
5. erlauben, erlaubt, Erlaubnis
6. lieb, lieber, am liebsten

7. Norden, nördlich, Süden, südlich
8. aber, ab, wegen, weg
9. halb, halbe, deshalb, weshalb
10. Stunde, stündlich, Tag, täglich

Check your answers in the answer key. Replay the segment and pronounce the words after the speaker. Then read them aloud, paying close attention to the final devoicing.

Orthografie (1. Teil)

Listen and then fill in the missing letters.

1. un___er___egs

2. Hal___in___el

3. ___ ___ad___run___ ___ahrt

4. ___in___er___a___en

5. Ra___we___

6. ___un___eslan___

7. ___ochenen___ ___i___ ___e___

8. ___an___ ___ ___ran___

9. ___a___ier___or___

10. ___am___ ___aga___en___

Aussprache (2. Teil)

Pauses, Rhythm, and Sentence Stress
In **Kapitel 3** we focused on pauses, rhythm, and sentence stress.

Listen to the following text.

Der Sprachforscher Wilhelm Grimm lebte von 1786 bis 1859. Gemeinsam mit seinem Bruder Jakob sammelte er Märchen. Von Wilhelm Grimm wird folgende Geschichte erzählt.

Eines Tages kam ein französischer Student zu ihm. Er sprach nur wenig Deutsch, obwohl er bereits mehrere Jahre in Berlin war. Wilhelm Grimm fragte ihn, warum er nicht Deutsch lernt.

Der Student sagte zu ihm: „Deutsch ist mir zu hässlich, das ist eine Sprache für Pferde!"

Grimm antwortete ihm: „Ach so! Ja, dann verstehe ich auch, warum Esel sie nicht lernen können."

Listen to the text several times, speaking simultaneously with the narrator. Mark the pauses, stresses, and sentence melody as in **Kapitel 3.** Then read the text aloud by yourself.

Orthografie (2. Teil)

Geographic Names
Write the geographic names you hear.

1. _____   6. _____
2. _____   7. _____
3. _____   8. _____
4. _____   9. _____
5. _____   10. _____

Kulturecke

Burgruine Hanstein (Thüringen)

A. Ratespiel: Stadt, Land, Fluss. Wählen Sie Antworten aus dem Wortkasten.

---

der Bodensee   der Genfer See   der Rhein

der Brocken   der Großglockner   der Teutoburger Wald   Rügen

die Donau   die Ostfriesischen Inseln   Hamburg   Liechtenstein   Heidelberg

---

1. der tiefste See der Schweiz   _____

2. der höchste Berg Österreichs   _____

3. die älteste Universitätsstadt Deutschlands _____

4. das kleinste Land, in dem man Deutsch spricht _____

5. Fluss, der durch Wien fließt _____

6. Wald, in dem die Germanen die Römer besiegt haben _____

7. Insel in der Ostsee, auf der weiße Kreidefelsen sind _____

8. Berg im Harz, auf dem sich die Hexen treffen _____

9. See, der zwischen Deutschland, Österreich und der Schweiz liegt _____

10. Inseln, die vor der Küste von Ostfriesland liegen _____

11. Fluss, an dem die Lorelei ihr Haar kämmt _____

B. Der Führerschein in den USA (USA) und in Deutschland (D). Kreuzen Sie an!

	USA	D
1. Man kann im Alter von $15\frac{1}{2}$ Jahren anfangen Auto fahren zu lernen.	☐	☐
2. Man kann im Alter von 18 Jahren allein Auto fahren.	☐	☐
3. Vor der Fahrausbildung muss man einen Sehtest und einen Erste-Hilfe-Kurs machen.	☐	☐
4. Man muss eine theoretische Ausbildung von 14 Doppelstunden an einer Fahrschule machen.	☐	☐
5. Man kann das Autofahren von einem Familienmitglied oder Bekannten lernen.	☐	☐
6. Man muss mindestens 32 Fahrstunden an einer Fahrschule absolvieren.	☐	☐
7. Die Vorbereitung auf die Führerscheinprüfung ist praktisch kostenlos.	☐	☐
8. Die Vorbereitung auf die Führerscheinprüfung kostet viel Geld.	☐	☐

C. Deutschlandreise. Schreiben Sie die folgenden Städte in die Landkarte von Deutschland.

Augsburg	Frankfurt am Main	Heidelberg	Köln	Regensburg
Bayreuth	Freiburg	Karlsruhe	Leipzig	Saarbrücken
Dresden	Greifswald	Kassel	Mainz	Weimar
Düsseldorf	Hannover	Kiel	Potsdam	Wernigerode

1. _____
2. _____
3. _____
4. _____
5. _____
6. _____
7. _____
8. _____
9. _____
10. _____
11. _____
12. _____
13. _____
14. _____
15. _____
16. _____
17. _____
18. _____
19. _____
20. _____

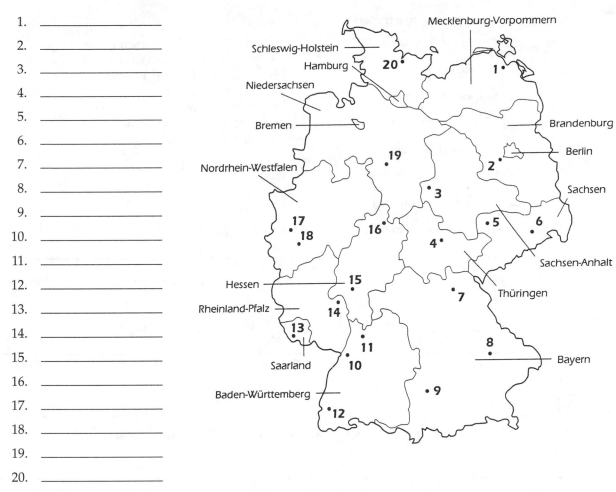

D. Mondnacht (Joseph von Eichendorff). Joseph von Eichendorff (1788–1857) ist einer der bekanntesten romantischen Dichter. In seiner Lyrik spielt die Natur eine wichtige Rolle. Bilder aus der Natur, wie in dem folgenden Gedicht, drücken aus, was der Dichter fühlt.

Mondnacht

Es war, als hätt' der Himmel
Die Erde still geküsst[1],
Dass sie im Blütenschimmer[2]
Von ihm nun träumen müsst'.

Die Luft[3] ging durch die Felder,
Die Ähren[4] wogten sacht[5],
Es rauschten[6] leis die Wälder,
So sternklar[7] war die Nacht.

Und meine Seele[8] spannte
Weit ihre Flügel aus[9],
Flog durch die stillen Lande,
Als flöge sie[10] nach Haus.

[1]als hätt' ... geküsst *as if . . . had kissed*   [2]*splendor of blossoms*   [3]here: *light breeze*   [4]*ears (of wheat)*   [5]wogten ... *were swaying gently*   [6]*were rustling*   [7]*starlit*   [8]*soul*   [9]spannte ... aus *spread its wings wide*   [10]als ... *as if it were flying*

1. Naturbilder. Was gehört zusammen?

   1. _____ *Der* Himmel und *die* Erde   a. als ob seine Seele nach Hause flöge.

   2. _____ Die Erde   b. bewegen sich im Wind.

        c. durch Felder und Wälder.

   3. _____ Ein leichter Wind geht   d. fliegt wie ein Vogel.

   4. _____ Die Ähren auf den Feldern   e. träumt vom Himmel.

        f. sind wie ein Liebespaar.

   5. _____ Die Nacht ist hell   g. und voller Sterne.

   6. _____ Die Seele des Dichters

   7. _____ Der Dichter fühlt sich,

2. Himmel und Erde. Ordnen Sie die Stichwörter in die folgenden Kategorien.

   Felder   fliegen   Mond   Blüten

   Wälder   Seele   Land   Luft (= Wind)   Sterne

   Himmel: _____

   Erde: _____

3. Jahreszeit. Welche Jahreszeit ist in dem Gedicht? Woher weiß man das? Sammeln Sie Stichwörter dafür.

   _____

   _____

4. Stimmung. Die Seele ist wie ein Vogel, der seine Flügel ausbreitet. Welche Assoziationen haben Sie dabei? Kreuzen Sie an.

   ☐ majestätisch

   ☐ leicht

   ☐ schwerelos

   ☐ frei

   ☐ ohne Sorgen

   ☐ ohne Grenzen

   ☐ traurig

   ☐ glücklich

   ☐ melancholisch

Aufsatz-Training

A. Willis beste Ferien. Lesen Sie die Beschreibung von Willis besten Ferien.

Willi war letzten September mit Sofie in Kalifornien. Er hat einen Onkel dort, der an der mittelkalifornischen Küste wohnt und den er besuchen wollte. Als die beiden in San Francisco angekommen sind, haben sie sofort einen Wagen gemietet und sind losgefahren.

Im September war das Wetter noch sommerlich warm und trocken. Sie sind zuerst die berühmte Küstenstraße hinunter gefahren und haben gute Badestrände gesucht. Aber die Küste war sehr steil. Erst ab San Simeon waren die Strände so ähnlich wie am Mittelmeer, sandig und breit. Leider war das Wasser ein bisschen kalt zum Schwimmen.

Willi und Sofie haben drei Tage bei dem Onkel übernachtet. Sie sind gewandert und Kajak gefahren und haben viele Seeotter und Seehunde gesehen. In San Simeon haben sie Hearst Castle besichtigt, das Traumschloss des Medienzaren William Randolph Hearst. Dort gibt es Gästehäuser, zwei Schwimmbäder, viele Statuen, Gärten und Terrassen. Man darf leider nicht allein dort herumlaufen, sondern muss eine Führung mitmachen. Willi und Sofie haben oft in billigen Motels übernachtet und in Schnellimbissen gegessen. Aber ab und zu sind sie auch in bessere Restaurants gegangen. Besonders die Fischgerichte und die mexikanische Küche waren gut. Die Leute waren überall sehr nett. Willi und Sofie möchten gern in Kalifornien wohnen. Das Wetter ist besser als in Deutschland. Aber man bekommt nicht so leicht eine Arbeitserlaubnis.

1. **Glossar.** Schreiben Sie die passenden deutschen Wörter in die Glossartabelle. Note: The English terms are listed in the order in which they occur in the German text. First record your guesses. Circle the appropriate article for nouns. List verbs or verb phrases in their infinitive form. List adjectives without any ending. Then verify them in a dictionary.

Glossartabelle

ENGLISCH	DEUTSCH	VERIFIZIERT
a. Central California Coast	der / (die) / das *mittelkalifornische Küste*	✓
b. to depart		
c. dry		
d. famous		
e. coastal highway	der / die / das	
f. steep		
g. similar		
h. Mediterranean	der / die / das	
i. wide		
j. seal	der / die / das	
k. to tour		
l. dream castle	der / die / das	
m. tour	der / die / das	
n. once in a while		
o. work permit	der / die / das	

2. Ein Interview mit Willi. Schreiben Sie fünf Fragen und beantworten Sie die Fragen mit Informationen aus dem Text.

MODELL: SIE: _Wo warst du in den Ferien?_ _____

WILLI: _Ich war in Kalifornien._ _____

a. SIE: _____

WILLI: _____

b. SIE: _____

WILLI: _____

c. SIE: _____

WILLI: _____

d. SIE: _____

WILLI: _____

e. SIE: _____

WILLI: _____

B. **Jetzt sind Sie dran!** Erzählen Sie von Ihren besten Ferien. Schreiben Sie mindestens zwölf Sätze.

Schreibhilfe

Beantworten Sie in Ihrem Aufsatz die folgenden Fragen:

- Wo waren Sie? Warum?
- Wann war das?
- Mit wem sind Sie gereist?
- Wie war das Wetter?
- Wo haben Sie übernachtet und wie war die Unterkunft?
- Was haben Sie gegessen und wie hat Ihnen das Essen geschmeckt?
- Was haben Sie besichtigt?
- Was haben Sie unternommen?
- Was waren Ihre guten Erfahrungen? Hatten Sie eine schlechte Erfahrung?
- Wie waren die Menschen?

Meine besten Ferien

_____

_____

_____

_____

_____

_____

_____

_____

_____

_____

_____

_____

_____

_____

KAPITEL **8** | Essen und Einkaufen

Essen und Trinken

Schriftliche Aktivitäten

A. Was passt wozu?

1. Schreiben Sie die Nummern der Nomen hinter die passenden Adjektive!

frisch	*6, 9, 10, 21, 25, 27, 30*	warm	
heiß		gebraten	
gegrillt		eiskalt	
englisch		mexikanisch	
italienisch		französisch	
chinesisch		salzig	
deutsch		süß	
amerikanisch		scharf	
schwarz		knusprig	

1. das Steak	13. der Honig	25. der Fisch
2. der Kaviar	14. der Schinken	26. die Nudeln
3. die Oliven	15. der Speck	27. die Birne
4. die Sojasoße	16. das Fleisch	28. die Kirschen
5. die Wurst	17. das Hähnchen	29. die Nuss
6. der Käse	18. die Gurke	30. die Bohnen
7. die Spaghetti	19. der Knödel	31. die Erbsen
8. die Marmelade	20. die Nachspeise	32. die Kartoffeln
9. das Brot	21. der Pilz	33. der Kohl
10. die Krabben	22. die Pommes frites	34. die Zwiebel
11. das Bier	23. der Reis	35. die Karotten
12. der Kaffee	24. das Rindfleisch	36. der Spinat

2. Nennen Sie fünf Lebensmittel aus der Liste, die Sie mögen, und fünf, die Sie nicht mögen, zusammen mit passenden Adjektiven.

→ Lesen Sie Grammatik 8.1, „Adjectives: an overview", und 8.2, „Attributive adjectives in the nominative and accusative cases"!

Achtung! **mögen** + Akkusativ

MODELLE: Ich mag gegrilltes Steak.
Ich mag keinen amerikanischen Kaffee.
Ich mag frische Bohnen.

WAS ICH MAG

a. _____

b. _____

c. _____

d. _____

e. _____

WAS ICH NICHT MAG

a. _____

b. _____

c. _____

d. _____

e. _____

B. Morgen haben Sie Geburtstag. Was möchten Sie zum Abendessen essen? Beschreiben Sie Ihr Geburtstagsessen!

MODELL: Als Vorspeise möchte ich einen gemischten Salat mit Tomaten, Oliven und Schafskäse. Dann als Hauptgericht möchte ich gegrillte Hühnerbrust mit scharfem Gemüse. Und als Nachspeise möchte ich süßen Apfelstrudel mit saurer Sahne.

_____

_____

_____

_____

_____

Hörverständnis

Gesünder leben. Frau Ruf glaubt, ihre Tochter Jutta könnte gesünder essen. Sie spricht mit Jutta über ihre Ernährung[1].

VOR DEM HÖREN

Glauben Sie, Hamburger sind gesund? _____

Wie essen Sie? Gesund oder nicht so gesund? _____

NEUE VOKABELN

zur Abwechslung   *for a change*
der Gesundheitsfanatiker,-   *health nut*
der Öko, -s   *ecofreak*
Ich stehe nicht darauf.   *I don't like it.*
Das kann ja heiter werden.   *We may as well expect the worst.*

[1]*nutrition*

WÄHREND DES HÖRENS

1. Bringen Sie die Sätze aus dem Dialog in die richtige Reihenfolge.

   a. _____ Der gesunde Look ist vorbei.

   b. _____ Und wo sind die Vitamine?

   c. _____ Jeden Tag macht der Suppe und ich mag nun mal keine Suppe.

   d. _____ Jedesmal, wenn ich dich sehe, isst du Hamburger und trinkst Cola dazu.

   e. _____ Du siehst im Moment wirklich schlecht aus.

   f. _____ Die Gesundheitsfanatiker können doch von mir aus weiter ihre langweiligen Salate essen.

   g. _____ Cola ist auch nicht schlimmer als dein Kaffee mit Milch und Zucker.

   h. _____ Aber Hamburger sind nicht die richtige Lösung, ob mit Salat und Tomaten oder ohne.

2. Stellen Sie sich jetzt vor, die Diskussion geht weiter. Wer sagt was? Jutta (J) oder ihre Mutter (M)?

   a. _____ Aber ich will nicht gesund essen.

   b. _____ Du darfst das Haus nicht verlassen, bis du richtig gefrühstückt hast.

   c. _____ Ab heute darfst du nicht mehr bei McDonalds essen.

   d. _____ Du musst Fisch und Hähnchen und Gemüse essen.

   e. _____ Aber außer Hamburgern und Cola schmeckt mir nichts.

   f. _____ Billy isst nur Hamburger, und er ist gesund.

   g. _____ Aber Billy sieht schrecklich aus.

   h. _____ Ich werde nie Müsli essen.

Haushaltsgeräte

Schriftliche Aktivitäten

A. In der Küche. Wohin damit?

➜ Wiederholen Sie Grammatik 6.2, „Location vs. destination: two-way prepositions with the dative or accusative case"!

NÜTZLICHE AUSDRÜCKE

der Abfalleimer	die Vase	das Kochbuch
die Schublade	die Waschmaschine	der Brotkorb
die Geschirrspülmaschine	die Obstschale	der Besteckkorb[1]

MODELL: Wohin mit den schmutzigen Tellern? → in die Geschirrspülmaschine

1. Wohin mit den Gabeln? _____

2. Wohin mit dem Abfall? _____

3. Wohin mit der schmutzigen Wäsche? _____

[1]*silverware basket*

4. Wohin mit dem Obst? _____

5. Wohin mit dem Brot? _____

6. Wohin mit dem Rezept? _____

7. Wohin mit den Blumen? _____

8. Wohin mit den Servietten? _____

B. Welche Haushaltsgeräte haben Sie? Kreuzen Sie an!

→ Lesen Sie Grammatik 8.3, „Destination vs. location: **stellen/stehen, legen/liegen, setzen/sitzen, hängen/hängen**"!

☐ einen elektrischen Dosenöffner   ☐ einen Toaster

☐ eine Küchenmaschine   ☐ einen Kühlschrank mit Gefrierabteil

☐ einen Mikrowellenherd   ☐ eine Waschmaschine

☐ eine Geschirrspülmaschine   ☐ einen Wäschetrockner

Achtung!   **stehen/liegen/sitzen/hängen** + Präposition + Dativ

---

Wo sind diese Geräte in Ihrem Haushalt?

NÜTZLICHE PRÄPOSITIONEN

über   unter
neben   in
hinter

MODELLE: Der elektrische Dosenöffner steht neben dem Spülbecken.
            Der Toaster steht hinter dem Dosenöffner.

_____

_____

_____

_____

_____

Hörverständnis

Werbung für Haushaltsgeräte. Sie hören zwei Werbetexte: einen für einen Wäschetrockner und einen für einen Haartrockner.

NEUE VOKABELN
der Energieverbrauch   *energy usage*
der Schalter   *switch*

Der neue Bauknecht Wäschetrockner

Er ist _____[1] zur Wäsche. Seine vielen Trockenprogramme _____[2] die

Wäsche genauso wie Sie es _____[3] und wollen. Er ist _____[4]. Er

trocknet _____[5] kg mit minimalem Energieverbrauch.

Braun silencio 1600 professional control 12

Zwölf Möglichkeiten, Haare zu _____[1]: Ein Schalter reguliert die

_____[2]: kühl, lauwarm, _____[3], sehr warm. Und Sie kombinieren

_____[4] und Wärme, wie Sie wollen. Macht _____[5] Stufen. Zum

Beispiel, sanft und _____[6] für dauerhafte Locken. Oder express bei vollen 1 600 Watt,

je nach _____[7].

Einkaufen und Kochen

Schriftliche Aktivitäten

A. **Sie haben Freunde eingeladen.** Sie müssen die Wohnung aufräumen, kochen und den Tisch decken. Schreiben Sie Sätze!

> **Achtung!** **stellen / legen / setzen / hängen** + Präposition + Akkusativ

MODELLE: die Blumen / auf / der Tisch → Die Blumen stelle ich auf den Tisch.
die Messer / neben / die Teller → Die Messer lege ich neben die Teller.

1. die Teller / auf / der Tisch _____

2. die Servietten / auf / die Teller _____

3. die Kerze / in / die Mitte _____

4. die Gabeln / neben / die Messer _____

5. die Löffel / auf / die andere Seite _____

6. das Brot / in / der Brotkorb _____

7. der Stuhl / an / das Fenster _____

8. der Käse / auf / der Teller _____

9. die Schuhe / auf / der Balkon _____

10. die Pullover / in / der Schrank _____

11. der Wein / in / der Kühlschrank _____

12. die Schnitzel / in / die Pfanne _____

B. **Der Tisch ist gedeckt, die Gäste können kommen.** Wie sieht der perfekte Tisch aus?

➔ Lesen Sie Grammatik 8.3, „Destination vs. location: **stellen/stehen, legen/liegen, setzen/sitzen, hängen/hängen"**, und 8.4, „Adjectives in the dative case"!

MODELL: der Tisch / das große Wohnzimmer / stehen / in →
Der Tisch steht im großen Wohnzimmer.

1. die Tischdecke / der lange Tisch / liegen / auf

_____

2. die Teller / die weiße Tischdecke / stehen / auf

_____

3. die Gabeln / die großen Teller / liegen / links neben

_____

4. die Messer / die silbernen Löffel / liegen / rechts neben

_____

5. das Weinglas / das saubere Wasserglas / stehen / neben

_____

6. der Blumenstrauß / die roten Kerzen / stehen / zwischen

_____

7. die Löffel / die gelben Servietten / liegen / auf

_____

Hörverständnis

A. Bildgeschichte: Michaels bestes Gericht.

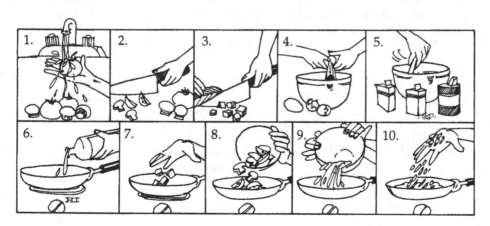

Bringen Sie die Sätze in die richtige Reihenfolge und setzen Sie die fehlenden Verben ein.

bestreuen	geben	schneiden (2x)
bräunen	gießen	waschen
erhitzen	schlagen	würzen

_____ Dann kommen die Tomaten und Pilze hinzu.

_____ Dann _____ Michael drei Eier in eine Schüssel.

_____ Dann _____ er den Schinken in kleine Stücke.

_____ Dann _____ er die Tomaten und Pilze in Scheiben.

_____ Er _____ die Eier mit Salz, Pfeffer und Paprika.

_____ Jetzt _____ er Öl in einer Pfanne.

_____ Michael _____ den Schinken in die Pfanne und _____ ihn.

_____ Michael _____ die Tomaten und Pilze mit kaltem Wasser.

_____ Wenn das Omelett fast fertig ist, _____ er es noch mit Käse.

_____ Zum Schluss _____ er die Eier darüber.

B. „Allkauf"-Supermarkt. Und jetzt eine Mitteilung von Ihrem „Allkauf"-Supermarkt.

NEUE VOKABELN
ausgesucht *selected*
der Korb, ⁻e *basket*

Welche Sonderangebote gibt es am Donnerstag?

Rindfleisch	Euro _____	pro Kilo
Schweinskotelettes	Euro _____	pro Kilo
Filetspitzen	Euro _____	pro Kilo
Orangen	Euro _____	pro Kilo
Weintrauben	Euro _____	pro Kilo
Erdbeeren	Euro _____	pro Korb

Im Restaurant

Schriftliche Aktivitäten

A. Mahlzeiten und Getränke. Unterstreichen Sie in jedem Satz die Adjektivendung und schreiben Sie sie in die Spalte „Endung". Identifizieren Sie Kasus: Nominativ (N), Akkusativ (A), Dativ (D); Genus und Numerus: Maskulin (M), Neutrum (N), Feminin (F), Plural (Pl); und schreiben Sie sie ebenfalls auf.

→ Lesen Sie Grammatik 8.2, „Attributive adjectives in the nominative and accusative cases", und 8.4, „Adjectives in the dative case"!

		ENDUNG	KASUS	GENUS/PLURAL
1.	Frau Gretter trinkt zum Frühstück schwarzen Kaffee.	_____	_____	_____
2.	Sie isst Müsli mit warmer Milch.	_____	_____	_____
3.	Dann isst sie gebratene Eier mit Speck.	_____	_____	_____
4.	Andrea trinkt heißen Kakao.	_____	_____	_____
5.	Sie isst zum Frühstück Brot mit frischem Honig.	_____	_____	_____
6.	Oft isst sie auch ein Brot mit selbst gemachter Marmelade.	_____	_____	_____
7.	Wenn sie großen Hunger hat, isst sie ein Steak.	_____	_____	_____
8.	Stefan trinkt zum Frühstück eiskalte Limonade.	_____	_____	_____
9.	Zum Abendessen trinkt er meist mexikanisches Bier.	_____	_____	_____
10.	Italienischer Wein schmeckt ihm auch ganz gut.	_____	_____	_____
11.	Heute isst er Fisch mit französischer Soße.	_____	_____	_____
12.	Dazu gibt es Kartoffeln mit grünen Zwiebeln.	_____	_____	_____
13.	Er trinkt deutschen Sekt.	_____	_____	_____
14.	Zum Nachtisch isst er frisches Obst.	_____	_____	_____

B. Herr und Frau Wagner haben morgen Hochzeitstag. Sie wollen am Abend in ihr Lieblingsrestaurant gehen. Sie freuen sich sehr auf das Essen und reden heute schon darüber. Was werden sie bestellen? Setzen Sie die Formen im Futur ein.

→ Lesen Sie Grammatik 8.5, „Talking about the future: the present and future tenses"!

MODELL: FRAU WAGNER: Ich _____. (nehmen / einen italienischen Salat)

FRAU WAGNER: Ich werde einen italienischen Salat nehmen.

1. HERR WAGNER: Also, ich _____

_____. (anfangen / mit den Tomaten in Öl)

2. FRAU WAGNER: Nein, das ist mir zu fettig. Als Vorspeise _____

_____. (nehmen / Schinken und Oliven)

3. HERR WAGNER: Hmm lecker. Ich _____

_____. (bestellen / eine große Pizza mit Salami und Pilzen)

4. FRAU WAGNER: Gut, und ich _____

_____. (essen / grüne Spaghetti mit Krabben)

5. HERR WAGNER: Wir _____

_____ was meinst du?, (trinken / eine Flasche Rotwein)

6. FRAU WAGNER: Ja, und wir _____

_____. (trinken / einen starken Espresso)

7. HERR WAGNER: Mein Bauch _____! (wehtun)

8. FRAU WAGNER: Ach was, der Abend ohne die Kinder _____

_____. (werden / sehr ruhig und gemütlich)

Hörverständnis

A. Dialog aus dem Text: Melanie und Josef gehen aus. Melanie und Josef haben sich einen Tisch ausgesucht und sich hingesetzt. Der Kellner kommt an ihren Tisch.

Beantworten Sie die Fragen.

1. Was trinkt Melanie? _____

   Josef? _____

2. Was bestellt Melanie zum Essen? _____

   Josef? _____

B. Bildgeschichte: Abendessen mit Hindernissen.

Was haben Maria und Michael gestern gemacht? Ergänzen Sie die Sätze.

1. Gestern sind Maria und Michael ins Restaurant „Zum Löwen" _____.

2. Sie haben beim Kellner ihre Getränke und ihr Essen _____.

3. Zuerst hat ihnen der Wein nicht _____.

4. Dann hat Maria die falsche Suppe _____.

5. Danach hat Michael eine Fliege in seiner Suppe _____.

6. Zum Schluss hat der Kellner ihnen zu viel _____.

7. Schließlich haben sich Maria und Michael beim Geschäftsführer _____.

8. Sie haben _____.

9. Danach sind sie in ein Eiscafé _____ und haben ein großes Eis als

   Nachspeise _____.

Und Sie? Wann sind Sie das letzte Mal essen gegangen? Schreiben Sie zehn Sätze.

Schreibhilfe

Beantworten Sie in Ihrem Aufsatz die folgenden Fragen:

- Wann war das?
- Was war der Anlass[1]?
- Wer war dabei?
- Was haben Sie gegessen und getrunken?
- Wie war das Essen? Hat es Ihnen geschmeckt?
- Wie teuer war das Restaurant?
- Wie war die Atmosphäre?
- Wie war der Service?

_____

_____

_____

_____

_____

_____

_____

_____

C. Rollenspiel: Im Restaurant.

s1: Sie sind im Restaurant und möchten etwas zu essen und zu trinken bestellen. Wenn Sie mit dem Essen fertig sind, bezahlen Sie und geben Sie der Bedienung ein Trinkgeld.

s2: Sie arbeiten als Kellner/Kellnerin in einem Restaurant. Ein Gast setzt sich an einen freien Tisch. Bedienen Sie ihn.

WÄHREND DES HÖRENS

Ergänzen Sie den Dialog.

KELLNERIN: Guten Abend.

GAST: Guten Abend, könnte ich _____?

KELLNERIN: Gern. Kann ich Ihnen schon _____?

GAST: Eine Radlerhalbe, bitte.

KELLNERIN: Gern.

KELLNERIN: Bitte schön. _____?

GAST: _____ den Schweinebraten mit Knödel und Salat. Und noch ein Bier, bitte.

KELLNERIN: _____.

GAST: _____.

KELLNERIN: _____ der Schweinebraten, eine Radlerhalbe, ein Bier … zwölf Euro siebzig, bitte.

GAST: _____ so.

KELLNERIN: Vielen Dank. Auf Wiedersehen.

GAST: Auf Wiedersehen.

[1]occasion

NACH DEM HÖREN

Suchen Sie sich auf der Speisekarte unten etwas zu essen und zu trinken aus. Schreiben Sie dann auf, was Sie sagen, …

wenn Sie das Restaurant betreten: _____

wenn Sie die Speisekarte sehen möchten: _____

wenn Sie Ihre Bestellung aufgeben möchten: _____

_____

wenn Sie etwas nachbestellen möchten: _____

wenn Sie bezahlen möchten: _____

wenn Sie der Bedienung Trinkgeld geben: _____

wenn Sie das Restaurant verlassen: _____

Restaurant Zum Stadtwächter

Vorspeisen

6 Schnecken mit Kräuterbutter und Toast	Euro 8,–
Krabbencocktail mit Buttertoast	Euro 7,50
Rinderkraftbrühe mit Ei	Euro 4,50
Schneckencremesuppe	Euro 6,50
Französische Zwiebelsuppe mit Käse überbacken	Euro 6,–
Hausgemachte französische Fischsuppe mit Knoblauchtoast	Euro 7,75

Hauptgerichte

Filetsteak mit Spätzle und Endiviensalat	Euro 16,80
Sauerbraten mit Nudeln und gemischtem Salat	Euro 10,50
Wiener Schnitzel mit Pommes Frites und Butterbohnen	Euro 11,–
Schweinebraten mit Knödeln und gemischtem Salat	Euro 9,50
Forelle „Müllerin" in Petersilienbutter, neue Kartoffeln, Salat	Euro 10,–
Seezungenfilets in Tomaten-Buttersoße, Reis, Salat	Euro 15,80
Hasenkeule mit Waldpilzen in Rahm, Spätzle, Salat	Euro 17,–
Hähnchen in Rotwein, gedünstete Champignons, Butterreis	Euro 12,–

Getränke

Bier vom Fass 0,5 l	Euro 1,60
Pils vom Fass 0,4 l	Euro 1,80
Weißbier 0,5 l	Euro 2,10
Mineralwasser	Euro 1,40
Cola, Fanta, Sprite	Euro 1,30
Orangensaft	Euro 1,60
Rot- oder Weißwein, Hausmarke, Schoppen	Euro 3,50

★ ★ ★

D. In einem exklusiven Restaurant. Michael und Maria gehen in München in ein französisches Restaurant. Es ist eines der teuersten und exklusivsten in der Stadt.

NEUE VOKABELN

die Hauptspeise, -n *main course*
die Beschwerde, -n *complaint*

Beantworten Sie die Fragen.

1. Was bestellt Maria? _____

2. Was bestellt Michael? _____

3. Was sagt der Kellner über das Fleisch? _____

   _____

4. Was sagt die Geschäftsführerin zu dem Problem? _____

   _____

5. Und der Chefkoch, was sagt er? _____

   _____

6. Warum kann Maria das Filet nicht essen? _____

   _____

E. Im Restaurant. Maria hat Geburtstag und Michael hat sie in ein teures Restaurant eingeladen. Leider hat er ein Problem.

NEUE VOKABELN

das Portemonnaie, -s *wallet*

1. Was hat Michael Maria zum Geburtstag geschenkt?

    _____

2. Welche Farbe hat dieses Geschenk?

    _____

3. Was hat Michael seiner Meinung nach?

    _____

4. Was isst Maria?

    _____

5. Was isst Michael?

    _____

6. Was trinken Maria und Michael nach dem Essen?

    _____

7. Warum kann Michael nicht zahlen?

    _____

8. Was schlägt Maria vor?

    _____

9. Was soll Maria tun?

    _____

10. Wie finden Sie Michaels Verhalten[1]?

    _____

Aussprache und Orthografie

Aussprache (1. Teil)

ng-Sound

The German consonant [ŋ] is always pronounced as in the English word *singer*, never as in the word *finger*. In some words the [ŋ] is combined with [k], as in **danke**, or with [g], as in **Ingo** (a name).

A. Listen and repeat after the speaker, paying careful attention that there is no **g-** or **k**-sound following the **ng**-sound.

1. singen, ich singe, wir singen, du singst
2. der Sänger, die Sängerin, die Sängerinnen
3. der Finger, der Ringfinger, der Fingerring

[1]*behavior*

4. lang, länger, am längsten, die Langeweile
5. die Angst, ängstlich, keine Angst
6. eine Schlange, eine lange Schlange, eine langsame Schlange
7. Eine lange Schlange ringelt sich um eine lange Stange.

B. Form nouns with the suffix **-ung,** in the singular and the plural.

    MODELL: zeichnen: die Zeichnung – die Zeichnungen

1. wohnen: _____

2. einladen: _____

3. untersuchen: _____

4. vorlesen: _____

5. erzählen: _____

6. bestellen: _____

7. entschuldigen: _____

8. wandern: _____

Check your answers in the answer key.

C. Listen to all of the words in **Übung B** and repeat them after the speaker.

   Now read the words aloud.

Orthografie (1. Teil)

Listen and write the names with **ng** or **nk**.

1. _____   5. _____

2. _____   6. _____

3. _____   7. _____

4. _____   8. _____

Aussprache (2. Teil)

Glottal Stops

In German a vowel or diphthong begins with a glottal stop at the beginning of a word or syllable. That means that the vowel or diphthong is pronounced separately from the preceding sound. Thus, there is a distinction in pronunciation between phrases such as **im_Mai** and **im - Ei**.

A. Underline the phrase you hear.

   1. im Mai – im Ei   4. von Annett – von Nanett
   2. an Ina – an Nina   5. beim Essen – beim Messen
   3. an Herrn Nadler – an Herrn Adler   6. Delikatessen – delikat essen

Check your answers in the answer key.

   Replay the segment, several times if necessary, and pronounce the phrases after the speaker.
   Read both phrases in each pair aloud.

B. Listen and repeat after the speaker.

1. zum Frühstück ein Ei
2. Salat mit Olivenöl
3. Suppe mit Erbsen

4. Äpfel und Orangen
5. ein Eisbecher mit Erdbeeren
6. Essig am Essen

Replay the segment and underline all vowels and diphthongs preceded by a glottal stop.

Check your answers in the answer key.
Replay the segment, several times if necessary, and pronounce the phrases after the speaker.
Read the phrases aloud.

Orthografie (2. Teil)

Listen and write the tongue twisters you hear.

1. _____

   _____

2. _____

   _____

Kulturecke

A. Restaurants in den USA (USA) und in Deutschland (D). USA oder Deutschland? Kreuzen Sie an!

	USA	D
1. Wenn das Restaurant voll ist, wartet man auf einen freien Tisch.	☐	☐
2. Wenn das Restaurant voll ist, setzt man sich zu anderen Leuten an den Tisch.	☐	☐
3. Man geht nach dem Essen schnell wieder.	☐	☐
4. Nach dem Essen bleibt man noch gemütlich sitzen und unterhält sich.	☐	☐
5. Man gibt 15%–20% Trinkgeld.	☐	☐
6. Man rundet die Rechnung auf und gibt das Trinkgeld zusammen mit der Rechnung.	☐	☐
7. Man lässt das Trinkgeld auf dem Tisch liegen.	☐	☐

B. Wer weiß – gewinnt: *Jenseits der Stille*. Markieren Sie die richtigen Antworten.

1. Welche Sprachen muss Lara für ihre Eltern übersetzen?

   a. Englisch – Deutsch
   b. Englisch – Zeichensprache
   c. Zeichensprache – Deutsch
   d. Deutsch – Berlinerisch

2. Welche Welt lernt Lara außerhalb der Stille zu Hause kennen?

   a. die Schule   b. die Musik   c. Berlin   d. ihre Tante Clarissa

3. Warum ist ihr Vater eifersüchtig?

   a. Weil Lara auf das Konservatorium nach Berlin gehen will.
   b. Weil Laras Mutter bei einem Verkehrsunfall ums Leben kommt.
   c. Weil Lara ständig Klarinette spielt.
   d. Weil er Lara im Konzertsaal sieht.

4. Warum will Lara aufs Konservatorium?

   a. Weil sie zu Hause immer übersetzen muss.
   b. Weil ihre Mutter bei einem Verkehrsunfall ums Leben gekommen ist.
   c. Weil ihr Vater eifersüchtig ist.
   d. Weil sie Musikerin werden möchte.

5. Warum versöhnen sich[1] Lara und ihr Vater?

   a. Weil Lara Talent hat.
   b. Weil Lara vor die Prüfungskommmission des Konservatoriums tritt.
   c. Weil ihr Vater nach Berlin kommt, um sie spielen zu sehen.
   d. Weil sich das angespannte Verhältnis zwischen Vater und Tochter bessert.

C. *Vergammelte[2] Speisen[3]* (Die Prinzen).

1. Hören Sie sich das Lied an und ergänzen Sie den Text mit den folgenden Wörtern: Asche, Eier, Essen, Fischöl, Pilze, Sachsen, schmeckt, winken.

Vergammelte Speisen

Serviert dir ein Bayer schlecht riechende[4] _____.

leuchten[5] nachts in _____ die Schweinehaxen,

dann empfiehlt[6] dir die Gesundheitspolizei:

Vergammelte Speisen zu überhöhten Preisen[7] sind zurückzuweisen[8]!

---

[1]versöhnen … *become reconciled*   [2]*rotten*   [3]*dishes (food)*   [4]*smelling*   [5]*glow*   [6]*recommends*   [7]zu … *overpriced*
[8]sind … *should be sent back*

Sitzt du in Hessen und würgst[1] dich beim _____,

oder _____ in Schwaben aus der Leberwurst Schaben[2],

dann empfiehlt dir die Gesundheitspolizei:

Vergammelte Speisen zu überhöhten Preisen sind zurückzuweisen!

Verschimmelte[3] _____, ich frag mich, wer will sie?

Ein völlig verdrecktes[4] Törtchen[5], wem _____ es?

Ein mit _____ bestreutes[6] Sandwich, wen freut es?

Ein in _____ getauchtes[7] Plätzchen[8], wer braucht es?

Ja, es empfiehlt die Gesundheitspolizei:

Vergammelte Speisen zu überhöhten Preisen sind zurückzuweisen!

2. Ergänzen Sie die Tabelle mit den Speisen aus dem Text. Schreiben Sie auch, warum diese Lebensmittel schlecht sind und aus welchem Bundesland sie kommen.

Speise	Warum schlecht?	Bundesland
		Bayern
Schweinehaxen	sind radioaktiv	
		Schwaben
	sind verschimmelt	—
Törtchen		—
Sandwich		—
	ist in Fischöl getaucht	—

3. Welches Essen finden Sie persönlich am ekligsten[9]?

_____

_____

[1]are choking
[2]cockroach
[3]moldy
[4]soiled
[5]kleine Torte
[6]sprinkled
[7]dipped
[8]cookie
[9]most disgusting

Aufsatz-Training ✎

A. Rezepte.

1. Was ist Ihr Lieblingsgericht? _____

2. Was braucht man, wenn man Ihr Lieblingsgericht kochen will? Nennen Sie die Zutaten und die Geräte, die man benutzt.

ZUTATEN   GERÄTE

_____   _____

_____   _____

_____   _____

_____   _____

_____   _____

_____   _____

3. In deutschen Rezepten hat das Verb eine typische Form and Stellung[1] im Satz. Lesen Sie das folgende Rezept für Milchreis.

Milchreis

1 Tasse Reis (dicke Körner) und 2 Tassen Milch nehmen. Die Milch zum Kochen bringen und den Reis dazugeben. Auf ganz kleiner Hitze 1 Stunde ziehen lassen[2]. Noch warm mit Zucker und Zimt[3] bestreuen.

a. Welche Form hat das Verb in jedem Satz des Rezeptes hier oben?

_____

b. Wo steht die Verbform in jedem Satz des Rezeptes hier oben?

_____

B. Jetzt sind Sie dran! Schreiben Sie das Rezept für Ihr Lieblingsgericht auf und benutzen Sie in jedem Satz die für Rezepte typische Verbform und -stellung.

Mein Lieblingsgericht

_____

_____

_____

_____

[1]position [2]ziehen ... *let simmer* [3]cinnamon

KAPITEL **9** Kindheit und Jugend

Kindheit

Schriftliche Aktivitäten

A. Kreuzworträtsel: Josefs Kindheit. Ergänzen Sie die Partizipien (waagerecht) und Substantive (senkrecht).

WAAGERECHT

1. Als Kind bin ich mit meinen Eltern oft in die Berge _____.

2. Sonntags habe ich immer bis mittags im Bett gelegen und _____.

3. Ich habe als Kind nicht viele Filme im Fernsehen _____.

4. In den Ferien habe ich den ganzen Tag Fußball _____.

5. Ich bin jeden Tag zu Fuß in die Schule _____.

6. Als Kind bin ich oft auf Bäume _____.

SENKRECHT

1. Wenn wir in den Ferien ans Meer gefahren sind, habe ich den ganzen Tag am _____ gelegen.

2. Jeden Samstag bin ich ins _____ gegangen und habe einen Film gesehen.

3. Einmal habe ich mit dem Fußball eine _____ kaputt gemacht, und dann musste ich sie selber reparieren.

4. Ich habe mich selten mit meinen drei _____ gestritten.

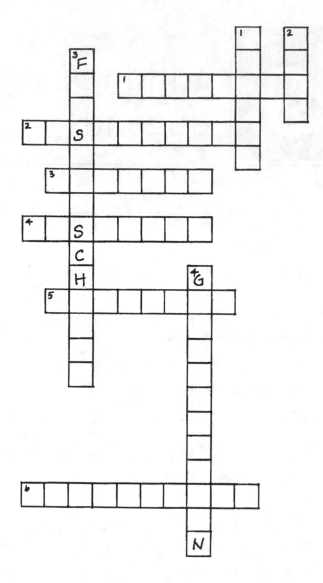

B. Haben Sie das als Kind gemacht? Mit wem?

➔ Wiederholen Sie Grammatik 7.4, „The perfect tense (review)"!

MODELLE: Kuchen backen → Ja, ich habe mit meiner Oma Kuchen gebacken. *oder*
Nein, ich habe nie Kuchen gebacken.

Kirschen pflücken → Ja, ich habe mit meinen Eltern Kirschen gepflückt. *oder*
Nein, ich habe keine Kirschen gepflückt.

1. auf Bäume klettern _____

_____

2. einen Schneemann bauen _____

_____

3. Märchen lesen _____

_____

4. Kreuzworträtsel lösen _____

_____

Jetzt schreiben Sie fünf andere Sachen, die Sie als Kind gemacht haben.

1. _____

2. _____

3. _____

4. _____

5. _____

Hörverständnis

Kindheit. Katrin und Rolf unterhalten sich über Sport und ihre Kindheit. Katrin ist in Amerika und Rolf in Deutschland aufgewachsen[1].

NEUE VOKABELN
die Jungs   *boys*
quatschen   *to gossip*

Wer hat was gemacht? Katrin oder Rolf? Haben Sie als Kind das Gleiche gemacht? Kreuzen Sie an!

AKTIVITÄT	KATRIN	ROLF	UND SIE?
Fußball spielen	☐	☐	☐
Football spielen	☐	☐	☐
Tennis spielen	☐	☐	☐
Volleyball spielen	☐	☐	☐
Ski fahren	☐	☐	☐
ins Freibad gehen	☐	☐	☐
ans Meer fahren	☐	☐	☐
schwimmen	☐	☐	☐

[1]ist aufgewachsen *grew up*

Jugend

Schriftliche Aktivitäten

A. Was haben Sie in diesen Situationen gemacht?

➔ Wiederholen Sie Grammatik 7.5, „The simple past tense of **haben** and **sein**"!

➔ Lesen Sie Grammatik 9.2, „The simple past tense of **werden,** the modal verbs, and **wissen**", und Grammatik 9.3, „Time: **als, wenn, wann**"!

MODELL: Wenn Sie nicht zur Schule gehen wollten? →
Wenn ich nicht zur Schule gehen wollte, habe ich die Schule geschwänzt und bin ins Kino gegangen.

1. Wenn Sie spätabends noch fernsehen wollten?

_____

_____

2. Wenn Sie eine neue CD kaufen wollten, aber kein Geld hatten?

_____

_____

3. Als Sie einmal unglücklich verliebt waren?

_____

_____

4. Wenn Sie ins Kino wollten und Ihre Eltern es nicht erlaubt haben?

_____

_____

5. Als Sie einmal große Angst vor einer Prüfung hatten?

_____

_____

B. Aus Claires Tagebuch. Setzen Sie **als** oder **wenn** ein.

Achtung!	
Was?	**Wann?**
Hauptsatz	Nebensatz
Aktivität + gestern letzten Sonntag um 3 Uhr	, **als** … Verb
Aktivität + oft immer	, **wenn** … Verb

Gestern habe ich meinen Großeltern einen Brief geschrieben. _____[1] der Brief fertig war, habe ich ihn gleich zur Post gebracht. Natürlich hat es unterwegs angefangen zu regnen. Immer _____[2] ich mit dem Fahrrad unterwegs bin, fängt es an zu regnen. _____[3] ich bei der Post angekommen war, war geschlossen. Typisch! _____[4] ich einen Brief mal gleich abschicken will, klappt es nicht. _____[5] ich so im Regen vor der Post stand, kam Josef vorbei. _____[6] er mein Gesicht sah, wusste er gleich, dass meine Laune nicht besonders gut war. Er merkt immer sofort, _____[7] etwas nicht in Ordnung ist. Ich habe mein Fahrrad stehen gelassen und bin mit ihm zu Melanie gefahren. _____[8] wir bei ihr ankamen, arbeitete sie gerade an einem Referat. Melanie freute sich sehr über unseren Besuch. _____[9] sie Besuch hat, braucht sie nämlich nicht zu arbeiten.

Hörverständnis

A. Rollenspiel: Das Klassentreffen.

s1: Sie sind auf dem fünften Klassentreffen Ihrer alten High-School-Klasse. Sie unterhalten sich mit einem alten Schulfreund / einer alten Schulfreundin. Fragen Sie: Was er/sie nach Abschluss der High-School gemacht hat, was er/sie jetzt macht und was seine/ihre Pläne für die nächsten Jahre sind. Sprechen Sie auch über die gemeinsame Schulzeit.

s2: (Siehe Rolle S1.)

WÄHREND DES HÖRENS

Was hat Claudio nach der Schule gemacht?

_____

_____

Was hat Petra nach der Schule gemacht?

_____

_____

Was macht Petra jetzt?

_____

NACH DEM HÖREN

Was haben Sie nach der High-School gemacht?

_____

_____

_____

B. Michael Puschs erste Freundin. Michael Pusch erzählt von seiner ersten Freundin.

NEUE VOKABELN
umwerfend   *smashingly*
die Schule schwänzen   *to play hooky*
(in der Schule) sitzen bleiben, blieb … sitzen, ist
   sitzen geblieben   *to repeat a year (in school), repeated*
Streit haben   *to quarrel*

Beantworten Sie die folgenden Fragen.

1. Wie alt war Michael, als er Cora kennengelernt hat? _____

2. Wo hat er sie kennengelernt? _____

3. Was haben sie im Sommer zusammen gemacht? _____

_____

4. Wann musste Michael samstags immer zu Hause sein? _____

5. Wann musste Cora zu Hause sein? _____

6. Warum hatte er mit seinem Vater Streit? _____

_____

7. Wen will Michael gerne kennenlernen? _____

C. Der Flirt mit dem Süden. Karin Schulz war auf einem Seminar in München und hat einen Italiener kennen gelernt.

Bringen Sie die Sätze aus Frau Schulz' Geschichte in die richtige Reihenfolge.

_____ Für mich bleibt er der Flirt mit dem Süden.

_____ Einmal kam Alfredo, ein Italiener aus Rom, dazu.

_____ Vor sieben Jahren war ich in den Semesterferien auf einem vierwöchigen Seminar am Goethe-Institut in München.

_____ Wir haben uns von Anfang an sehr gut verstanden.

_____ Ein Wochenende sind wir nach Italien gefahren.

_____ Abends sind wir zusammen essen gegangen.

_____ Vor einem Jahr habe ich von einem anderen Seminarteilnehmer gehört, dass Alfredo geheiratet hat.

_____ Er hat damals Deutsch an einer Schule in Mailand unterrichtet.

Geschichten

Schriftliche Aktivitäten

Ein wichtiger Termin. Was passierte Michael? Setzen Sie die Verben ein.

➔ Lesen Sie Grammatik 9.4, „The simple past tense of strong and weak verbs (receptive)"!

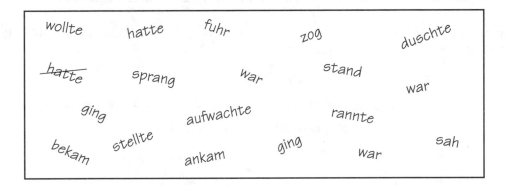

wollte   hatte   fuhr   zog   duschte

~~hatte~~   sprang   war   stand   war

ging   aufwachte   rannte

bekam   stellte   ankam   ging   war   sah

Michael _____ hatte _____[1] einen wichtigen Termin in München. Er _____[2] mit dem Zug um 6.30 Uhr fahren. Er _____[3] extra früh ins Bett und _____[4] den Wecker auf 5.00 Uhr. Als Michael am nächsten Morgen _____[5], _____[6] er zuerst auf den Wecker. Es _____[7] schon 5.30 Uhr! Der alte Wecker _____[8] kaputt. Michael _____[9] sofort aus dem Bett, _____[10] ins Bad, _____[11] ganz schnell, _____[12] sich an und _____[13] ohne Frühstück aus dem Haus. Er _____[14] Glück und _____[15] sofort ein Taxi. Leider _____[16] auf der Straße schon viel Verkehr und das Taxi _____[17] im Stau. Als Michael endlich am Bahnhof _____[18], _____[19] sein Zug gerade ab!

Hörverständnis

A. Bildgeschichte: Als Willi mal allein zu Hause war …

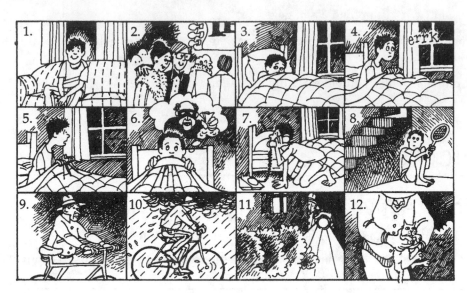

Wie erging es Willi, als er einmal allein zu Hause war? Bringen Sie die Sätze in die richtige Reihenfolge, und setzen Sie die fehlenden Verben ein.

_____ „Ein Einbrecher!" _____ Willi.

_____ Aber er _____ keinen Einbrecher, nur Büsche und eine kleine Katze.

_____ Dann _____ Willi sich mit einem Tennisschläger im Keller.

_____ Der Großvater _____ sofort mit dem Fahrrad _____.

_____ Eines Abends _____ Willi allein zu Hause.

_____ Er _____ große Angst und _____ die

Großeltern _____.

_____ Er _____ aus dem Fenster und _____ einen Schatten.

_____ Großvater _____ mit einer Taschenlampe in den Garten.

_____ Plötzlich _____ er durch das Fenster ein Geräusch.

_____ Seine Eltern _____ ins Theater gegangen.

_____ Unterwegs _____ es _____ zu regnen und der

Großvater _____ ganz nass.

_____ Willi _____ im Bett und _____ nicht einschlafen.

B. Bildgeschichte: Beim Zirkus.

Was hat Michael erlebt, als er 15 Jahre alt war? Verbinden Sie die richtigen Satzteile.

1. _____ Als Michael Pusch 15 Jahre alt war,
2. _____ Am Abend ging Michael
3. _____ Dort gab es Clowns und Artisten,
4. _____ Am nächsten Morgen musste Michael
5. _____ Nach der Schule lief er
6. _____ Er wollte beim Zirkus bleiben,
7. _____ Michael wurde Tierpfleger.
8. _____ Aber nach ein paar Tagen kamen
9. _____ Er ging wieder zur Schule
10. _____ Manchmal aber träumte er

a. dort arbeiten und die schöne Seiltänzerin heiraten.
b. Er fütterte die Pferde und die Elefanten.
c. immer an die Seiltänzerin denken.
d. kam eines Tages ein Zirkus in die Stadt.
e. Michaels Eltern und er musste wieder nach Hause.
f. mit seinen Freunden in den Zirkus.
g. sofort zurück zum Zirkus.
h. und die junge Seiltänzerin war sehr schön.
i. und machte langweilige Hausaufgaben.
j. vom Zirkus und der schönen Seiltänzerin.

Die Seiltänzerin. Erzählen Sie diese Geschichte aus der Perspektive der Seiltänzerin.

_____

_____

_____

_____

_____

_____

_____

_____

Märchen

Schriftliche Aktivitäten

Was ist passiert, nachdem …? Ordnen Sie zu!

→ Lesen Sie Grammatik 9.4, „The simple past tense of strong and weak verbs (receptive)", und 9.5, „Sequence of events in past narration: the past perfect tense and the conjunction **nachdem** (receptive)"!

~~verwandelte er sich in einen Prinzen~~   musste er viel essen

ging sie über die sieben Berge zu den sieben Zwergen

wurde sie Königin

ging es zur Großmutter

schlief es hundert Jahre   probierte es den Schuh an

MODELL: Nachdem die Königstochter den Frosch geküsst hatte, _____ . →
Nachdem die Königstochter den Frosch geküsst hatte, verwandelte er sich in einen Prinzen.

1. Nachdem die Müllerstochter drei Nächte lang Gold gesponnen hatte, _____

   _____ .

2. Nachdem die Hexe Hänsel eingesperrt hatte, _____

   _____ .

3. Nachdem der Königssohn Aschenputtel den Schuh gegeben hatte, _____

_____ .

4. Nachdem Rotkäppchen den Wolf im Wald getroffen hatte, _____

_____ .

5. Nachdem die böse Königin gehört hatte, dass Schneewittchen noch lebte, _____

_____ .

6. Nachdem Dornröschen sich an der Spindel gestochen hatte, _____

_____ .

Hörverständnis

A. Bildgeschichte: Dornröschen.

Kennen Sie das Märchen von Dornröschen? Bringen Sie die Sätze in die richtige Reihenfolge und setzen Sie die fehlenden Verben ein.

_____ Alle anderen Menschen und alle Tiere _____ auch _____ .

_____ Als 100 Jahre vorbei waren, _____ ein junger Prinz zur Hecke, und die Dornen

verwandelten sich in Blumen.

_____ Als die Königin endlich eine Tochter _____, war die Freude groß.

_____ Als Dornröschen fünfzehn Jahre alt war, ging der böse Wunsch in Erfüllung. Sie

_____ sich an einer Spindel und fiel in einen tiefen Schlaf.

_____ Der Prinz und Dornröschen _____. Und wenn sie nicht gestorben sind, dann

leben sie noch heute.

_____ Die dreizehnte Fee kam und _____ Dornröschen. Sie sollte sich an einer Spindel

stechen und sterben.

_____ Die zwölfte Fee _____ den bösen Wunsch. Dornröschen sollte nur hundert Jahre

schlafen.

_____ Er ging ins Schloss, fand Dornröschen und, als er sie _____, wachte sie auf.

_____ Es waren einmal ein König und eine Königin, die _____ so gern ein Kind.

_____ Mit ihr _____ das ganze Schloss ein, alle Menschen und alle Tiere.

_____ Rund um das Schloss _____ eine große Dornenhecke.

_____ Sie veranstalteten ein Fest und luden zwölf Feen ein, _____ aber die dreizehnte.

B. Märchen. Kennen Sie viele Märchen? Hören Sie diese Teile aus verschiedenen Märchen und sagen
Sie, woher sie kommen.

Rumpelstilzchen   Hänsel und Gretel   Rotkäppchen

Dornröschen

Der Froschkönig   Schneewittchen

1. _____   4. _____

2. _____   5. _____

3. _____   6. _____

C. Der unglückliche Wolf.

NEUE VOKABELN
ungezogen   *naughty*
das Unglück   *misfortune*
das Mofa   *moped*
der Verkehr   *traffic*
überfahren, überfuhr, hat überfahren   *to run over*
aufschneiden, schnitt … auf, hat aufgeschnitten   *to slit open*
der Pelz   *fur*

Setzen Sie die fehlenden Verben ein.

Es _____¹ einmal ein freches, ungezogenes Mädchen. Es _____² Rotkäppchen,

weil es ein rotes Käppchen _____³. Eines Tages _____⁴ die Mutter zu Rotkäpp-

chen: „Geh zu deiner Oma und bring ihr eine Flasche Limonade und eine CD von 50 cent. Der

Großvater hat sie verlassen und sie trinkt, um ihr Unglück zu vergessen. Sie hat schon zwei

Flaschen Whisky getrunken!" Rotkäppchen _____⁵: „Was für ein langweiliger Vorschlag!

Ich will lieber *South Park* sehen!" Die Mutter _____⁶ wütend: „Dann gehst du nicht in

die Disko!" Rotkäppchen _____⁷ schnell, sehr schnell mit seinem Mofa. Zum Glück

_____⁸ der Verkehr im Wald nicht stark. Im Wald _____⁹ ein guter, netter Wolf.

Er pflückte gerade seiner Mutter einen bunten Strauß Blumen, weil sie krank war. Rotkäppchen

_____¹⁰ den Wolf; er war tot. In der Nähe war ein böser und schrecklicher Jäger. Er

_____¹¹ alles. Er _____¹² den Bauch des Wolfes auf. So _____¹³ es, dass

Rotkäppchen zu der Oma mit einem anderen Geschenk ging: einer Tasche aus Wolfspelz.

Aussprache und Orthografie

Aussprache (1. Teil)

Consonant Clusters

German uses a few consonant clusters (combinations of consonants) that are uncommon in English. All
elements of such consonant clusters are pronounced.

For the sound [pf], there is only one written form: <pf>, as in **Pfennig** and **Kopf.**

A. You will hear one of three different family names. Underline the family name you hear.

1. Herr Hoff – Herr Hopp – Herr Hopf

2. Herr Kuffer – Herr Kupper – Herr Kupfer

3. Frau Fahl – Frau Pahl – Frau Pfahl

4. Frau Pellmann – Frau Fellmann – Frau Pfellmann

5. Frau Hoffel – Frau Hoppel – Frau Hopfel

6. Herr Höffner – Herr Höppner – Herr Höpfner

Check your answers in the answer key.

B. Listen as all three names in **Übung A** are read. Repeat the names after the speaker.

Now read the names aloud, first slowly, then more quickly.

For the sound [ks], there are several written forms: <x> as in **Text,** <ks> as in **links,** <gs> as in **(du) sagst,** <chs> as in **sechs.**

C. Where do you hear [ks]? Underline the appropriate letters.

1. unterwegs
2. Max
3. Felix
4. Augsburg
5. Sachsen

6. Mexiko
7. Luxemburg
8. Cuxhaven
9. Niedersachsen
10. Sachsen-Anhalt

Check your answers in the answer key.
Replay the segment. Listen and repeat after the speaker.

D. Wo sind Max und Felix unterwegs? Using the place names in **Übung C,** create sentences according to the model. Write your sentences down and then read them aloud.

MODELL: Max und Felix sind in Augsburg unterwegs.

1. _____

2. _____

3. _____

4. _____

5. _____

6. _____

For the sound [ts], there are several written forms: <z> as in **zählen,** <tz> as in **setzen,** <ts> as in **rechts,** <zz> as in **Pizza,** <-ti(on)> as in **Lektion.** Note that regardless of position, the pronunciation is always the same: [t+s].

E. Listen and fill in the missing letters <z, tz, ts, zz>, then write the definite article for each noun.

1. _____ Ka_____e

2. _____ _____werg

3. _____ Prin_____

4. _____ Prin_____essin

5. _____ _____ahnar_____t

6. _____ Rä_____el

7. _____ Scha_____

8. _____ Pi_____a

9. _____ Spielpla_____

10. _____ _____irkus

11. _____ Me_____gerei

12. _____ Parkpla_____

Check your answers in the answer key.
Replay the segment and pronounce the words after the speaker.

F. **Schreiben Sie ein kleines Märchen.** Use as many words as possible from **Übung E** to write a short fairy tale. Then read it to yourself aloud.

_____

_____

_____

_____

Other Consonant Combinations

There are various other consonant combinations that occur in different verb forms and at the juncture of syllables or words.

G. Read the following words, paying close attention to the underlined letters. Then indicate how many and which consonant sounds are pronounced. Use **k** to represent the **ach**-sound.

> MODELL: du la<u>chst</u> (3) [kst]

1. du schi<u>mpf</u>st (   ) [   ]
2. du wä<u>schst</u> dich (   ) [   ]
3. du si<u>tzt</u> (   ) [   ]
4. du brau<u>chst</u> etwas (   ) [   ]
5. die Ga<u>stst</u>ätte (   ) [   ]

6. die Fre<u>mdspr</u>ache (   ) [   ]
7. die Te<u>xtst</u>elle (   ) [   ]
8. der Stra<u>fz</u>ettel (   ) [   ]
9. die Geschä<u>ftsr</u>eise (   ) [   ]
10. der Ma<u>rktpl</u>atz (   ) [   ]

Check your answers in the answer key.
Reread the words out loud.

H. Now practice some tongue twisters **(Zungenbrecher).** First listen, but do not repeat. Then replay, several times, pronouncing each tongue twister after the speaker.

1. Zwischen zwei Zweigen sitzen zwei Schwalben.
2. Der Potsdamer Postkutscher putzt den Potsdamer Postkutschkasten; den Potsdamer Postkutschkasten putzt der Potsdamer Postkutscher.
3. Fischers Fritz fischt frische Fische, frische Fische fischt Fischers Fritz.
4. Der Metzger wetzt sein bestes Metzgermesser.
5. Der Whiskymixer mixt Whisky.
6. Der Kaplan klebt Pappplakate.
7. Blaukraut bleibt Blaukraut, und Brautkleid bleibt Brautkleid.

Learn one of the tongue twisters by heart. Practice the tongue twister so that you can say it quickly and accurately.

Orthografie (1. Teil)

Consonant Clusters

Listen and write the words you hear.

1. _____
2. _____
3. _____
4. _____
5. _____

6. _____
7. _____
8. _____
9. _____
10. _____

Aussprache (2. Teil)

Word Stress in Abbreviations and Acronyms

There are two principal types of abbreviations and acronyms—(1) those that are read as single letters and (2) those that are read as words.

Listen to the abbreviations and acronyms and underline the part that is stressed. What rules can you discern for stress in abbreviations and acronyms?

1. USA
2. ABC
3. DAAD
4. ICE
5. GmbH
6. WC
7. UNO
8. Euro
9. Kripo
10. Telekom
11. U-Bahn
12. Zivi

In abbreviations and acronyms that are read as single letters, the stress is on

_____.

In abbreviations and acronyms that are read as words, the stress is (usually) on

_____.

Replay the segment and repeat the abbreviations and acronyms after the speaker.

Orthografie (2. Teil)

s, ss, ß

Listen and write words with **s, ss,** or **ß.**

1. _____
2. _____
3. _____
4. _____
5. _____
6. _____
7. _____
8. _____
9. _____
10. _____

Kulturecke

A. Deutsche Jugend im 21. Jahrhundert. Markieren Sie die richtigen Antworten.

1. Wie wurden die meisten Jugendlichen erzogen?
   a. liebevoll   b. streng   c. antiautoritär   d. gar nicht

2. Wo sind die meisten Jugendlichen aufgewachsen?
   a. im Heim   b. bei Verwandten   c. bei beiden Eltern   d. bei einem Elternteil

3. Wie viele Stunden sehen die meisten Jugendlichen täglich fern?
   a. unter 1 Stunde   b. 1–2 Stunden   c. 2–4 Stunden   d. 4–6 Stunden

4. Wie häufig sehen die meisten Jugendlichen die Nachrichten im Fernsehen?
   a. nie   b. selten   c. oft   d. fast jeden Tag

5. Wie oft lesen die meisten Jugendlichen eine Tageszeitung?
   a. nie   b. selten   c. oft   d. fast jeden Tag

6. Wie viele Bücher haben die meisten Jugendlichen in den letzten drei Monaten gelesen?
   a. keines   b. eins bis zwei   c. drei bis vier   d. mehr als vier

B. Die Märchen der Gebrüder Grimm. Schreiben Sie den Namen des Märchens neben die Kurzbeschreibungen.

Aschenputtel   Dornröschen   Der gestiefelte Kater   Der Wolf und die sieben Geißlein

Rotkäppchen   Schneewittchen   Der Froschkönig   Rumpelstilzchen   Hänsel und Gretel   Die Sterntaler

1. _____

Ein Frosch holte der Königstochter ihre goldene Kugel aus dem Brunnen und wollte dafür in ihrem Zimmer schlafen. Als die Königstochter den Frosch an die Wand warf, verwandelte er sich in einen Prinzen.

2. _____

Ein Mädchen wurde von ihrer Stiefmutter und ihren Stiefschwestern schlecht behandelt. Als sie zum Ball ging und mit dem Königssohn tanzte, verlor sie einen Schuh. Der Königssohn suchte sie, und als er sie gefunden hatte, heiratete er sie.

3. _____

Eine Königin wollte ihre Stieftochter töten. Doch die entkam und lebte bei den sieben Zwergen. Die Königin verkleidete sich und gab der Tochter einen vergifteten Apfel.

4. _____

Die Königstochter wurde von einer bösen Fee verwünscht. Sie stach sich an einer Spindel und fiel in einen hundertjährigen Schlaf. Während dieses Schlafs wuchs eine dichte Dornenhecke um das Schloss.

5. _____

Ein Bruder und eine Schwester wurden von ihren Eltern im Wald ausgesetzt. Sie kamen zu einem Haus im Wald, in dem eine Hexe wohnte. Die Hexe wollte den Bruder fressen, aber die Schwester stieß die Hexe ins Feuer.

6. _____

Eine Müllerstochter musste für den König Stroh zu Gold spinnen. Ein kleines Männchen half ihr und wollte dafür ihr Kind. Als die Müllerstochter den Namen des Männchens erfuhr, konnte sie ihr Kind behalten.

7. _____

Ein Mädchen, das ganz allein war und nichts hatte außer einem Stück Brot und den Kleidern, die sie trug, gab auch das noch alles her. Dafür wurde sie von Gott reich belohnt, indem er ihr die Sterne als Taler vom Himmel herunterfallen ließ.

8. _____

Ein Wolf ließ sich die Pfote weiß färben und täuschte sieben Geißlein, die allein zu Hause waren, vor, er wäre ihre Mutter. Als die Geißlein den Wolf ins Haus ließen, fraß er sie auf. Während er schlief, schnitt ihm die Mutter den Bauch auf und befreite die Geißlein.

9. _____

Ein kleines Mädchen sollte ihrer Großmutter Wein und Kuchen bringen. Doch ein Wolf hatte die Großmutter gefressen und fraß auch das Mädchen, bis der Jäger kam, dem Wolf den Bauch aufschnitt und das Mädchen und ihre Großmutter befreite.

10. _____

Der jüngste Sohn eines Müllers erbte nichts außer einem sprechenden Kater. Doch der Kater machte dem König weis, sein Herrchen wäre ein Graf, woraufhin der König dem Müllerssohn seine Tochter zur Frau gab.

C. Die Sterntaler.

Es war einmal ein kleines Mädchen, dem waren Vater und Mutter gestorben. Es war so arm, dass es kein Kämmerchen mehr hatte, darin zu wohnen, und kein Bettchen mehr, darin zu schlafen, und endlich gar nichts mehr als die Kleider auf dem Leib und ein Stückchen Brot in der Hand, das ihm ein mitleidiges Herz geschenkt hatte. Es war aber gut und fromm. Und weil es so von aller Welt verlassen war, ging es im Vertrauen auf den lieben Gott hinaus ins Feld.

Da begegnete ihm ein armer Mann, der sprach: „Ach, gib mir etwas zu essen, ich bin so hungrig." Das Mädchen reichte ihm das ganze Stückchen Brot und sagte: „Gott segne dir's!" und ging weiter. Dann kam ein Kind, das jammerte und sprach: „Es friert mich so an meinem Kopf, schenk mir etwas, womit ich mich bedecken kann." Da nahm es seine Mütze ab und gab sie dem Kind. Und als es noch eine Weile gegangen war, kam wieder ein Kind, das hatte kein Leibchen an und fror. Da gab es ihm seins. Und noch weiter, da bat eins um ein Röcklein, das gab es auch her.

Endlich gelangte es in einen Wald und es war schon dunkel geworden. Da kam noch ein Kind und bat um ein Hemdlein und das fromme Mädchen dachte: Es ist dunkle Nacht, da sieht mich niemand, du kannst wohl dein Hemd weggeben. Und es zog das Hemd aus und gab es auch noch her.

Und wie es so stand und gar nichts mehr hatte, fielen auf einmal die Sterne vom Himmel und waren lauter blanke Taler; und obgleich es sein Hemdlein weggegeben, so hatte es plötzlich ein neues an, und das war vom allerfeinsten Linnen. Da sammelte es die Taler hinein und war reich für sein Lebtag.

1. Beschreiben Sie das kleine Mädchen. Wie ist es? Was hat es? Was hat es nicht?

   _____

   _____

   _____

   _____

   _____

   _____

2. Was gab das Mädchen diesen Personen?

dem armen Mann	
dem ersten Kind	
dem zweiten Kind	
dem dritten Kind	
dem letzten Kind	

3. Erzählen Sie weiter. Was machte das Mädchen, als es das viele Geld hatte?

_____

_____

_____

_____

_____

_____

_____

_____

_____

_____

Aufsatz-Training

A. Eine Geschichte länger machen. Lesen Sie die folgende Geschichte.

Jutta hatte beim Abendessen Streit mit ihren Eltern. Sie ging sehr früh ins Bett. Sie hatte einen seltsamen Traum. Ihr Freund Billy erschien darin als Engel. Er sagte: „Der Rapstar 50 cent ist mein neues Vorbild." Jutta wachte auf. Sie rief Billy an. Er sagte: „Lass uns ins Kino gehen. ‚Spider-Man' läuft um Mitternacht. Kannst du mich um halb zwölf in der Kneipe treffen?" Jutta kletterte durchs Fenster. Sie traf Billy in der Kneipe.

Diese Geschichte erzählt nur, was in welcher Reihenfolge[1] passiert ist. Sie gibt keine Hintergrundinformationen[2]. Suchen Sie jetzt die passenden Hintergrundinformationen zu den Ereignissen und schreiben Sie die Geschichte neu. Sie können auch eigene Details erfinden. Achten Sie auf die Wortstellung im Satz!

[1]*sequence*
[2]*background information*

EREIGNISSE	HINTERGRUND

Was ist passiert?

Warum? Wann? Wie? Wo?

1. _____ Jutta hatte beim Abendessen mit ihren Eltern Streit.

2. _____ Sie ging sehr früh ins Bett.

3. _____ Sie hatte einen seltsamen Traum.

4. _____ Ihr Freund Billy erschien als Engel.

5. _____ Er sagte, „Der Rapstar 50 cent ist mein neues Vorbild."

6. _____ Jutta wachte auf.

7. _____ Sie rief Billy an.

8. _____ Er sagte „Lass uns ins Kino gehen. ‚Spider-Man' läuft um Mitternacht. Kannst du mich um halb zwölf in der Kneipe treffen?"

9. _____ Jutta kletterte durchs Fenster.

10. _____ Sie traf Billy in der Kneipe.

a. in einem weißen Unterhemd und weißen Stirnband gekleidet, mit ganz vielen Tattoos

b. schweißgebadet

c. mit einem Kuss

d. nachdem sie sich einen Irokesenschnitt hatte schneiden lassen

e. in einem blauen Nebel

f. als sie wieder wach war

g. weil sie deprimiert war

h. voller Freude

i. als sie schlief

j. wie der alte, normale Billy

_____

_____

_____

_____

_____

_____

_____

_____

_____

B. Schreiben Sie eine Geschichte! Denken Sie an eine Geschichte aus ihrer Kindheit, einen Traum, den Sie einmal geträumt haben, ein Märchen, oder erfinden Sie eine andere Geschichte.

Was ist passiert? Schreiben Sie zuerst die Ereignisse der Geschichte auf. Schreiben Sie dann Hintergrundinformationen neben die Ereignisse.

EREIGNISSE

Was ist passiert?

_____

_____

_____

_____

_____

_____

_____

HINTERGRUND

Warum? Wann? Wie? Wo?

_____

_____

_____

_____

_____

_____

_____

Schreiben Sie jetzt Ihre Geschichte!

_____

_____

_____

_____

_____

_____

_____

_____

_____

_____

_____

KAPITEL 10   Auf Reisen

Reisepläne

Schriftliche Aktivitäten

A. Reisen Sie gern? Beantworten Sie die Fragen.

1. Reisen Sie gern? _____

   _____

2. Was war die weiteste Reise, die Sie gemacht haben? Wo waren Sie? Was haben Sie gemacht?

   _____

   _____

   _____

3. Was war die schönste Reise, die Sie gemacht haben? Wo waren Sie? Was haben Sie gemacht?

   _____

   _____

   _____

4. Stellen Sie sich vor: Sie haben eine Reise gewonnen und dürfen sich ein Ziel aussuchen. Wohin reisen Sie? Warum?

   _____

   _____

5. Welche deutsche (österreichische, schweizerische) Stadt interessiert Sie am meisten? Warum?

   _____

   _____

B. Mini-Dialoge. Setzen Sie die richtige Präposition ein: **aus, bei, bei, nach, nach, vom, zu, zum.**

→ Lesen Sie Grammatik 10.1, „Prepositions to talk about places: **aus, bei, nach, von, zu**"!

FRAU WAGNER: Wann kommt Ernst heute _____ der Schule?

HERR WAGNER: Um eins, aber er geht erst _____ seinem Freund Mark.

FRAU WAGNER: Ich finde, er ist ein bisschen oft _____ Mark.

HERR WAGNER: Gut, ich sage ihm, dass er morgen erst _____ Hause kommen soll.

JOSEF: Wollen wir _____ Nürnberg fahren, wenn Melanie _____ Markt zurückkommt?

CLAIRE: Was wollen wir in Nürnberg machen?

JOSEF: Ich möchte meinen Freund Thomas besuchen. Er arbeitet _____ einer Bank in der Innenstadt. Aber samstags hat er natürlich frei. Da können wir _____ ihm Kaffee trinken und danach _____ Konzert von U2 gehen. Ich habe Karten dafür.

CLAIRE: Gern.

Hörverständnis

A. Dialog aus dem Text: Am Fahrkartenschalter. Silvia steht am Fahrkartenschalter und möchte mit dem Zug von Göttingen nach München fahren.

Beantworten Sie die Fragen.

1. Wann möchte Silvia gerne in München sein? _____

2. Wann fährt der Zug ab und wann kommt er in München an? _____

3. Aus welchem Gleis fährt der Zug? _____

4. Womit möchte Silvia bezahlen? _____

5. Was kostet eine Fahrkarte mit BahnCard zweiter Klasse? _____

B. Der Diavortrag. Claire ist wieder in Regensburg und zeigt Melanie und Josef Dias[1] von ihrer Reise.

Hier sind die Dias, die Claire zeigt. Bringen Sie sie in die richtige Reihenfolge.

a. _____ die Schweizerin, mit der Claire über die Frauenbewegung gesprochen hat

b. _____ der Grenzübergang

c. _____ der Rheinfall

d. _____ eine Gruppe von Gymnasiasten

e. _____ Claires netter Zollbeamte

f. _____ die Bahnhofstraße

[1]slides

Nach dem Weg fragen

Schriftliche Aktivitäten

Unterwegs in Regensburg. Wohin kommen Sie? Folgen Sie den Anweisungen und schreiben Sie auf, wo Sie hinkommen.

➔ Lesen Sie Grammatik 10.3, „Prepositions for giving directions: **an ... vorbei, bis zu, entlang, gegenüber von, über**"!

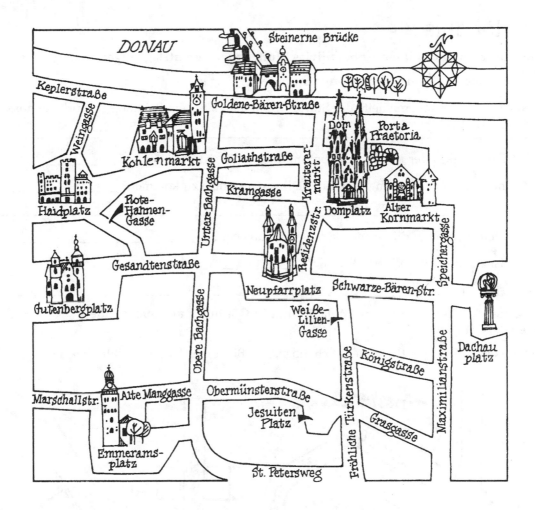

1. Sie sind am Emmeramsplatz. Gehen Sie in die Alte Manggasse hinein, bis Sie an die Obere Bachgasse kommen. An der Oberen Bachgasse links bis zur Gesandtenstraße, dann biegen Sie rechts ab. Noch einige Meter und Sie sind am _____.

2. Sie sind am Dachauplatz. Gehen Sie zur Speichergasse, rechts in die Speichergasse hinein und dann links am Alten Kornmarkt. Gehen Sie über den Alten Kornmarkt hinüber und über den Domplatz. Am Krauerermarkt gehen Sie rechts bis hinunter zur Donau. Links an der Steinernen Brücke vorbei bis in die Keplerstraße hinein. An der Weingasse gehen Sie noch einmal links, die Weingasse hindurch bis zum _____.

3. Sie sind am Gutenbergplatz. Gehen Sie nur kurz in die Gesandtenstraße hinein, dann gleich links in die Rote-Hahnen-Gasse hinein. Am Haidplatz rechts zum Kohlenmarkt hinunter, über die Untere Bachgasse hinüber, durch die Goliathstraße hindurch und Sie sehen vor sich den _____.

4. Sie stehen mit dem Rücken zur Steinernen Brücke. Gehen Sie rechts und gleich die erste Straße links. Gehen Sie diese Straße ganz durch, an eins, zwei, drei Straßen vorbei. An der vierten Straße biegen Sie wieder nach rechts ab und nach vielleicht 50 Metern sind Sie am _____.

Hörverständnis

A. Dialog aus dem Text: Jürgen ist bei Silvias Mutter zum Geburtstag eingeladen.

Wie kommt man zu Silvia? Beantworten Sie bitte die Fragen.

1. Was ist auf der anderen Seite der Straße, wenn man aus dem Bahnhofsgebäude herauskommt?

   _____

2. Geht man links oder rechts am Lebensmittelgeschäft vorbei? _____

3. Wie muss man gehen, um dann auf die Bismarckstraße zu kommen? _____

   _____

4. Wie weit muss man die Bismarckstraße hinaufgehen? _____

5. Was ist am Ende der Bismarckstraße? _____

6. Wo ist das Haus? _____

B. Dialog aus dem Text: Claire und Melanie sind in Göttingen und suchen die Universitätsbibliothek.

Welches Gebäude ist die Bibliothek? Schreiben Sie „Bibliothek" auf die Bibliothek.

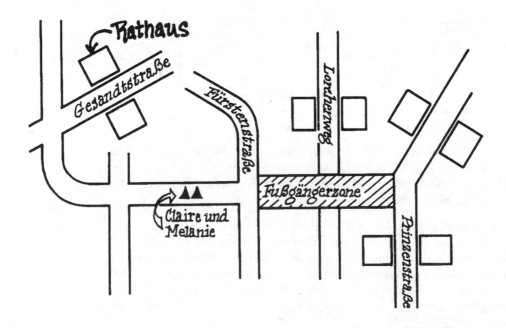

C. Dialog aus dem Text: Frau Frisch findet ein Zimmer im Rathaus nicht.

Beantworten Sie die Fragen.

1. In welchem Stock ist Zimmer 204? _____

2. Auf welcher Seite ist Zimmer 204? _____

D. Nach dem Weg fragen. Heidi und Stefan sind in Deutschland angekommen und machen eine Tour durch Köln. Sie haben sich verlaufen und suchen die Jugendherberge, die ganz nahe am Neumarkt ist. Verzweifelt fragen sie Passanten nach dem Weg.

Beantworten Sie die Fragen.

1. Warum weiß der erste Mann nicht, wo der Neumarkt ist?

   _____

2. Was hat die Frau gerade gelesen?

   _____

3. In welche Richtung, sagt der zweite Mann, sollen Heidi und Stefan gehen?

   _____

4. Wann sollen sie noch mal nach dem Weg fragen?

   _____

Urlaub am Strand

Schriftliche Aktivitäten

A. Ein Tag am Strand. Machen Sie verschiedenen Leuten Vorschläge für einen Strandaufenthalt. Note: Make sure to consider person, number, and level of formality.

➔ Lesen Sie Grammatik 10.2, „Requests and instructions: the imperative (summary review)"!

VORSCHLÄGE

belegte Brote mitnehmen	Kanu fahren
die Sonnenmilch nicht vergessen	laufen
eine Sandburg bauen	Muscheln sammeln
einen Liegestuhl mitnehmen	Parasailing probieren
einen Neoprenanzug anziehen	spazieren gehen
Frisbee spielen	Würstchen grillen

MODELLE:

KARL: Wo soll ich Urlaub machen? →
SIE: **Fahr** doch mal an die Ostsee!
KARL UND KARLA: Wo sollen wir Urlaub machen? →
SIE: **Fahrt** doch mal an die Nordsee!
HERR SCHUBERT: Wo soll ich Urlaub machen? →
SIE: **Fahren Sie** doch mal an die Adria!
DANIELA UND SIE: Wo sollen wir Urlaub machen? →
SIE: **Fahren wir** doch mal an die Riviera!

1. FRAU BLESER: Ich sitze nicht gern im Sand.

   SIE: _____

2. FLORIAN: Ich bekomme leicht einen Sonnenbrand.

   SIE: _____

3. RICHARD UND SIE: Und was machen wir, wenn wir Hunger kriegen[1]?

   SIE: _____

4. MONIKA UND SABINE: Am Strand ist es immer langweilig.

   SIE: _____

5. VERONIKA: Zum Schwimmen ist das Wasser zu kalt.

   SIE: _____

6. HERR BAUER: Ich brauche ein bisschen Bewegung[2].

   SIE: _____

B. An der Hotelrezeption. Sie sind Gast in einem Hotel. Ihr Zimmernachbar ist nicht besonders höflich. Formulieren Sie es höflicher mit **möchte, könnte, dürfte, müsste.**

→ Lesen Sie Grammatik 10.4, „Being polite: the subjunctive form of modal verbs"!

MODELL: NACHBAR: Guten Tag, ich will ein Doppelzimmer mit Dusche oder Bad.
SIE: Guten Tag, ich möchte ein Doppelzimmer mit Dusche oder Bad.

1. NACHBAR: Ich muss mal dringend telefonieren, wo geht das?

   SIE: _____.

2. NACHBAR: Kann ich eine E-Mail abschicken?

   SIE: _____?

3. NACHBAR: Können Sie mich morgen um 7.00 Uhr wecken?

   SIE: _____?

4. NACHBAR: Darf ich meinen Hund mit auf das Zimmer nehmen?

   SIE: _____?

5. NACHBAR: Können Sie mir frische Handtücher bringen?

   SIE: _____?

[1]bekommen
[2]*exercise*

6. NACHBAR: Können Sie mir eine Flasche Sekt auf das Zimmer bringen?

      SIE: _____?

7. NACHBAR: Darf ich Sie um einen neuen Bademantel bitten?

      SIE: _____?

8. NACHBAR: Ich will noch eine Tasse Tee!

      SIE: _____?

Hörverständnis

A. Dialog aus dem Text: Auf Zimmersuche. Frau und Herr Ruf suchen ein Zimmer. Hören Sie den Dialog an und füllen Sie das Formular aus.

Name: _____		
_____ Nächte	_____ Euro pro Nacht	_____ ohne Frühstück
_____ Dusche	_____ Einzelzimmer	_____ Doppelzimmer
_____ mit Frühstück	_____ Bad	_____ Toilette

B. Rollenspiel: Im Hotel.

s1: Sie sind im Hotel und möchten ein Zimmer mit Dusche und Toilette. Außerdem möchten Sie ein ruhiges Zimmer. Fragen Sie auch nach Preisen, Frühstück, Telefon und wann Sie morgens abreisen müssen.

s2: Sie arbeiten an der Rezeption von einem Hotel. Alle Zimmer haben Dusche und Toilette. Manche haben auch Telefon. Frühstück ist inklusive. Das Hotel ist im Moment ziemlich voll. Ein Reisender / Eine Reisende kommt herein und erkundigt sich nach Zimmern. Denken Sie zuerst darüber nach: Was für Zimmer sind noch frei? Was kosten die Zimmer? Bis wann müssen die Gäste abreisen?

WÄHREND DES HÖRENS

Richtig oder falsch? Korrigieren Sie die falschen Aussagen.

1. _____ Es sind keine Zimmer mehr frei.

    _____

2. _____ Das Einzelzimmer hat Bad und Toilette.

    _____

3. _____ Alle Zimmer haben Isolierverglasung.

    _____

4. _____ Der Tourist nimmt das Doppelzimmer.

    _____

5. _____ Das Zimmer kostet 25 Euro.

    _____

6. _____ Der Frühstücksraum ist den ganzen Tag geöffnet.

_____

7. _____ Der Frühstücksraum ist rechts neben der Rezeption.

_____

8. _____ Wenn man telefonieren möchte, muss man eine 1 vorwählen.

_____

9. _____ Der Tourist sollte den Hotelparkplatz um die Ecke benutzen.

_____

C. Eine Reise nach Deutschland. Nach dem Deutschunterricht: Frau Schulz erzählt Heidi und Stefan von ihrer letzten Reise nach Deutschland. Stefan und Heidi haben viele Fragen, weil sie im nächsten Sommer nach Deutschland fahren wollen.

Beantworten Sie die Fragen.

1. Wo hat Frau Schulz übernachtet?

    a. in der ersten Woche? _____

    b. danach? _____

2. Was ist eine Pension? _____

_____

3. Wo kann man wirklich billig übernachten? _____

4. Was braucht man, um in einer Jugendherberge zu übernachten? _____

_____

Tiere

Schriftliche Aktivitäten

Der Mensch und das Tier. Was wird (manchmal, oft, …) mit diesen Tieren gemacht?

➜ Lesen Sie Grammatik 10.5, „Focusing on the action: the passive voice"!

    MODELLE: Katzen → Katzen **werden** oft **gestreichelt.**
                ein Elefant → Ein Elefant **wird** manchmal **dressiert.**

NÜTZLICHE VERBEN

angeln (geangelt)   *to fish*
dressieren (dressiert)   *to train, break in*
erschlagen (erschlagen)   *to kill*
essen (gegessen)
füttern (gefüttert)
Gassi führen (Gassi geführt)   *to take for a walk*
jagen (gejagt)   *to hunt*
melken (gemolken)   *to milk*
reiten (geritten)
streicheln (gestreichelt)   *to pet*
vergiften (vergiftet)
zertreten (zertreten)   *to step on*

1. eine Mücke: _____

2. Wildenten[1]: _____

3. eine Ratte: _____

4. Hunde: _____

5. ein Pferd: _____

6. eine Kuh[2]: _____

7. Fische: _____

8. Kakerlaken[3]: _____

9. ein Truthahn[4]: _____

10. Vögel (im Winter): _____

Hörverständnis

Bildgeschichte: Lydias Hamster. Was hat Lydia mit ihrem Hamster erlebt?
Bringen Sie die Sätze in die richtige Reihenfolge und setzen Sie die Verbformen ein.

[1]*wild ducks*
[2]*cow*
[3]*cockroaches*
[4]*turkey*

_____ Als sie am nächsten Morgen _____, war der Hamster verschwunden.

_____ Außerdem war die Pflanze auf ihrer Fensterbank angefressen.

_____ Da _____ sie schließlich den Hamster. Er hatte sich ein gemütliches Nest gebaut.

_____ Eine Woche später _____ sie ein komisches Loch in ihrer Jacke.

_____ Eines Abends _____ sie, die Käfigtür richtig zuzumachen.

_____ Lydia Frisch _____ zum Geburtstag einen Hamster.

_____ Lydia _____ den Hamster im ganzen Haus.

_____ Lydia _____ noch einmal überall. Mit ihrem Vater _____ sie sogar hinter den Kleiderschrank.

_____ Sie _____ jeden Tag mit ihrem Hamster.

_____ Sie war sehr traurig, weil sie ihn nicht _____.

Aussprache und Orthografie

Aussprache (1. Teil)

en-Ending

There are different rules for the pronunciation of the ending **-en.** In some cases, the schwa drops out, and the pronunciation of the residual <-n> depends on the sound of the consonant that precedes it.

When one is reading aloud or speaking slowly, the ending **-en** is preserved:

- after vowels and diphthongs, for example—**gehen, bauen;**
- after nasal consonants, for example—**kommen, kennen, singen;**
- after **l** and **r** and in **-chen**, for example—**holen, hören, Mädchen.**

When one is reading aloud or speaking slowly, the ending **-en** is *not* preserved:

- after fricatives, in which case the schwa drops out and the [n] remains, for example—**essen, waschen, laufen;**
- after plosives.

   —After [t, d], schwa is dropped, and the [n] remains, for example—**warten, werden.**
   —After [p, b], schwa is dropped, and the [n] becomes [m], for example—**Lippen, lieben.**
   —After [k, g], schwa is dropped, and the [n] becomes [ŋ], for example—**backen, fragen.**

In conversation—that is, in quick, lax speech—schwa is usually dropped after vowels, nasal consonants, <l, r>, as well as in **-chen**. After vowels, nasal consonants, and lenis plosives [b, d, g], this results in total assimilation; that is, the ending **-en** coalesces with the preceding syllable, and the number of syllables in the word is reduced by one. In this case, the nasal consonant is usually pronounced with more muscular tension, for example—**Alle komm*en*** (['kɔm:]) **mit. Wir zeigen Ihn*en*** ([i:n:]) **Ihr Zimmer.**

A. Listen to the words and, paying close attention to the endings, indicate how the ending of each word is pronounced.

		[ən]	[n]	[m]	[ŋ]
1.	fahren	☐	☐	☐	☐
2.	gehen	☐	☐	☐	☐
3.	reisen	☐	☐	☐	☐
4.	fliegen	☐	☐	☐	☐
5.	laufen	☐	☐	☐	☐
6.	schwimmen	☐	☐	☐	☐
7.	tanzen	☐	☐	☐	☐
8.	bleiben	☐	☐	☐	☐

Check your answers in the answer key.
   Replay the segment, listen to the words, and repeat after the speaker.

B. Was machen wir/sie gern? Form sentences with the verbs in **Übung A.** Write the sentences, then read them aloud. Pay close attention to the pronunciation of the **-en** ending.

   MODELL: Wir fahren gern. *or* Sie fahren gern.

1. _____

2. _____

3. _____

4. _____

5. _____

6. _____

7. _____

8. _____

C. Listen to the following examples, which will be read very quickly with sentence stress on the highlighted word. Repeat the sentences after the speaker. Note: The verbs with **-en** are all pronounced as a single syllable (see transcription).

1. Komm*en* [kɔm] Sie bitte **mit!**
2. Könn*en* [kœn] Sie das **verstehen?**
3. Kenn*en* [kɛn] Sie **Berlin?**
4. Hab*en* [ham] Sie kein*en* [kaen] **Hunger?**
5. War*en* [vaᵄn] Sie schon in **Wien?**
6. Hör*en* [høᵄn] Sie die **Durchsage?**
7. Seh*en* [zen] Sie die klein*en* [klaen] **Sterne?**
8. Sing*en* [zɪŋ] Sie gern **Volkslieder?**

Orthografie (1. Teil)

Listen to the sayings and write them down.

1. _____
2. _____
3. _____
4. _____
5. _____
6. _____

Aussprache (2. Teil)

Vocalic *r*, schwa

As you may remember, **Kapitel 2** focused on the rules for pronouncing **r.** Refamiliarize yourself with the rules given on page 78.

A. Listen to the following school sayings. Underline all vocalic **r**-sounds.

1. Das Leben wär viel einfacher, wenn's nicht so schwer wär.
2. Ein leerer Kopf ist leichter zu tragen als ein voller.
3. Lehrer helfen Probleme zu lösen, die man ohne sie gar nicht hätte.
4. Jeder redet vom Energiesparen. Ich spare meine.
5. Alle Schüler sind klug: die einen vorher, die anderen nachher.
6. Am Vormittag hat der Lehrer recht, am Nachmittag hat er frei.
7. Am Tage lehrt er Kinder und abends leert er Gläser.
8. Lieber zwei Jahre Ferien als überhaupt keine Schule.

Check your answers in the answer key.
　Replay the segment and pronounce the sayings after the speaker.
Read the segments aloud.

B. What is missing from the form of address? Listen to the words, and write them down as you hear them. Then complete the missing ending **-e (liebe)** or **-er (lieber).**

1. Lieb_____ _____!
2. Lieb_____ _____!
3. Lieb_____ _____!
4. Lieb_____ _____!
5. Lieb_____ _____!
6. Lieb_____ _____!
7. Lieb_____ _____!
8. Lieb_____ _____!

Check your answers in the answer key.
Read the complete forms of address aloud.

Orthografie (2. Teil)

Professions
Listen and write the names of the professions you hear.

1. _____   6. _____

2. _____   7. _____

3. _____   8. _____

4. _____   9. _____

5. _____   10. _____

Kulturecke

A. Wer weiß – gewinnt! Markieren Sie die richtigen Antworten.

1. Die meisten Deutschen machen in _____ Urlaub.
   a. Italien   c. Deutschland
   b. Frankreich   d. Dänemark

2. Neben Italien und Österreich ist _____ eines der beliebtesten Urlaubsländer der Deutschen.
   a. Spanien   c. Frankreich
   b. die Türkei   d. die Schweiz

3. Regensburg liegt _____.
   a. am Rhein   c. am Main
   b. an der Elbe   d. an der Donau

4. In Europa haben _____ zuerst die Heilwirkung des Meerwassers entdeckt.
   a. englische Ärzte   c. dänische Heilpraktiker
   b. schwedische Heilpraktiker   d. französische Ärzte

5. Das erste Kurhaus an der Ostsee entstand im Jahre _____.
   a. 1973
   b. 1793
   c. 1893
   d. 1989

6. _____ war das erste Ostseebad.
   a. Binz
   b. Sassnitz
   c. Bad Doberan
   d. Timmendorfer Strand

7. Die berühmten Kreidefelsen findet man auf der Insel _____.
   a. Rügen
   b. Föhr
   c. Sylt
   d. Hiddensee

8. Die Badegäste kamen mit einem _____ ins Wasser.
   a. Strandkorb
   b. Bademantel
   c. Schubkarren
   d. Badekarren

9. In der DDR übernachteten Ostseebadurlauber *nicht* _____.
   a. in historischen Hotels
   b. in Bungalows
   c. in Ferienwohnungen
   d. auf Zeltplätzen

10. In _____ Badeorten wurde die Küste oft zubetoniert.
    a. ostdeutschen
    b. westdeutschen
    c. italienischen
    d. französischen

11. Welche Stadt wird auch „graue Stadt am Meer" genannt?
    a. Berlin
    b. Bremen
    c. Husum
    d. Kiel

12. Welcher Dichter ist in Husum geboren und begraben?
    a. Theodor Storm
    b. Thomas Mann
    c. Friedrich Schiller
    d. Matthias Claudius

B. **Wissenswertes zum Film** *Die fetten Jahre sind vorbei.* Wählen Sie die richtigen Antworten aus dem Wörterkasten.

---

die Eltern   einen Kühlschrank   Möbel verrücken

die Erziehungsberechtigten   Jules Onkel   über den Anblick ihrer Häuser

die Polizei   Geld stehlen   in eine Berghütte   von der Polizei

die Reichen   in seine Villa   über ihren Luxus

ein teures Auto   über ihren Luxus   von Hardenberg

---

1. Was machen Jan und Peter? _____

2. Wie nennen sich Jan und Peter? _____

3. Was hat Jule kaputt gemacht? _____

4. Von wem werden Jan und Jule beim Einbruch überrascht? _____

5. Worüber sollen die Villenbesitzer nachdenken? _____

6. Wohin bringen die Entführer Hardenberg am Ende des Films? _____

7. Wer kommt am Ende des Films in die Wohnung der jungen Leute? _____

C. Tiere in Sprichwörtern. Welche Tiere werden in diesen Sprichwörtern verwendet? Ergänzen Sie die Sprichwörter mit den richtigen Tieren: Esel, Fliegen, Gaul, Huhn, Hunde, Katze, Mäuse.

1. Den letzten beißen die _____.

2. Ein blindes _____ findet auch manchmal ein Korn.

3. Einem geschenkten _____ schaut man nicht ins Maul.

4. In der Not frisst der Teufel _____.

5. Wenn dem _____ zu wohl ist, geht er aufs Eis.

6. Wenn die _____ nicht zu Hause ist, tanzen die _____.

D. Sehnsucht nach dem Frühling. Hier sind drei Strophen aus einem sehr bekannten deutschen Volkslied. Den Text hat Christian Adolf Overbeck (1755–1821) geschrieben, die Melodie ist von Wolfgang Amadeus Mozart.

> Komm, lieber Mai und mache
> die Bäume wieder grün,
> und lass uns an dem Bache
> die kleinen Veilchen[1] blühn!
> 5 Wie möchten wir so gerne
> ein Veilchen wieder sehn,
> ach lieber Mai, wie gerne
> einmal spazieren gehen.
>
> Zwar Wintertage haben
> 10 wohl auch der Freuden viel:
> Man kann im Schnee eins traben[2]
> und treibt manch' Abendspiel,
> baut Häuserchen von Karten,
> spielt Blindekuh[3] und Pfand[4]:
> 15 Auch gibt's wohl Schlittenfahrten
> aufs liebe freie Land.
>
> Doch wenn die Vöglein singen
> und wir dann froh und flink
> auf grünem Rasen[5] springen,
> 20 das ist ein ander Ding!
> Jetzt muss mein Steckenpferdchen[6]
> dort in dem Winkel[7] stehn,
> denn draußen in dem Gärtchen
> kann man vor Schmutz nicht gehen.

[1]violets [2]traipse, trot [3]blindman's buff [4]forfeit [5]lawn [6]hobbyhorse [7]corner

1. Die Natur verändert sich mit den Jahreszeiten. Wie ist die Natur in dem Lied? Welche Dinge kann man zu den verschiedenen Jahreszeiten machen? Ordnen Sie zu.

	Wie ist die Natur?	Was kann man machen?
Frühling		
Winter		

2. Hier ist noch einmal die zweite Strophe. Die Sprache in dem Lied ist manchmal etwas altmodisch. Wie sagt man es heute auf Deutsch? Ordnen Sie zu.

a. _____ Zwar Wintertage haben

wohl auch der Freuden viel:

b. _____ Man kann im Schnee eins traben

und treibt manch' Abendspiel,

c. _____ baut Häuserchen von Karten,

spielt Blindekuh und Pfand:

d. _____ Auch gibt's wohl Schlittenfahrten

aufs liebe freie Land.

i. Wenn man aus der Stadt aufs Dorf fährt, kann man Schlitten fahren.

ii. Auch im Winter gibt es viele Dinge, die Spaß machen.

iii. Man kann durch den Schnee laufen und abends mit anderen Leuten zusammen ein Gesellschaftsspiel spielen.

iv. Man kann Häuser aus Karten bauen oder man spielt Blindekuh oder Ratespiele. Wenn jemand eine Frage nicht weiß, muss er ein Pfand bezahlen.

3. Überlegen Sie: In welcher Jahreszeit spielt das Gedicht? Im _____.

Wer hat hier Sehnsucht nach dem Frühling? _____.

Aufsatz-Training

Was trägt man in Ihrem Land? Stellen Sie sich vor, ein Bekannter / eine Bekannte aus Österreich verbringt das nächste Jahr an der Universität, an der Sie studieren. Schreiben Sie ihm/ihr einen Brief, in dem Sie sagen, welche Kleidungsstücke er/sie mitbringen sollte und welche er/sie hier kaufen könnte. Denken Sie nicht nur an das Wetter, sondern auch an die Mode.

Liebe/r _____,

_____

_____

_____

_____

_____

_____

_____

_____

_____

_____

Dein/e _____

Verbessern Sie jetzt Ihren Aufsatz und erzählen Sie alles noch genauer. Streichen[1] Sie unnötige Wörter und fügen Sie mehr Adjektive hinzu. Geben Sie Hintergrundinformationen. Schreiben Sie dann Ihren verbesserten Aufsatz.

MODELL: Liebe Tanja,

Ich habe mich sehr gefreut zu hören, daß du ein Jahr an der Uni in Berkeley studieren willst. /ss

Wie du weißt, ist das Wetter hier in Berkeley *ziemlich* mild. Wir haben fast nie Schnee, aber im Winter regnet es *ziemlich viel*. Du brauchst hier wohl keine *richtige* Winterjacke. Es gibt aber in den Bergen viel Schnee, und wenn du da Ski fahren willst, solltest du vielleicht *wirklich warme* Winterkleidung mitbringen. Die könntest du *natürlich* auch hier kaufen, wenn du nicht so viel mitbringen willst.

An der Uni in Berkeley tragen die meisten Studenten Jeans und T-Shirts, und dann im Winter *meistens* Pullis oder Sweatshirts und Regenjacken ~~oder so~~. Fast alle haben Tennisschuhe ~~und~~ *oder* Birkenstocksandalen an. Kleidung und Schuhe (sind) hier billiger als in Österreich, du (könntest) hier alles kaufen, was du brauchst. Viele Grüße

Ich freue mich wirklich, daß du hier an der Uni studieren willst. Ruf mich an, sobald du angekommen bist.

Deine Patricia   /ss

[1] *delete, cross out*

MODELL: Liebe Tanja,

Ich habe mich sehr gefreut zu hören, dass du ein Jahr an der Uni in Berkeley studieren willst. Wie du weißt, ist das Wetter hier in Berkeley ziemlich mild. Wir haben fast nie Schnee, aber im Winter regnet es ziemlich viel. Du brauchst hier wohl keine richtige Winterjacke. Es gibt aber in den Bergen viel Schnee, und wenn du da Ski fahren willst, solltest du vielleicht wirklich warme Winterkleidung mitbringen. Die könntest du natürlich auch hier kaufen, wenn du nicht so viel mitbringen willst. An der Uni in Berkeley tragen die meisten Studenten Jeans und T-Shirts, und dann im Winter meistens Pullis oder Sweatshirts und Regenjacken. Fast alle haben Tennisschuhe oder Birkenstocksandalen an. Da Kleidung und Schuhe hier billiger sind als in Österreich, könntest du hier alles kaufen, was du brauchst. Ich freue mich wirklich, dass du hier an der Uni studieren willst. Ruf mich an, sobald du angekommen bist. Viele Grüße

Deine Patricia

Liebe/r _____

_____

_____

_____

_____

_____

_____

_____

_____

_____

_____

_____

_____

Dein/e _____

KAPITEL 11 Gesundheit und Krankheit

Krankheit

Schriftliche Aktivitäten

Was machen Sie in diesen Situationen?

→ Lesen Sie Grammatik 11.1, „Accusative reflexive pronouns"!

NÜTZLICHE AUSDRÜCKE

sich ausruhen	sich aufregen	sich erkälten
sich ärgern	sich freuen	?
sich entspannen	sich ins Bett legen	

MODELLE:
            1   2
Wenn ich mich nicht wohl fühle, | lege | ich mich ins Bett.

            1   2
Wenn ich Kopfschmerzen habe, | nehme | ich Kopfschmerztabletten.

1. Wenn ich eine Stunde ohne Regenschirm oder Regenmantel im kalten Regen stehe, [   ]

   _____ .

2. Wenn ich krank bin und die Nachbarn eine laute Party haben, [   ] _____

   _____ .

3. Wenn ich eine Grippe habe, [   ] _____

   _____ .

4. Wenn ich zu viel Stress habe, [   ] _____

   _____ .

5. Wenn ich Liebeskummer habe, [   ] _____

   _____ .

6. Wenn ich endlich wieder gesund bin, [   ] _____

   _____ .

Hörverständnis

A. Die Zwillinge sind krank. Helga und Sigrid Schmitz sind krank. Frau Schmitz ruft den Kinderarzt Dr. Gold an.

NEUE VOKABELN
die Masern (*pl.*)   *measles*
der Umschlag, ˙-e   *compress*

Welches Kind hat welche Symptome?

	HELGA	SIGRID
hohes Fieber	☐	☐
rote Pusteln	☐	☐
Husten	☐	☐
Kopfschmerzen	☐	☐
apathisch	☐	☐
Bauchschmerzen	☐	☐

Womit soll Frau Schmitz das Fieber senken? _____

B. Frau Schneiders Aerobic-Kurs. Frau Schneider und Frau Gretter sprechen über Frau Schneiders ersten Tag in einem Fitness-Center.

NEUE VOKABELN
der Muskelkater   *muscle ache*
sich massieren lassen   *to get a massage*

Beantworten Sie die folgenden Fragen.

1. Wo war Frau Schneider? _____

2. Was hat sie heute? _____

3. Was hat sie im Fitness-Center gemacht? _____

4. Was ist Aerobic? _____

5. Wie lange hat Frau Schneider Aerobic gemacht? _____

6. Wohin ist sie nach dem Aerobic-Kurs gegangen? _____

7. Warum will Frau Gretter mit Frau Schneider zum Fitness-Center gehen? _____

C. Michael ist krank. Michael Pusch fühlt sich gar nicht wohl und beschreibt Maria seine Symptome.

Beantworten Sie die folgenden Fragen mit **ja** oder **nein.**

1. Was sind Michaels Symptome?

   a. Hat er Husten? _____

   b. Hat er Kopfschmerzen? _____

   c. Hat er Fieber? _____

   d. Hat er Halsschmerzen? _____

   e. Ist er müde? _____

2. Was empfiehlt ihm Maria?

   a. Soll er ins Bett? _____

   b. Soll er Kopfschmerztabletten nehmen? _____

   c. Soll er sich eine Vitamin-Spritze geben lassen? _____

   d. Soll er Orangensaft trinken? _____

3. Was will Michael tun?

   _____

   _____ .

Körperteile und Körperpflege

Schriftliche Aktivitäten

A. Kreuzworträtsel. Maria erzählt, wie sie ihren Körper pflegt. Setzen Sie die Verben ein. Wissen Sie dann, was Maria macht, wenn sie eine Verabredung hat?

1. Wenn meine Fingernägel zu lang sind, _____ ich sie mir.

2. Wenn ich mich geduscht habe, _____ ich mich ab.

3. Wenn ich ins Bett gehe, _____ ich meinen Schlafanzug an.

4. Nach dem Duschen _____ ich mich mit Body-Lotion ein.

5. Wenn ich schnell schlafen will, _____ ich immer ein Glas heiße Milch mit Honig.

6. Nach dem Waschen _____ ich meine Haare.

7. Danach _____ ich sie mit einem Kamm.

8. Nach jedem Essen _____ ich mir die Zähne.

Lösungswort: Wenn ich noch eine Verabredung habe, _____ ich mich.

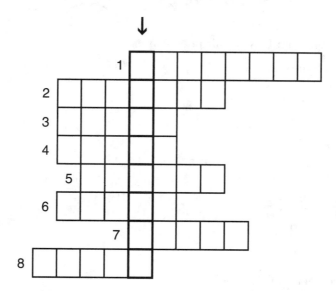

B. Gitterrätsel. Hier verstecken sich 15 Körperteile (waagerecht und senkrecht). Suchen Sie die Wörter und schreiben Sie sie in die Tabelle.

K	J	M	E	H	E	R	Z	M	G	Q	O
E	Y	R	N	R	B	A	U	C	H	K	C
U	L	T	P	Ü	V	A	F	B	C	I	D
M	U	N	D	C	A	L	I	P	P	E	N
N	R	O	V	K	B	E	I	N	E	C	E
R	L	J	D	E	S	F	O	H	Y	N	C
T	K	M	M	N	F	O	H	A	R	M	E
I	Z	U	N	G	E	S	R	L	C	K	P
H	Ä	N	D	E	E	S	E	S	Y	O	C
L	H	W	T	H	R	E	N	G	C	P	A
I	U	L	U	N	G	E	H	G	M	F	G
N	A	S	E	A	U	G	E	N	I	B	M

der	**das**	**die**	**Plural**
Mund			

C. Was machen Sie mit diesen Körperteilen?

> **Achtung!** Vergessen Sie nicht: **mit** + Dativ!
> **der, das → dem**
> **die** (*sg.*) **→ der**
> **die** (*pl.*) **→ den + -n**

MODELL: die Nase → Mit der Nase rieche ich.

1. die Zähne _____

2. die Ohren _____

3. die Augen _____

4. die Hände _____

5. die Lunge _____

6. die Beine _____

7. das Gesäß _____

8. der Magen _____

9. das Gehirn _____

10. die Lippen _____

D. Sie sind Babysitter bei Familie Frisch. Rosemarie ist lieb und will heute ganz allein ins Bett gehen. Sie erzählt Ihnen, was sie alles macht.

→ Lesen Sie Grammatik 11.1, „Accusative reflexive pronouns", und 11.2, „Dative reflexive pronouns"!

NÜTZLICHE AUSDRÜCKE

sich die Hände waschen   sich einkremen
sich die Zähne putzen   sich den Schlafanzug anziehen
sich die Haare kämmen   sich ins Bett legen

MODELLE: Ich ziehe mich aus.
Ich wasche mir das Gesicht.

1. _____

2. _____

3. _____

4. _____

5. _____

6. _____

E. Rosemarie kann doch nicht alles allein. Sie bittet Sie bei einigen Sachen um Hilfe. Schreiben Sie die Fragen.

→ Lesen Sie Grammatik 11.3, „Word order of accusative and dative objects"!

Verwenden Sie diese Ausdrücke. Ersetzen Sie das Nomen durch ein Pronomen.

die Geschichte vorlesen

die Haare kämmen

den Schlafanzug anziehen

ein Lied vorsingen

den Abendstern zeigen

ein Glas Milch holen

die Schokolade schenken

MODELL: Ich kann die Geschichte nicht lesen. → Kannst du sie mir vorlesen?

1. Ich kann mir die Haare nicht kämmen.

_____?

2. Ich kann mir den Schlafanzug nicht anziehen.

_____?

3. Ich kann das Schlaflied nicht singen.

_____?

4. Ich kann den Abendstern nicht finden.

_____?

5. Ich kann mir kein Glas Milch holen.

_____?

6. Oh, du hast Schokolade!

_____?

Hörverständnis

A. Juttas neue Frisur. Jutta ist heute zum Friseur gegangen. Jetzt sieht sie aus wie ein Punk. Hören Sie zu, was Juttas Eltern zu Juttas neuer Frisur sagen.

NEUE VOKABELN
Stell dich nicht so an! *Don't make such a fuss!*
spießig *narrow-minded*
Spinnst du? *Are you crazy?*
dieser Ton *this tone of voice*
Das kann doch nicht dein Ernst sein! *You can't be serious!*
toben *to be outraged*

Richtig oder falsch? Korrigieren Sie die falschen Sätze.

1. _____ Herr Ruf glaubt, dass Jutta spinnt. _____

2. _____ Jutta und ihr Freund Billy finden die Frisur „mega-in". _____

3. _____ Juttas Haare sind blau und orange. _____

4. _____ Herr Ruf findet Juttas Frisur auch mega-in. _____

5. _____ Herr Ruf hatte immer kurze Haare. _____

B. Bildgeschichte: Maria hat eine Verabredung.

1. Was hat Maria gemacht? Setzen Sie die Partizipien ein.

   a. Maria ist von der Arbeit nach Hause _____.

   b. Sie hat sich _____.

   c. Sie hat sich _____.

   d. Sie hat sich _____.

   e. Dann hat sie sich die Zähne _____.

   f. Sie hat sich die Fingernägel _____.

   g. Sie hat sich die Haare _____.

   h. Sie hat sich die Beine _____.

   i. Dann hat sie sich _____.

   j. Schließlich hat sie sich ein schönes Kleid _____.

2. Maria erzählt ihrer Freundin, was sie gemacht hat. Was sagt Maria? Hinweis: Wenn das Reflexivpronomen das einzige Objekt ist, heißt es „mich" (Akkusativ). Wenn noch ein zweites Objekt im Satz ist, heißt es „mir" (Dativ).

   Ich habe *mich* gewaschen.
   Ich habe *mir* die Hände gewaschen.

   a. Ich bin_____.

   b. _____

   c. _____

   d. _____

   e. _____

   f. _____

   g. _____

   h. _____

   i. _____

   j. _____

Arzt, Apotheke, Krankenhaus

Schriftliche Aktivitäten

A. In der Notaufnahme. Mehmet ist im Krankenhaus in der Notaufnahme, weil er eine Platzwunde am Kopf hat. Ergänzen Sie den Dialog mit den folgenden Wörtern:

Teil 1: blutet, gebrochen, geröntgt, Medikamente, Spritze

KRANKENSCHWESTER: Was ist passiert?

MEHMET: Ich bin ausgerutscht und mit dem Kopf auf die Tischkante gefallen.

KRANKENSCHWESTER: Wie lange _____ die Wunde schon?

MEHMET: Seit ungefähr einer halben Stunde.

KRANKENSCHWESTER: Wann haben Sie Ihre letzte _____ gegen Tetanus bekommen?

MEHMET: Vor einem halben Jahr.

KRANKENSCHWESTER: Sind Sie gegen bestimmte _____ allergisch?

MEHMET: Ich glaube nicht.

KRANKENSCHWESTER: Wann hat man Sie zum letzten Mal _____?

MEHMET: Vor ungefähr 5 Jahren.

KRANKENSCHWESTER: Und aus welchem Grund?

MEHMET: Ich hatte mir den Arm _____.

Teil 2: Apotheke, Blut, desinfizieren, Hausarzt, Rezept, Verband

KRANKENSCHWESTER: Wann hat man Ihnen zuletzt _____ abgenommen?

MEHMET: Im letzten Frühling bei einer Routineuntersuchung.

KRANKENSCHWESTER: Wo war das?

MEHMET: Bei Dr. Meyer, meinem _____.

KRANKENSCHWESTER: Gut, zuerst müssen wir die Wunde _____, und dann

bekommen Sie einen _____. Außerdem gebe ich Ihnen ein

_____. Wenn Sie starke Schmerzen haben, können Sie

sich in der _____ ein Schmerzmittel holen.

B. Gesundheitsprobleme. Sie sind beim Arzt, in der Apotheke und/oder im Krankenhaus und haben viele Fragen, z.B. über die Prognose, die Behandlung, die Medikamente, die Öffnungszeiten der Apotheke und den Krankenhausaufenthalt. Stellen Sie höfliche indirekte Fragen mit **Wissen Sie ...** oder **Können Sie mir sagen ...**

➜ Lesen Sie Grammatik 11.4, „Indirect questions: **Wissen Sie, wo ...?**"!

Achtung! In indirekten Fragen steht das konjugierte Verb am Satzende.

KONJUNKTIONEN

ob	was	wem
wann	wer	wie
warum	wen	wo

MODELLE:

Wissen Sie, **ob** der Arzt Hausbesuche macht?
Können Sie mir sagen, **was** die Prognose für meine Tante ist?

1. _____

2. _____

3. _____

4. _____

5. _____

Hörverständnis

A. Dialog aus dem Text: Herr Thelen möchte einen Termin beim Arzt.

Ergänzen Sie den Dialog zwischen Herrn Thelen und der Sprechstundenhilfe.

HERR THELEN: Guten Tag, _____ für nächste Woche.

SPRECHSTUNDENHILFE: Gern, vormittags oder nachmittags?

HERR THELEN: _____

SPRECHSTUNDENHILFE: Mittwochmorgen um neun?

HERR THELEN: Ja, _____. Vielen Dank.

B. Dialog aus dem Text: Frau Körner geht in die Apotheke.

Richtig oder falsch?

1. _____ Frau Körner hat Kopfschmerzen.

2. _____ Das neue Medikament soll sehr schnell helfen.

C. Dialog aus dem Text: Frau Frisch ist bei ihrem Hausarzt.

Ergänzen Sie den Dialog zwischen Frau Frisch und ihrem Hausarzt.

HAUSARZT: Guten Tag, Frau Frisch, wie geht es _____?

FRAU FRISCH: Ich fühle _____ gar nicht wohl. Halsschmerzen, Fieber … alles tut

_____ weh.

HAUSARZT: Das _____ nach Grippe. Sagen Sie mal bitte „Ah".

D. Rollenspiel: Anruf beim Arzt.

s1: Sie fühlen sich nicht wohl. Wahrscheinlich haben Sie Grippe. Rufen Sie beim Arzt an und lassen Sie sich einen Termin geben. Es ist dringend, aber Sie haben einen vollen Stundenplan.

s2: Sie arbeiten in einer Arztpraxis. Ein Patient / Eine Patientin ruft an und möchte einen Termin. Fragen Sie, was er/sie hat und wie dringend es ist. Der Terminkalender für diesen Tag ist schon sehr voll.

WÄHREND DES HÖRENS

NEUE VOKABELN
das Druckgefühl, -e *feeling of pressure*
das Beruhigungsmittel, - *tranquilizer*
der Nebeneffekt, -e *side effect*

Was sind Frau Breidenbachs Symptome?

_____

_____

_____

Was empfiehlt ihr Dr. Blömer?

_____

_____

_____

NACH DEM HÖREN

Sie sind Arzt. Was empfehlen Sie einer Person, die die folgenden Symptome hat?

Sie ist oft müde und schläft sehr schlecht. Sie trinkt viel Kaffee und Alkohol und sie raucht sehr viel. Sie treibt auch keinen Sport.

_____

_____

_____

_____

E. **„Aktren": Das neue Schmerzmittel von Bayer.** Sie hören Werbung von Bayer.

AKTREN®
Niedrig dosiert mit dem Wirkstoff Ibuprofen.
Weniger ist oft mehr.

NEUE VOKABELN
unbedingt *absolutely*
der Wirkstoff, -e *active ingredient*
sanft umgehen mit *to treat gently*

1. Welchen Wirkstoff hat „Aktren"? _____

2. Wogegen wirkt „Aktren"?

   a. _____

   b. _____

   c. _____

3. Ist „Aktren" niedrig oder hoch mit dem neuen Wirkstoff dosiert? _____

Unfälle

Schriftliche Aktivitäten

Was ist passiert?

NÜTZLICHE AUSDRÜCKE
sich ein Bein brechen   sich die Zunge verbrennen
sich in den Finger schneiden   zusammenstoßen
sich verletzen

MODELL: Stefanie ist hingefallen.   1.   Jürgen   2.   Maria

3.   Hans   4.   zwei Autos   5.   Mehmet

1. _____

2. _____

3. _____

4. _____

5. _____

Hörverständnis

A. Bildgeschichte: Paulas Unfall.

Was ist Paula passiert? Verbinden Sie die richtigen Satzteile.

1. _____ Herr und Frau Wagner
2. _____ Paula ist auf einen Stuhl geklettert
3. _____ Sie hat eine Tüte mit Bonbons
4. _____ Als sie herunterklettern wollte,
5. _____ Ihr Arm hat sehr wehgetan,
6. _____ Sie hat um Hilfe
7. _____ Andrea ist gleich
8. _____ Die Nachbarin ist mit Andrea und Paula
9. _____ Eine Ärztin hat Paula
10. _____ Dann hat Paula einen Gips bekommen,

a. aus dem Schrank geholt.
b. gerufen.
c. ins Krankenhaus gefahren.
d. ist sie ausgerutscht und auf den Boden gefallen.
e. sind ausgegangen.
f. und hat die Schranktür aufgemacht.
g. und sie hat angefangen zu weinen.
h. untersucht.
i. weil sie sich den Arm gebrochen hat.
j. zur Nachbarin gelaufen.

Und Sie? Hatten Sie mal einen Unfall? Erzählen Sie!

_____

_____

_____

_____

_____

_____

B. Michael Pusch als Zeuge. Michael hat einen Unfall gesehen und spricht jetzt mit einer Polizistin.

NEUE VOKABELN
ausweichen, wich … aus, ist ausgewichen   *to make way for something*
sich überschlagen (überschlägt), überschlug, hat überschlagen   *to overturn*
die Tatsache, -n   *fact*
das Vorurteil, -e   *bias, prejudice*

1. Bringen Sie die Sätze aus dem Dialog in die richtige Reihenfolge.

   a. _____ Wie schnell sind die beiden Fahrzeuge gefahren?

   b. _____ Der Fahrer des BMW konnte nicht mehr bremsen und ist dem Jungen ausgewichen.

   c. _____ Plötzlich ist ein Ball auf die Straße gerollt.

   d. _____ Bitte, erzählen Sie genau, was Sie gesehen haben.

   e. _____ Der Motorradfahrer ist aus der Schillerstraße gekommen und der rote BMW aus der Schützallee.

   f. _____ Der Motorradfahrer hat sich überschlagen, aber dem Jungen ist nichts passiert.

   g. _____ Haben Sie den Unfall gesehen?

   h. _____ Ein Junge ist hinterhergelaufen, genau vor den BMW.

2. Was ist passiert? Zeichnen Sie ein Diagramm des Unfalls.

Aussprache und Orthografie

Aussprache (1. Teil)

Assimilation

Assimilation is a process in which sounds are modified to make them resemble a neighboring sound. In **Kapitel 10,** we learned about one type of assimilation: The sound of the nasal consonant /n/ in the ending **-en** is changed by the preceding consonant(s) when schwa is dropped—for example, after [b, p], /n/ is pronounced [m].

There are a number of conspicuous types of assimilation in German that affect voicing. After voiceless sounds and often after a pause in speech, voiced (lenis) consonants become more or less voiceless; however, the muscle tension used to form the sounds is not changed so drastically as to change the consonants to fortis consonants.

Examples:

- Written <g>; voiced + lenis (after voiced sounds): **hingehen.**
- Written <g>; voiceless + lenis (through assimilation after voiceless sounds): **mitgehen.**
- Written <k>; voiceless + fortis (in all sound environments): **mitkommen.**

A. Listen to the word pairs and pay close attention to the highlighted consonants.

ein**b**ilden – aus**b**ilden	von **G**erda – mit **G**erda
ein **B**uch – das **B**uch	ein **W**ort – das **W**ort
ein **B**ild – das **B**ild	ein**s**ehen – weg**s**ehen
in **D**eutschland – aus **D**eutschland	ein **J**ournal – das **J**ournal

In the first part of each example, the highlighted consonants are fully voiced because they are preceded by voiced sounds. In the second part of each example, the highlighted consonants are changed. They follow voiceless fortis sounds and are therefore pronounced (almost) voiceless.

Replay the segment several times and repeat after the speaker.

B. Combine the verbs **sehen, geben, suchen, gehen,** and **bringen** with the prefixes. Note: Not all prefixes can be used with all verbs. Be sure to check the glossary in the main text.

1. an: _____

   _____

2. aus: _____

   _____

3. weg: _____

   _____

4. wieder: _____

   _____

Check your answers in the answer key.

Read the words you have written aloud. Remember: In verbs with the prefixes **aus-** and **weg-,** the first consonant in the verb stem is pronounced voiceless.

C. Which verbs from **Übung B** fit these expressions?

MODELL: sich einen Film <u>ansehen</u>

1.   wie ein Schauspieler _____

2.   von vielen Büchern eins _____

3.   jemanden endlich _____

4.   am Abend noch einmal _____

5.   sehr viel Geld _____

Check your answers in the answer key.
Read the expressions aloud.

Orthografie (1. Teil)

Assimilation

Listen to the sayings and write them down.

1.   _____

2.   _____

3.   _____

4.   _____

5.   _____

6.   _____

Aussprache (2. Teil)

Umlaut

The two dots above a vowel always indicate an altered pronunciation. The following pairs occur in German: <a – ä>, <o – ö>, <u – ü>, <au – äu>.

A. You will hear pairs of words that are distinguished by umlaut. Write in the umlaut over the vowel in the appropriate word.

1.   Mutter – Mutter
2.   Bruder – Bruder
3.   Tochter – Tochter
4.   Vater – Vater
5.   Schaden – Schaden
6.   fuhren – fuhren
7.   verwunschen – verwunschen
8.   schon – schon
9.   lauft – lauft
10.   lasst – lasst

Check your answers in the answer key.
　　Replay the segment and pronounce the words after the speaker.
　　Read the word pairs aloud.

B. Complete the verb forms as well as the noun forms as indicated in the example.

Infinitiv	1. Person	2. Person	3. Person	Substantiv
fahren	ich fahre	du fährst	er fährt	der Fahrer
schlafen	ich	du	er	der
tragen	ich	du	er	der
waschen	ich	du	er	der
raten	ich	du	er	der
schlagen	ich	du	er	der
laufen	ich	du	er	der

Check your answers in the answer key.

Read the verbs and nouns across, paying close attention to umlaut.

Orthografie (2. Teil)

You will hear words in the singular. Write the singular and then the plural form of the words you hear.

SINGULAR   PLURAL

1. _____   _____

2. _____   _____

3. _____   _____

4. _____   _____

5. _____   _____

6. _____   _____

7. _____   _____

8. _____   _____

9. _____   _____

10. _____   _____

Kulturecke

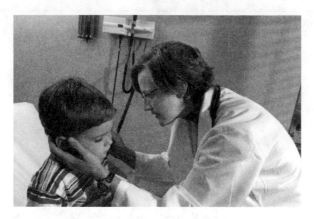

Beim Arzt

A. Wer weiß – gewinnt: Gesundheit. Markieren Sie die richtigen Antworten.

1. Arnika ist gut gegen _____.
   a. schmerzende Beine
   b. einen schmerzenden Magen
   c. einen schmerzenden Kopf
   d. schmerzende Ohren

2. Wo wächst die Arnika?
   a. in Salben b. in Gels c. in Beinsprays d. in den Alpen

3. Beim Arztbesuch in Deutschland muss man eine _____ dabei haben.
   a. Anmeldung b. Chipkarte c. Krankenversicherung d. Behandlung

4. In Deutschland sind _____ Menschen krankenversichert.
   a. die Hälfte der b. ein Drittel der c. eigentlich alle d. weniger als 20% der

5. Nach der Behandlung rechnet _____ ab.
   a. der Arzt mit dem Patienten
   b. der Patient mit dem Arzt
   c. der Arzt mit der Krankenversicherung
   d. der Patient mit der Krankenversicherung

6. In Deutschland muss man _____ auf den Arzt warten.
   a. im Wartezimmer b. im Flur c. am Eingang d. an der Anmeldung

B. Wissenswertes zum Film *Das Leben der Anderen*. Wählen Sie die richtigen Antworten aus dem Wörterkasten.

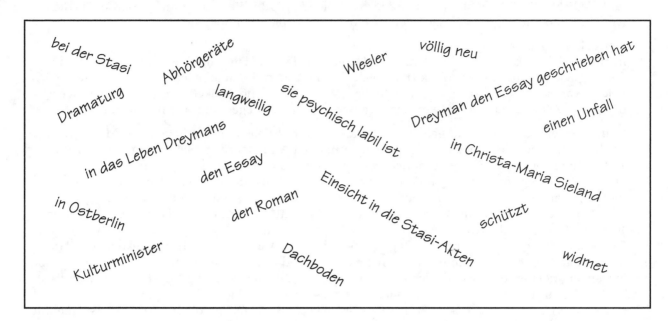

bei der Stasi   Abhörgeräte   Wiesler   völlig neu

Dramaturg   langweilig   sie psychisch labil ist   Dreyman den Essay geschrieben hat   einen Unfall

in das Leben Dreymans   den Essay   in Christa-Maria Sieland

in Ostberlin   den Roman   Einsicht in die Stasi-Akten   schützt   widmet

Kulturminister   Dachboden

1. Wo arbeitet Gerd Wiesler? _____

2. Welchen Beruf hat Georg Dreyman? _____

3. Was installiert Gerd Wiesler in Dreymans Wohnung? _____

4. Wie ist Gerd Wieslers Privatleben? _____

5. Gerd Wiesler verliebt sich _____.

6. Als Dreyman den Artikel für den Spiegel geschrieben hat, _____ Gerd Wiesler ihn.

7. Christa-Maria Sieland verrät der Stasi, dass _____.

8. Christa-Maria Sieland flüchtet und hat _____.

9. Nach der Wende erfährt Georg Dreyman, dass _____ ihn geschützt hat.

10. Dreyman schreibt seine Erinnerungen auf und widmet _____ seinem Stasispitzel.

C. *Der geheilte Patient* **(Johann Peter Hebel).** Johann Peter Hebel (1760–1826) wurde in der Schweiz geboren und arbeitete als Lehrer in Baden-Württemberg. Er schrieb vor allem kurze Erzählungen und Gedichte. Seine Erzählungen wurden als „Kalendergeschichten" bekannt. Diese Geschichten werden immer noch gern gelesen, weil sie einfach und voller Humor sind.

Der geheilte Patient

In einem kleinen Dorf lebte ein Mann, der den ganzen Tag zu Hause im Sessel saß oder auf dem Sofa lag, viel aß und trank und nicht arbeitete. Er brauchte nicht zu arbeiten, denn er war sehr reich. Leider war er trotzdem[1] sehr unzufrieden. Vom vielen Essen und Trinken wurde er immer dicker und dicker. Zum Schluss konnte er sich nicht mehr richtig bewegen und war nur noch krank.

Er ging zu vielen Ärzten und gab viel Geld aus. Sie verschrieben ihm Tabletten und Medikamente, aber nichts half. Eines Tages hörte er von einem berühmten Arzt, der viele Meilen von seinem Dorf entfernt wohnte. Dieser Arzt sollte ihm helfen, und so schrieb er ihm von seiner Krankheit.

Der Arzt wusste sofort, was dem Patienten fehlte[2] und schrieb ihm zurück: „Ich will Sie gern behandeln[3], aber Sie dürfen nicht in Ihrer Kutsche zu mir kommen, sondern müssen zu Fuß gehen, denn Sie haben einen Wurm im Bauch, der Bewegung braucht[4]. Ihre Krankheit ist sehr gefährlich und Sie dürfen auf keinen Fall etwas essen."

Der Mann ging gleich am nächsten Tag los, denn er hatte Angst um sein Leben bekommen. Am ersten Tag konnte er nur sehr langsam gehen. Er war wütend und schimpfte[5] auf den Arzt. Aber schon am dritten Tag fiel ihm das Gehen leichter und er ging schneller. Er hörte die Vögel[6] singen, sah die schöne Landschaft und fühlte sich schon viel wohler als am ersten Tag.

Als er am vierten Tag beim Arzt ankam, war er so gesund wie nie zuvor. Der Arzt untersuchte ihn und sagte: „Es war richtig, zu Fuß zu kommen. Der Wurm ist jetzt tot. Aber Sie haben die Wurmeier noch im Bauch, darum müssen Sie auch zu Fuß wieder nach Hause gehen. Zu Hause müssen Sie jeden Tag Holz hacken und sich von jetzt an gesund ernähren[7]. Wenn Sie nicht arbeiten und zu viel essen, bekommen Sie einen neuen Wurm, denn die Wurmeier sind noch nicht tot."

Der reiche Mann befolgte den Rat des Arztes und war so gesund wie ein Fisch im Wasser.

frei nach J. P. Hebel

1. Der reiche Mann (R) oder der Arzt (A)?

_____ wohnte viele Meilen vom Dorf entfernt.	_____
_____ aß und trank sehr viel.	_____
_____ war sehr berühmt.	_____
_____ muss sich jetzt gesund ernähren.	_____
_____ arbeitete nicht, weil er viel Geld hatte.	_____
_____ schrieb ihm sofort zurück.	_____
_____ musste zu Fuß wieder nach Hause gehen.	_____
_____ durfte nicht mit der Kutsche fahren und nichts essen.	_____
_____ hatte einen Wurm im Bauch.	_____
_____ fühlte sich immer wohler und ging immer schneller.	_____

---

[1]*despite that* [2]*was … what the patient's problem was* [3]*treat* [4]*der … that needs exercise* [5]*cursed* [6]*birds* [7]*sich gesund ernähren* *eat healthily*

2. Bringen Sie die Sätze in #1 in die richtige Reihenfolge. Schreiben Sie die Zahlen in die Lücken rechts neben den Sätzen.

3. Hebels Geschichte ist eine Parabel. Natürlich hat der Mann keinen Wurm im Bauch, sondern ist zu dick und deswegen krank. Sie sind ein moderner Arzt / eine moderne Ärztin. Geben Sie dem Patienten 5 gute Ratschläge. Sagen Sie ihm, was er tun soll und was er nicht mehr tun darf.

MODELL: Essen Sie weniger Fleisch!

a. _____

b. _____

c. _____

d. _____

e. _____

Aufsatz-Training

Im Krankenhaus.

1. Waren Sie schon einmal im Krankenhaus? Schreiben Sie, warum Sie dort waren und wie Sie sich gefühlt haben. Sie waren noch nie im Krankenhaus? Dann fragen Sie jemanden, der schon einmal dort war, was er/sie im Krankenhaus erlebt hat, warum er/sie dort war und wie er/sie sich gefühlt hat.

NÜTZLICHE AUSDRÜCKE

eine Mandelentzündung[1] haben	sich erholen
sich das Bein brechen	entlassen werden
eine Infektion haben	schwach sein
das Krankenhaus	im Bett bleiben
der Arzt / die Ärztin	viel Eis essen
die Krankenschwester / der Krankenpfleger	verwöhnt werden[2]
die Intensivstation	

_____

_____

_____

_____

[1]*tonsillitis*
[2]verwöhnt … *to be spoiled*

2. Schreiben Sie jetzt einen Brief an einen Freund, der zum ersten Mal im Krankenhaus liegt. Seine Mandeln[1] müssen heraus. Sie wollen ihm Mut machen[2]. Schreiben Sie über Ihre eigenen Erfahrungen oder über die Erfahrungen von Ihren Bekannten[3].

Liebe/r _____,

_____

_____

_____

_____

_____

_____

_____

_____

_____

_____

_____

Dein/e _____

[1]tonsils
[2]Mut … to encourage
[3]acquaintances

KAPITEL **12** Die moderne Gesellschaft

Familie, Ehe, Partnerschaft

Schriftliche Aktivitäten

Familienmitglieder. Sagen Sie, wie diese Leute mit Ihnen verwandt sind.

→ Lesen Sie Grammatik 12.1, „The genitive case"!

MODELLE: Ihre Tante → Meine Tante ist die Schwester meiner Mutter oder meines Vaters.
Ihr Bruder → Mein Bruder ist der Sohn meines Vaters und meiner Mutter.

1. Ihre Großmutter _____

_____

2. Ihre Kusine _____

_____

3. Ihr Neffe _____

_____

4. Ihr Urgroßvater _____

_____

5. Ihre Schwägerin _____

_____

Hörverständnis

A. Das Leben einer unverheirateten Frau. Renate Röder ist bei ihren Eltern in Berlin-Zehlendorf. Sie spricht mit ihrer Mutter über ihre Zukunft. Herr und Frau Röder würden Renate gerne verheiratet sehen.

NEUE VOKABELN
ungebunden *not tied up, free*
die Torschlusspanik *last-minute panic*
gestalten *to structure*

Richtig oder falsch? Korrigieren Sie die falschen Sätze.

1. _____ Renate ist im Moment mit ihrem Leben unzufrieden. _____

_____

2. _____ Frau Röder glaubt, dass Renate bald heiraten sollte. _____

_____

3. _____ Renate hat einen Freund und denkt ans Heiraten. _____

_____

4. _____ Frau Röder meint, dass Renate sich zu viel auf ihren Beruf konzentriert. _____

_____

5. _____ Renate macht ihr Beruf keinen Spaß. _____

_____

6. _____ Renate glaubt, dass ihre Eltern ihr die Entscheidungen für ihr Leben selbst überlassen

sollten. _____

B. Klatsch[1] in der Isabellastraße. Frau Körner und Herr Thelen stehen vor dem Haus in der Isabellastraße in München und sprechen über Familie Ruf.

NEUE VOKABELN
erfolgreich *successful*
leisten *to accomplish*
jemanden ernst nehmen *to take someone seriously*
sich selbst überlassen sein *to be left to oneself*
Mit dem ist es aus. *It's over with him.*
der Penner, - *bum*

[1]*gossip*

1. Was erfahren Sie Neues über die Rufs? Schreiben Sie zu jeder Person 2–3 Sätze.

HERR RUF: _____

_____

_____

_____

FRAU RUF: _____

_____

_____

_____

JUTTA RUF: _____

_____

_____

_____

2. Frau Körner und Herr Thelen sind voller Vorurteile. Was meinen Sie: Ist an diesen Vorurteilen etwas dran (+) oder sind sie völlig falsch (−)?

_____ Schriftsteller–das ist kein richtiger Beruf.

_____ Juttas neue Frisur ist furchtbar.

_____ Deutsche Mädchen sollen nicht mit Ausländern ausgehen.

_____ Eine Frau, die Karriere macht, vernachlässigt ihre Kinder.

_____ Eine Frau sollte sich um Haushalt und Familie kümmern.

_____ Kinder hüten und Essen kochen ist keine Arbeit für einen Mann.

C. **Noch ein Auszug aus Jochen Rufs Roman, *Kinder, Küche und ein Mann*.** Kapitel 3: „Morgens". Der Mann sitzt in seiner Küche und denkt über die Beziehung zu seiner Frau nach.

NEUE VOKABELN
sich quälen   *to toil, struggle*

Wer hat was gemacht: der Mann (M) oder die Frau (F)?

1. _____ hat sich den Bademantel angezogen

2. _____ hat sich eine Tasse Jasmintee gemacht

3. _____ hat sich duschen wollen

4. _____ hat sich aus dem Bett gequält

5. _____ hat sich die Zähne geputzt

6. _____ hat sich einen Espresso gemacht

7. _____ hat sich schnell angezogen

8. _____ hat sich gekämmt

9. _____ hat sich mit dem Warhol-Poster unterhalten

Multikulturelle Gesellschaft

Schriftliche Aktivitäten

A. Meinungen. Michael Pusch und Maria Schneider haben zu allem eine Meinung, oft eine gegensätzliche. Wem stimmen Sie zu? Oder hat vielleicht niemand recht? Reagieren Sie auf Marias und Michaels Aussagen mit Ausdrücken wie:

[+]

Ich finde auch, dass …
Ich bin auch der Meinung, dass …
Es ist richtig/wahr, dass …

[−]

Ich finde nicht, dass …
Ich bin (ganz und gar) nicht der Meinung, dass …
Es ist (völlig) falsch, dass …

MODELL: Fernsehen macht dumm. →
Es ist wahr, dass Fernsehen dumm macht. Ich habe jahrelang viel zu viel ferngesehen und jetzt weiß ich nicht einmal mehr, wie viel zwei und zwei ist.

1. Frauen sind die besseren Menschen. _____

_____

2. Alle Amerikaner sind intelligent. _____

_____

3. Abtreibung ist Mord. _____

_____

4. Frauen werden heute nicht mehr diskriminiert. _____

_____

5. Französisch ist die schönste Sprache der Welt. _____

_____

6. Heute gibt es in den USA keinen Rassismus mehr. _____

_____

7. Die Deutschen sind unhöflich. _____

_____

8. Im Fernsehen gibt es zu viel Gewalt und zu viel Sex. _____

_____

B. Gute Gründe.

→ Lesen Sie Grammatik 12.3, „Causality and purpose: **weil, damit, um … zu**"!

1. Begründen Sie, warum Sie (nicht) der folgenden Meinung sind.

   MODELL: Die USA sind (nicht) das beste Land der Welt →
   Die USA sind das beste Land der Welt, **weil** in den USA jeder Millionär werden
   kann.

   a. Das Aussehen meines Partners / meiner Partnerin ist für mich (nicht) wichtig, _____

   _____.

   b. Die Mutter ist für Kinder (nicht) besonders wichtig, _____

   _____.

   c. Es ist (nicht) schwierig, Ausländer zu integrieren, _____

   _____.

   d. Viele Menschen wollen in die USA einwandern, _____

   _____.

   e. Ein Collegestudium ist (nicht) wichtig, _____

   _____.

2. Sagen Sie, warum man das machen soll / Sie das machen wollen.

   MODELL: Alle Amerikaner sollen eine Fremdsprache lernen. →
   Alle Amerikaner sollen eine Fremdsprache lernen, **damit** die Ethnozentrizität bei uns
   abnimmt.

   a. Ich möchte ein Jahr in Deutschland wohnen, _____

   _____.

   b. Frauen müssen gleichen Lohn für gleiche Arbeit bekommen, _____

   _____.

   c. Die Männer müssen im Haushalt mehr mitarbeiten, _____

   _____.

   d. Alle Einwanderer müssen Englisch lernen, _____

   _____.

   e. Ich lerne Deutsch, _____

   _____.

Hörverständnis

A. Gespräch über die Situation der Türken in Deutschland. Claire und Josef essen zusammen zu Abend. Sie unterhalten sich lange über die Situation der Türken in Deutschland.

Fußballweltmeisterschaft in Deutschland: alle sind begeistert.

NEUE VOKABELN
sich kleiden   *to dress*
das Kopftuch, ⸚er   *headscarf*
die Arbeitslosigkeit   *unemployment*
staatliche Hilfe   *government aid*
sich bemühen um   *to strive for*
umgehen mit   *to treat*
ausländerfeindlich   *xenophobic*

Beantworten Sie die folgenden Fragen.

1. Gegen wen haben Deutsche manchmal Vorurteile?

   _____

2. Womit haben diese Vorurteile zu tun?

   _____

3. Warum fallen manche türkischen Frauen auf?

   _____

4. Warum glauben manche Deutschen, dass Ausländer ihnen etwas wegnehmen?

   _____

5. Warum ist es wichtig, dass sich Deutsche und Ausländer besser kennenlernen?

   _____

6. Warum muss sich Deutschland um ein tolerantes Miteinander bemühen?

   _____

B. Juttas neuer Freund. Jutta bringt Kemal, ihren neuen Freund, mit nach Hause.

NEUE VOKABELN
der Pascha   *Turkish military or civil official;* here: *dominating male*

Richtig oder falsch? Korrigieren Sie die falschen Sätze.

1. ——— Juttas Freund ist in der Türkei geboren. _____

_____

2. ——— Kemal isst jeden Tag Knoblauch. _____

_____

3. ——— Kemal war zehn, als er nach Deutschland umgezogen ist. _____

_____

4. ——— Muslimische Frauen dürfen ihren Körper nicht zeigen. _____

_____

5. ——— Kemals Eltern haben ihre alten Traditionen aufgegeben und leben jetzt wie Deutsche.

_____

6. ——— Kemal findet es schlecht, wenn ein Mann den Pascha spielt. _____

_____

Das liebe Geld

Schriftliche Aktivitäten

A. Geldangelegenheiten. Wie würden Sie in den folgenden Situationen handeln?

➜ Lesen Sie Grammatik 12.2, „Expressing possibility: **würde, hätte,** and **wäre**"!

> MODELL: Was würden Sie machen, wenn Sie ein Konto eröffnen wollten? →
> Ich würde auf die Bank gehen.

1. Was würden Sie machen, wenn Sie Ihre Geheimzahl vergessen hätten?

   _____

2. Was würden Sie machen, wenn Sie Bargeld brauchten und die Bank ist geschlossen?

   _____

3. Was würden Sie machen, wenn Sie Ihre Kreditkarte verloren hätten?

   _____

4. Was würden Sie machen, wenn Ihr Konto überzogen wäre?

   _____

5. Was würden Sie machen, wenn Sie mehr Zinsen bekommen wollten?

   _____

6. Was würden Sie machen, wenn Sie zu viele Schulden hätten?

   _____

B. Sie haben im Lotto gewonnen! Was würden Sie mit dem Geld alles machen? Schreiben Sie drei Pläne einschließlich der Gründe[1].

> MODELL: Ich würde sofort meine Stelle kündigen[2], denn ich mag meinen Chef nicht. Dann würde ich ein Ferienbungalow auf Tahiti kaufen und den ganzen Tag schnorcheln. Ich liebe die Sonne und das Meer!

Plan 1 _____

_____

_____

Plan 2 _____

_____

_____

Plan 3 _____

_____

_____

Hörverständnis

A. Dialog aus dem Text: Auf der Bank. Richtig (R) oder falsch (F)? Korrigieren Sie die falschen Aussagen.

[1]*reasons*
[2]*quit*

1. _____ Peter will ein Sparkonto eröffnen.

   _____

2. _____ Mit dem neuen Konto bekommt Peter automatisch eine EC-Karte.

   _____

3. _____ Peter will sein Stipendium auf das neue Konto überweisen lassen.

   _____

4. _____ Die Geheimzahl für sein neues Konto bekommt Peter auf der Bank.

   _____

5. _____ Peter bekommt keine Zinsen auf dem neuen Konto.

   _____

6. _____ Die Höhe des Überziehungskredits richtet sich nach Peters Einkommen.

   _____

7. _____ Bei Peters neuem Konto gibt es keinen Onlinezugang.

   _____

B. Auf der Sparkasse.

NEUE VOKABELN
der Kontoauszug, ⸚e *bank statement*
die Sparkasse, -n *savings institution*
abbuchen *to debit*
wechseln *to exchange (currency)*

Maria Schneider ist zur Sparkasse gegangen, um Geld abzuheben und Geld zu wechseln. Sie will mal wieder mit Michael verreisen.

Beantworten Sie die Fragen.

1. Wo soll Maria ihre Kontoauszüge holen? _____

2. Was möchte Maria noch?

   a. _____

   b. _____

3. Wo bekommt Maria die ausländische Währung? _____

4. Wie viel Euro wechselt sie? _____

5. Wie zahlt Maria für die ausländische Währung? _____

6. Für welche Länder empfiehlt der Kassierer Euroschecks? _____

   Reiseschecks? _____

Kunst und Literatur

Schriftliche Aktivitäten

A. Christo und Jeanne-Claude. Lesen Sie den folgenden Text.

➔ Lesen Sie Grammatik 12.4, „Principles of case (summary review)"!

Christo und seine Frau Jeanne-Claude sind international bekannte moderne Künstler. Sie arbeiten mit unterschiedlichen Materialien, z.B. mit Nylongeweben, Stahlkabeln, Steinen und immer wieder auch mit Ölfässern. Sie reisen viel während sie ihre Kunstprojekte planen und sie müssen an viele Dinge denken, z.B. an die Materialien und an die Arbeitskräfte. Aber die künstlerische Idee steht immer am Anfang. Christo und Jeanne-Claude finanzieren alle ihre Projekte selbst und akzeptieren weder öffentliche noch private Fördermittel.

In Deutschland sind Christo und seine Frau für ihr Projekt „Verhüllter Reichstag" bekannt und in den USA vielleicht für die Inseln in Florida, die sie in pinkfarbenen Stoff verpackt haben. Sie schätzen ein kritisches Publikum, das mit ihnen die Projekte diskutiert. Nach einem erfolgreichen Projekt freuen sie sich immer auf ein bisschen Ruhe, denn es ist doch alles ganz schön stressig.

1. **Glossar.** Schreiben Sie die passenden deutschen Wörter in die Glossartabelle. Note: The English terms are listed in the order in which they occur in the German text. First record your guesses. Circle the appropriate article for nouns. List verbs or verb phrases in their infinitive form. List adjectives without any ending. Then verify them in a dictionary.

Glossartabelle

ENGLISCH	DEUTSCH	VERIFIZIERT
a. nylon fabric	der/die/das	
b. steel cable	der/die/das	
c. oil drum	der/die/das	
d. work force (*pl.*)	der/die/das	
e. neither . . . nor		
f. public		
g. subsidies (*pl.*)	der/die/das	
h. wrapped		
i. the parliament building in Berlin	der/die/das	
j. to wrap, pack		
k. to appreciate, value		
l. successful		
m. to look forward to		

2. Ein Interview mit Christo und Jeanne-Claude. Schreiben Sie fünf Fragen und fünf Antworten.

a. _____

_____

b. _____

_____

c. _____

_____

d. _____

_____

e. _____

_____

B. Haben Sie eine künstlerische oder kunstgewerbliche Ader?[1] Lesen Sie Petras Beschreibung ihres künstlerischen Hobbys.

Selbst gemachte Grußkarten

Wenn ich auf Reisen bin, fotografiere ich gern. Morgens oder spätnachmittags, wenn das Sonnenlicht nicht so grell ist, kann man die besten Fotos machen. Ich fotografiere besonders gern Gebäude, Blumen und Pflanzen, weil sie still halten und ich in aller Ruhe Nahaufnahmen machen kann. Bei der Bildkomposition sollte das Hauptmotiv nicht genau in der Mitte stehen. Die Blumenfotos klebe ich dann zu Hause auf Karten und verschicke sie zum Geburtstag oder zu Weihnachten an Freunde und Verwandte. Meine Lieblingsfotos sind Aufnahmen, die ich einmal in der Mojavewüste gemacht habe: Kakteen mit Schneehäubchen, ein großartiger Kontrast und exotischer Weihnachtsgruß.

1. **Glossar.** Schreiben Sie die passenden deutschen Wörter in die Glossartabelle. Note: The English terms are listed in the order in which they occur in the German text. First record your guesses. Circle the appropriate article for nouns. List verb phrases in their infinitive form. List adjectives without any ending. Then verify them in a dictionary.

Glossartabelle

ENGLISCH	DEUTSCH	VERIFIZIERT
a. in peace and quiet, unhurriedly		
b. close-up	der/die/das	
c. to paste		
d. shot (photo)	der/die/das	
e. cacti (*pl.*)	der/die/das	
f. little cap, little hood	der/die/das	
g. magnificent		
h. Christmas greeting	der/die/das	

2. **Jetzt sind Sie dran!** Was haben Sie schon einmal fotografiert, gemalt, gezeichnet oder gebastelt[2]? Haben Sie schon einmal mit Holz, Metall, Ton oder Stein gearbeitet? Wie haben Sie das gemacht? Was mussten Sie beachten[3]? Beschreiben Sie Ihr Projekt in allen Details in mindestens sechs Sätzen.

_____

_____

_____

_____

_____

_____

_____

_____

[1]Haben … *Do you have a knack for art or arts and crafts?*
[2]*built, constructed* (handicrafts)
[3]*watch out for, pay attention to*

Hörverständnis

A. Rollenspiel: An der Kinokasse.

s1: Sie wollen mit vier Freunden in die „Rocky Horror Picture Show". Das Kino ist schon ziemlich ausverkauft. Sie wollen aber unbedingt mit Ihren Freunden zusammensitzen und Reis werfen. Fragen Sie, wann, zu welchem Preis und wo noch fünf Plätze übrig sind.

s2: Sie arbeiten an der Kinokasse und sind gestresst, weil Sie den ganzen Tag Karten verkauft haben. Sie haben vielleicht noch zehn Karten für die „Rocky Horror Picture Show" heute Abend, alles Einzelplätze. Auch die nächsten Tage sind schon völlig ausverkauft. Jetzt freuen Sie sich auf Ihren Feierabend, weil Sie dann mit Ihren Freunden selbst in die „Rocky Horror Picture Show" gehen wollen. Sie haben sich fünf ganz tolle Plätze besorgt in der ersten Reihe. Da kommt noch ein Kunde.

WÄHREND DES HÖRENS

Ergänzen Sie den Dialog.

KUNDIN: Hallo! _____ heute Abend?

KARTENVERKÄUFER: Um _____.

KUNDIN: _____ fünf Karten?

KARTENVERKÄUFER: Ja, _____ wenige Karten.

KUNDIN: Aha, und _____?

KARTENVERKÄUFER: Es gibt nur noch Einzelplätze, zwei in der vierten Reihe und einen jeweils in der sechsten, neunten und zwölften Reihe.

KUNDIN: Hm, _____?

KARTENVERKÄUFER: 8 Euro.

KUNDIN: Und es gibt nur noch Einzelplätze? _____

_____? Wir würden gern zusammen sitzen.

KARTENVERKÄUFER: Nein, _____, es sind keine anderen Plätze mehr frei.

KUNDIN: Meine Freunde sind aus dem Ausland und haben noch nie die „Rocky Horror

Picture Show" gesehen. Bei ihnen _____

_____. Wir wollten heute Abend zusammen

Reis werfen und Wecker klingeln lassen.

KARTENVERKÄUFER: _____. Aber alle anderen Plätze sind besetzt oder schon

lange Zeit vorbestellt.

KUNDIN: Fällt Ihnen _____?

KARTENVERKÄUFER: Sie könnten natürlich um 20.15 Uhr, also kurz vor Beginn der Vorstellung, noch

einmal nachfragen, ob _____

_____.

KUNDIN: Gut, ich komme dann also heute Abend wieder vorbei. Tschüss, bis dann.

KARTENVERKÄUFER: Bis dann.

B. Das Theaterprogramm in Berlin. Frau Ruf ist auf einer Geschäftsreise in Berlin und möchte ins Theater gehen. Sie ruft bei der Touristeninformation an und fragt nach dem Theaterprogramm.

Welche Antworten sind richtig? Kreuzen Sie an. Korrigieren Sie dann die falschen Aussagen.

RICHTIG?

1. Frau Ruf interessiert sich mehr für klassische Theaterstücke. ☐
   Korrektur: _____

2. Die Dame von der Information empfiehlt ihr „Othello" von Shakespeare. ☐
   Korrektur: _____

3. Die Aufführung in der Schaubühne am Lehniner Platz beginnt um 20.45 Uhr. ☐
   Korrektur: _____

4. Im Renaissance-Theater wird „Die Leiden des jungen Werther" gespielt. ☐
   Korrektur: _____

5. Frau Ruf hat „Hamlet" vor kurzem in New York gesehen. ☐
   Korrektur: _____

6. Frau Ruf entscheidet sich für den „Werther". ☐
   Korrektur: _____

7. Sie nimmt die Karte für 42 Euro. ☐
   Korrektur: _____

8. Frau Ruf kann die Theaterkarte bei der Touristeninformation abholen. ☐
   Korrektur: _____

C. Frau Ruf ist wieder zu Hause. Sie erzählt ihrem Mann, was sie sich in Deutschland angesehen hat.

Kassel Wilhelmshöhe

1. Hören Sie, was Frau Ruf erzählt und bringen Sie die Sätze in die richtige Reihenfolge.

   _____ So konnte ich mir die weltgrößte Ausstellung für moderne Kunst ansehen.

   _____ Dort war ich in Goethes „Die Leiden des jungen Werther" im Renaissance-Theater und am nächsten Tag im Ägyptischen Museum auf der Museums-Insel.

   _____ In Kassel war ich im Schloss Wilhelmshöhe und in dem berühmten Park.

   _____ Ich habe mir den Hafen und den „Michel", eine berühmte Kirche, angesehen.

   _____ Dann bin ich für zwei Tage nach Berlin gefahren.

   _____ Wunderschöne Gotik, aber fast immer wird an irgendeiner Stelle des Domes gebaut oder restauriert.

   _____ Zuerst war ich in Hamburg.

   _____ Ja, und in Bayern musste ich unbedingt das Märchen-Schloss Neuschwanstein besichtigen.

   _____ Und ich hatte Glück, in Kassel war gerade Documenta.

   _____ Fast hätte ich jetzt noch den Dom in Köln vergessen.

2. Lesen Sie die Sätze noch einmal und ordnen Sie die Sehenswürdigkeiten[1] zu.

   a. Kassel   1. der Hafen und die Kirche „Michel"
   b. Berlin   2. die Documenta, das Schloss Wilhelmshöhe, der Park
   c. Bayern   3. der Dom
   d. Köln   4. das Märchen-Schloss Neuschwanstein
   e. Hamburg   5. die Museums-Insel, das Renaissance-Theater

Aussprache und Orthografie

Aussprache

Variations in Pronunciation
As in English, German has various forms of expression that are reflected in pronunciation.

Situational and textual variations:
The features of pronunciation change depending on the situation (for example, the size of a room, the number of listeners) and according to the text. For example, there are distinct differences between the following types of expression:

- recitation, ceremonial presentation;
- reading, news reporting, lecturing;
- businesslike conversations;
- conversations for entertainment or amusement.

Emotional variations:
Anger or joy, irony or surprise are also expressed with distinct phonetic differences.

[1]sights

Regional variations:

In German class you are learning a supraregional standard with which you can be understood in all regions of the German-speaking world. It is based on a North-Middle German pronunciation. Besides the German standard language, there are additional standard pronunciations in Switzerland and Austria. Moreover, in Germany, Austria, and Switzerland, as well as in other German-speaking regions, there are areas with their own distinct dialect and pronunciation.

Sung variations and individual differences:

It is important for you, as a learner of German, to understand pronunciation variations. Since you can now speak German relatively well, you are ready to learn how to use some of these variations. For communicative purposes, the situational and emotional variations are the most important.

Situational variations—poetry and conversation:

To examine the distinct phonetic realizations in the different situational variations, let us look at two examples: a poem and a conversation. Pay close attention to the following features:

- the speech tempo in the poem is slower, in the conversation it is quicker;
- the tension of speech in the poem is greater, in the conversation it is more diminished;
- the ending **-en** is sometimes pronounced without schwa; in the conversation it is almost always pronounced without schwa, and the last syllable may even be dropped totally (for example: **sie kamen** [ka:m:]);
- the long vowels are shortened in conversation and pronounced with less muscle tension;
- the glottal stop occurs less often in conversation;
- the plosive consonants [p, t, k] are pronounced in conversation without tension (without aspiration);
- the plosive consonants [b, d, g] are pronounced in conversation with a weak closure—that is, partly as fricatives;
- the trilled-**r** is generally vocalized in conversation after vowels, even after short ones;
- consonants at the end of a syllable are often dropped in conversation (for example: **nich***t*.)

A. Listen to two stanzas of the poem „Abendlied" by Matthias Claudius (1740–1815) and read quietly along. Replay the segment several times and pay close attention to the features described above.

> Der Mond ist aufgegangen,
> Die goldnen Sternlein prangen
> Am Himmel hell und klar;
> Der Wald steht schwarz und schweiget,
> Und aus den Wiesen steiget
> Der weiße Nebel wunderbar.
>
> Seht ihr den Mond dort stehen?
> Er ist nur halb zu sehen
> Und ist doch rund und schön.
> So sind wohl manche Sachen,
> Die wir getrost belachen,
> Weil unsre Augen sie nicht sehn.

Now replay the poem several times and read along aloud. Then recite it.

B. You will now hear a conversation in which speaker A asks speaker B for the way from the train station to the market, and speaker B describes it to speaker A. Replay the segment several times and pay close attention to the features described above.

A: vom Hauptbahnhof zum Markt?
B: erst mal aus dem Bahnhof raus
A: ja, wie weiter?
B: über die Straße, dann etwas nach links, in der gleichen Richtung weiter bis zur Ampelkreuzung

A: wie viele Meter ungefähr?

B: 200, nach der Ampel an einem Spielplatz vorbei, dann weiter nach links, schon direkt am Rathaus

A: wie viel Minuten ungefähr, kein Bus?

B: zu Fuß zehn Minuten, auf Bus erst warten

A: gut, kein Problem, danke

Now you explain the way to the market. Speak freely and in a relaxed fashion.

Emotional variations:

We are constantly expressing emotions and perceiving other's emotions. We do this verbally (for example: **Ich bin glücklich**), with our whole bodies (for example: with a fist in anger), and with the voice (for example: speaking slowly and softly when one is sad). Speech tempo, melody, volume, stress and intonation, parsing, and forming sounds all change depending on our mood.

C. Listen to the interjections and mark whether they indicate one of the following emotions: agreement, pain, empathy, disgust, surprise, admiration.

1. Oh! _____ 4. Hm. _____

2. Iiii …! _____ 5. Au weia! _____

3. Aha! _____ 6. Ach je! _____

D. Now listen to the same interjections with accompanying words.

1. Oh! Du hast ein tolles Zeugnis. Wie hast du das nur geschafft?
2. Iiii …! Schon wieder so eine hässliche Spinne über dem Schrank!
3. Aha! So hast du das gemeint. Das hätte ich nicht gedacht.
4. Hm. Ein guter Vorschlag. Das probieren wir.
5. Au weia! Mein Bein, das tut weh. Ich muss mich erst mal setzen.
6. Ach je! Du Arme, du hast aber auch ein Pech in letzter Zeit.

Replay the segment and pronounce the sentences after the speaker.

E. Go back to the interjections in **Übung C** and create your own accompanying sentences. Then read them aloud.

1. _____

2. _____

3. _____

4. _____

5. _____

6. _____

Orthografie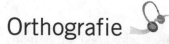

Words with Short and Long Stressed Vowels

A. Listen to the words and write them in the correct column.

Long Stressed Vowel	Short Stressed Vowel

B. Listen to the text and write down what you hear.

_____

_____

_____

_____

_____

Kulturecke

A. Frauen und Männer in Deutschland. Kreuzen Sie an, zu wem diese Aussagen eher passen.

		FRAUEN	MÄNNER
1.	Sie arbeiten doppelt – am Arbeitsplatz und zu Hause.	☐	☐
2.	Ihre Sache ist es zu waschen, zu kochen, zu putzen.	☐	☐
3.	Ihre Sache ist es, sich um Reparaturen an Haus und Wohnung zu kümmern.	☐	☐
4.	Ihre Sache ist es einzukaufen und das Geschirr zu spülen.	☐	☐
5.	Sie verdienen für gleiche Arbeit mehr als das andere Geschlecht.	☐	☐
6.	Sie sind öfter von Arbeitslosigkeit betroffen als das andere Geschlecht.	☐	☐

B. Wer weiß – gewinnt! Markieren Sie die richtigen Antworten.

1. Es gibt ungefähr _____ Ausländer in Deutschland.

    a. 1 Million   b. 7 Millionen   c. 20 Millionen   d. 4 Millionen.

2. Besonders _____ werden ausländische Arbeitnehmer gesucht.

    a. in der Landwirtschaft   c. im Maschinenbau
    b. im Wohnungsbaubereich   d. im EDV-Bereich

3. Ausländische Mitbürger müssen _____ beantragen.

    a. die Einwanderung   b. die Aufenthaltserlaubnis   c. die Integration   d. die Arbeit

4. Alltägliche Bankgeschäfte werden in Deutschland mit Hilfe eines _____ abgewickelt.

    a. Girokontos   b. Sparkontos   c. Geschäftskontos   d. Kreditkontos

5. _____ werden Aktien gehandelt.

    a. Auf der Bank   c. Am Geldautomaten
    b. In der Wechselstube   d. An der Börse

6. Wenn man seine Kreditkarte nicht abzahlt, muss man _____ zahlen.

    a. Bargeld   b. Zinsen   c. den Wechselkurs   d. Kredit

7. Bei einer _____ wird das Bankkonto bei jeder Transaktion sofort belastet.

    a. Kreditkarte   b. Mastercard   c. EC-Karte   d. Visakarte

8. In Großbritannien ist das englische Pfund die offizielle _____.

    a. Währung   b. EC-Karte   c. Börse   d. Quickcard

9. In _____ kann man kleine Beträge mit der Quickcard bezahlen.

    a. England   b. Österreich   c. Irland   d. der Schweiz

10. Monatliche Zahlungen, z.B. für Miete und Telefon, macht man oft automatisch per _____.

    a. Telefon   b. Kreditkarte   c. Geldautomat   d. Dauerauftrag

C. Der Anfang von Goethes *Faust*.

FAUST:

Hab nun, ach! die Philosophie,
Juristerei und Medizin,
Und leider auch die Theologie
Durchaus studiert, mit heißem Bemühn[1].
5 Da steh ich nun, ich armer Tor[2]
Und bin so klug als wie zuvor!
Heiße Magister, heiße Doktor gar,
Und ziehe schon an die zehen Jahr'
Herauf, herab und quer und krumm
10 Meine Schüler an der Nase herum –
Und sehe, dass wir nichts wissen können!
Das will mir schier das Herz verbrennen.
Zwar bin ich gescheiter[3] als alle die Laffen,
Doktoren, Magister, Schreiber und Pfaffen,
15 Mich plagen keine Skrupel noch Zweifel[4],
Fürchte mich weder[5] vor Hölle noch Teufel[6] –
Dafür ist mir auch alle Freud' entrissen,
Bilde mir nicht ein,[7] was Rechts zu wissen,
Bilde mir nicht ein, ich könnte was lehren,
20 Die Menschen zu bessern und zu bekehren.
Auch hab' ich weder Gut noch Geld,
Noch Ehr' und Herrlichkeit der Welt;
Es möchte kein Hund so länger leben!
Drum hab' ich mich der Magie ergeben[8],
25 Ob mir durch Geistes Kraft und Mund
Nicht manch Geheimnis würde kund;[9] […]

[1]*efforts* [2]*fool* [3]*cleverer* [4]*doubts* [5]*weder … noch … neither . . . nor . . .* [6]*devil* [7]*Bilde … I don't have any illusions*
[8]*sich etwas ergeben to take to something* [9]*Ob mir … kund with the help of the spirits I hope to find out some secrets*

1. Wo steht das im Text?

ZEILE(N)

   a. Faust hat mit viel Mühe vier verschiedene Fächer studiert.   <u>1–4</u>

   b. Faust glaubt aber nicht, dass er durch sein Studium mehr weiß als vorher.   _____

   c. Faust ist jetzt Doktor.   _____

   d. Faust unterrichtet schon seit 10 Jahren.   _____

   e. Faust glaubt, dass die Menschen gar nichts wissen können.   _____

   f. Faust ist klüger als alle anderen, die auch studiert haben.   _____

   g. Faust hat kein Gewissen[1] und keine Angst vor dem Tod.   _____

   h. Faust hat keine Freude mehr an seinem Leben als Wissenschaftler.   _____

   i. Faust glaubt nicht, dass er die Menschen besser machen kann.   _____

   j. Faust ist sehr arm.   _____

   k. Faust will so nicht mehr weiterleben.   _____

   l. Faust hofft, dass die Magie ihm bei der Suche nach dem Wissen helfen wird.   _____

2. Was meinen Sie: Wonach sucht Faust? Was hat er zuerst getan, um es zu finden? Womit versucht er es jetzt?

> die Bildung   das Geld   die Macht[2]   das Wissen
> die Liebe   reisen   Zeitung lesen
> studieren   Gott   die Magie
> der Teufel   mehr lernen   die Wahrheit[3]   diskutieren

   a. Ich meine, dass Faust nach _____ sucht.

   b. Zuerst hat er _____.

   c. Jetzt versucht er es mit _____.

[1]*conscience*
[2]*power*
[3]*truth*

D. Goethe als Student in Leipzig 1765–1768. Auch der berühmte Dichter war einmal Student und hatte viele Probleme.

Mit 16 Jahren verließ Goethe seine Heimatstadt Frankfurt und reiste nach Leipzig, um dort Jura zu studieren, wie es sein Vater wollte. Die reiche Handels- und Messestadt mit ihren breiten Straßen und großen Alleen, auch „Klein-Paris" genannt, beeindruckte[1] den jungen Goethe sehr. Am Anfang war er vom Studium begeistert[2], bald folgten aber auch Enttäuschungen[3]. Vieles, was er an der Universität hörte oder las, wusste er schon, interessierte ihn nicht oder langweilte ihn. Also vernachlässigte[4] der junge Goethe sein Jurastudium, traf sich mit vielen Freunden und diskutierte mit ihnen über Kunst und Poesie. Er nahm Zeichenunterricht und schrieb Gedichte, vor allem, wenn er Probleme hatte. In seinen Gedichten hat Goethe viele Dinge beschrieben, die ihn gerade beschäftigten.[5]

1. Welche Aussagen sind richtig? Kreuzen Sie an.

RICHTIG?

a. Goethe wurde in Frankfurt geboren und kam zum Studium nach Leipzig. ☐

b. Goethes Vater wollte, dass sein Sohn Jura studiert. ☐

c. Goethe mochte das Studium am Anfang gar nicht, später gefiel es ihm aber gut. ☐

d. Goethe kannte schon viele Themen, über die in der Universität gesprochen wurde. ☐

e. Goethe studierte sehr intensiv Jura, weil er Langeweile hatte. ☐

f. Goethe diskutierte mit seinen Freunden über Sport und Musik. ☐

g. Goethe wollte lernen, wie man zeichnet. ☐

h. Wenn er Probleme hatte, hat er ein Gedicht geschrieben, das hat ihm geholfen. ☐

i. Wenn er ein Problem hatte, sprach er mit seinem besten Freund darüber. ☐

2. Was machen Sie, wenn Sie dieselben Probleme im Studium haben wie Goethe? Kreuzen Sie an oder ergänzen Sie, was für Sie zutrifft.

Wenn es im Deutschkurs langweilig ist,

☐ gehe ich nicht mehr hin.

☐ rede ich mit dem Lehrer / der Lehrerin darüber.

☐ finde ich Deutsch doof.

☐ _____

Wenn ich Probleme im Studium habe,

☐ rede ich mit einer Professorin / einem Professor darüber.

☐ rede ich mit meinen Mitstudenten darüber.

☐ rede ich mit meinem Therapeuten.

☐ _____

[1]*impressed*
[2]*enthusiastic*
[3]*disappointments*
[4]*neglected*
[5]*preoccupied*

Wenn ich Stress mit den Eltern habe,

☐ bin ich wütend.

☐ ist mir alles egal.

☐ bin ich traurig.

☐ _____

Wenn ich Probleme mit meinem Freund /meiner Freundin habe,

☐ rufe ich ihn/sie an.

☐ rede ich mit ihm/ihr nicht mehr.

☐ schreibe ich ein Gedicht.

☐ _____

E. Ein Gedicht über die Liebe. Goethe hat weltberühmte Dramen geschrieben, aber auch Gedichte über die Liebe.

1. Hier ist ein Gedicht über die Liebe. Versuchen Sie, es zu ergänzen! Setzen Sie diese Wörter ein: die Lieb[1], durch Lieb, ohn Lieb[2], die Lieb, aus Lieb, die Lieb. Vergleichen Sie dann ihre Version mit Goethes Version im Lösungsschlüssel.

   Woher sind wir geboren?

   _____

   Wie wären wir verloren?

   _____

   Was hilft uns überwinden[3]?

   _____

   Kann man auch Liebe finden?

   _____

   Was lässt nicht lange weinen?

   _____

   Was soll uns stets vereinen[4]?

   _____

2. Goethes Gedicht hat keinen Titel. Schreiben Sie jetzt Ihr eigenes Gedicht und geben Sie ihm einen Titel.

   _____.

   Woher _____?

   _____.

   Wie _____?

   _____.

[1]Goethe meint hier: die Liebe   [2]ohne Liebe   [3]to overcome   [4]unite

Was _____ ?

_____ .

Kann _____ ?

_____ .

Was _____ ?

_____ .

Was _____ ?

_____ .

Aufsatz-Training

Einen Partner finden.

1. Lesen Sie die folgenden Kontaktanzeigen.

Bekanntschaften Herren	**Bekanntschaften Damen**
Gibt es sie im Raum München? Die Dame mittl. Alters, die für ihre knappe Freizeit einen Freund für Thermalbad, zum Ausgehen, Skifahren u. zärtliches Kuscheln sucht? Er, 51/170 möchte Sie gerne kennenlernen. Zuschr. u. ✉ AS3642910 an SZ	**Mit dieser Anzeige starten wir den Versuch,** für uns - 25 + 26 J., w., mit den üblichen Vorzügen - 2 Fast-Mr.-Perfect aufzuspüren. Sollten Sie ebenfalls die handelsüblichen Vorzüge aufweisen und sich angesprochen fühlen - Bewerbungen wenn möglich mit Bild unter ✉ ZS3636549 an SZ
Er, 26/180, gutauss., gebildet, sportl., m. Niveau su. passende nette schlanke Sie. (Bild?)-Zuschr. 100% Diskr. unter ✉ AS3646386 an SZ.	**Attraktive, chice, schlanke SIE (29, 172)** will sich in unternehmungslustigen, gutaussehenden Mann verlieben, der d. Leben mit Humor und Leichtigkeit nimmt. Bildzuschriften bitte unter ✉ ZS3659662 an SZ
Warum den Sommer allein verbringen? Optimist. Er, 27/172/70 su. nette Sie zum Weggehen, Cafés, Radeln... Schreib doch einfach (evtl. mit Bild) unter ✉ ZS3644276	**Wir 33 Jh./168 cm und 3 Jh. m. suchen** auf diesem Weg einen Partner und väterlichen Freund. Wir beschäftigen uns mit radeln, schwimmen, Freunde pflegen u. lieben die Zweisamkeit. Aber auch das Theater u. die Museen. Wir möchten einen Mann bis 40 Jh. Er sollte warmherzig, psychisch stabil, charakterfest sein und in finanziell geordneten Verhältnissen leben. Bitte nur ernstgemeinte Zuschr. m. Bild u. ✉ ZS3639530
Suche Dich, Kind kein Hindernis, kein Kapitalinteresse. Ich, 56, 182, vw., sehr agil, viell. auch sehr gut auss. Bitte nur Bild u. ✉ ZS3643642 an SZ	
Attr., jung. Mann 30 J./1,78, blond, schl., sportl., kreativ, zärtl. sucht nette Sie für harmon. und dauerh. Freundschaft (Raum München-Augsb.). Zuschr. u. ✉ ZS3643461	**Ellen, 29 J., Moselanerin,** gelernte Arzthelferin, sucht natürlich gebliebenen, naturverbundenen Arzt, Raum Bodensee, zwecks gemeinsamer Zukunft. Zuschriften bitte unter ✉ ZS3643471 an SZ
Keine überspannte Tussi! Münchner, 42/183 su. nette Freizeitpartnerin (bis 40 J.) für Wandern, Radlfahren, Biergarten, Tanzen. Bildz. u. ✉ ZS3638111	**Jg. Frau, 28 J., NR,** viels. interess. (ohne sportl. Int.), mit Niveau, gepfl. Erscheing., su. ebens., einfühls. Mann bis Mitte 30 für ehrliche, feste Beziehung. Zuschriften unter ✉ ZS3635419 an SZ
Bergkamerad, 29 J. sucht gleichgesinnte Frau bis ca. 35 Jahre für Freizeitgestaltung und vielleicht zum Liebhaben. Bildzuschr. u. ✉ AS3637354	**Junge Frau, 26 J.,** sucht auf diesem Weg aufr. u. zuverl. Partner bis 35 J. kennenzulernen unter ✉ ZS3640568 an SZ
Sportl. Löwe, 38 J., treu, zuverlässig, kinderlieb, aktiv u. poitiv denkend, sucht nette Sie mit viel Niveau für eine faire Freundschaft. Großraum München. ✉ ZS3634833	**Frau von nebenan** (28) sucht Mann von nebenan. Bildzuschr. unter ✉ ZS3651388
Witwer, 80/168, gutauss., viels. interesiert, sucht gebildete, unabhängige Partnerin, im Raum München wohnend, zur Freizeitgestaltung. Zuschr. u. ✉ ZS3633892	**Attr(aktive) Sie, 29, 168, 55,** gebildet, reiselustig, wünscht interessanten IHN bis 45 kennenzulernen. ✉ AS3643040

2. Schreiben Sie jetzt Ihre eigene Kontaktanzeige.

_____

_____

_____

_____

_____

_____

_____

_____

_____

_____

3. Suchen Sie eine interessante Person aus den obigen Kontaktanzeigen heraus. Schreiben Sie dieser Person einen Brief, in dem Sie sagen, wie Sie aussehen, was Sie machen und wofür Sie sich interessieren. Sagen Sie, warum Sie genau diese Anzeige beantworten, und nicht eine andere. Sagen Sie, was Ihre Pläne für die Zukunft sind und wie Sie über die heutige Welt denken. Stellen Sie der Person Fragen, über alles, was Sie von dieser Person wissen wollen.

Liebe/r _____,

_____

_____

_____

_____

_____

_____

_____

_____

_____

_____

Dein/e _____

LÖSUNGSSCHLÜSSEL

EINFÜHRUNG A

Aufforderungen

Schriftliche Aktivitäten
TPR: 1. Lesen Sie! 2. Laufen Sie! 3. Hören Sie zu! 4. Schreiben Sie! 5. Springen Sie! 6. Geben Sie mir das Buch!

Hörverständnis
Aufforderungen: 1. Gehen Sie! 2. Laufen Sie! 3. Schauen Sie an die Tafel! 4. Springen Sie! 5. Nehmen Sie ein Buch! 6. Öffnen Sie das Buch! 7. Lesen Sie! 8. Schließen Sie das Buch! 9. Sagen Sie „Auf Wiedersehen"!

Namen

Schriftliche Aktivitäten
Frau Schulz' Klasse: 1. Sie heißt Heidi. 2. Er heißt Peter. 3. Sie heißt Monika. 4. Er heißt Albert. 5. Sie heißt Nora. 6. Er heißt Thomas. 7. (Sie heißen) Monika, Nora und Heidi. 8. Sie heißen Thomas, Albert, Stefan und Peter.

Hörverständnis
Namen der Studenten: 1. Heidi 2. Stefan 3. Monika 4. Gabi

Kleidung

Schriftliche Aktivitäten
Buchstabensalat: Bluse, Jacke, Hemd, Mantel, Krawatte, Schuhe, Hut, Rock

Hörverständnis
Kleidung: 1. F 2. F 3. R 4. F 5. F

Farben

Schriftliche Aktivitäten
Welche Farbe ist typisch? 1. blau 2. grün 3. gelb 4. rosa 5. rot (grün) 6. schwarz/grau, weiß

Hörverständnis
Farben: 1. 4 2. 3 3. 6

Begrüßen und Verabschieden

Schriftliche Aktivitäten
Kreuzworträtsel:

Hörverständnis
A. Dialog aus dem Text: Frau Frisch ruft Herrn Koch an: 1. c 2. b 3. c
B. Dialog aus dem Text: Jutta trifft ihren Freund Jens: 1. c 2. a 3. d
C. Rollenspiel: Begrüßen: (*Possible answers.*) VOR DEM HÖREN - GREETINGS: Hallo! / Guten Morgen! / Guten Tag! / Guten Abend! / Servus! / Grüezi! QUESTIONS: Wie heißt du? Wie alt bist du? GOOD-BYES: Tschüss! / Auf Wiedersehen! / Servus! / Bis bald! WÄHREND DES HÖRENS - GREETINGS: Guten Morgen! QUESTIONS: Wie alt bist du? / Und du? GOOD-BYES: Tschüss! / Bis später!
D. Du oder Sie? 1. a. Sie b. du c. Sie 2. a. Sie b. du c. Sie

Zahlen

Schriftliche Aktivitäten
Kreuzworträtsel:

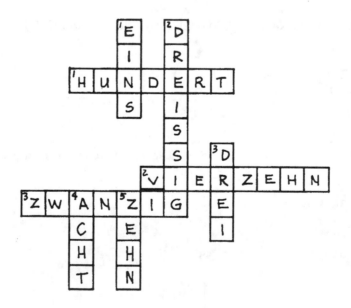

Hörverständnis
Zahlen: a. 52 b. 17 c. 69 d. 35 e. 26 f. 43 g. 95 h. 60 i. 16 j. 18 k. 80

Aussprache und Orthografie

Orthografie

B. Diktat: 1. Sakko 2. Bluse 3. Brille 4. alt 5. lang 6. Anzug 7. Kleid 8. Schuhe 9. Jacke 10. Buch 11. Studentin 12. hier

Kulturecke

A. Vornamen: MÄDCHEN: Laura, Marie, Sophie, Lea
JUNGEN: Lukas, Alexander, Maximilian, Leon

B. Farben als Symbole: rot – die Liebe; weiß – die Unschuld; schwarz – die Trauer; blau – die Treue; grün – die Hoffnung; gelb – der Neid

C. Begrüßen und Verabschieden: 1. Guten Morgen 2. Grüß Gott 3. Tschüss, Servus, Bis bald, usw. 4. Auf Wiedersehen 5. [*your last name*]

Aufsatz-Training

A. Claudias Lieblingsklamotten: Hier ist mein Lieblingsrock. Er ist grün. Das ist mein Lieblingskleid. Es ist braun. Ja, und hier ist meine Lieblingsjacke. Sie ist grau. Und hier sind meine Lieblingsstiefel. Sie sind schwarz. Ich trage auch gern blau, aber meine Lieblingsfarbe ist lila.

EINFÜHRUNG B

Das Klassenzimmer

Schriftliche Aktivitäten
A. Buchstabensalat: Tür, Decke, Stühle, Lampe, Fenster, Bücher, Wand, Tisch, Tafel, Hefte, Boden
Plural forms: 1. Türen 2. Decken 3. Lampen 4. Fenster 5. Wände 6. Tische 7. Tafeln 8. Böden
Classroom objects: 1. Stuhl 2. Buch 3. Heft

Hörverständnis
Das Klassenzimmer: 1. Stühle 2. Tische 3. Tafel 4. Papier 5. Stifte 6. Hefte 7. Schwamm 8. Kreide 9. Bücher 10. Computer

Beschreibungen

Schriftliche Aktivitäten
A. Aussehen oder Charaktereigenschaft? *Aussehen:* braunes Haar, groß, grüne Augen, klein, kurzes Haar, schlank *Charaktereigenschaft:* ernsthaft, freundlich, nervös, nett, schüchtern, verrückt
C. Beschreibungen: 2. Hallo! Ich heiße Stefan. Ich bin 20 Jahre alt. Ich bin Student. Mein Haar ist kurz und blond, und ich habe grüne Augen. Ich bin groß und verrückt!

Hörverständnis
A. Beschreibungen: b
B. Auf einer Party in Berkeley: PETER: nervös, schüchtern SABINE: hübsch, intelligent, nett, schüchtern, sportlich

Der Körper

Hörverständnis
Der Körper: 1. die Schultern 2. die Nase 3. die Ohren 4. der Mund 5. der Arm 6. der Bauch 7. der Fuß 8. die Hand 9. das Bein

Die Familie

Schriftliche Aktivitäten

A. Familienstammbaum: 1. Vater 2. Tochter 3. Schwester 4. Großvater/Opa 5. Onkel 6. Großmutter/Oma 7. Bruder 8. Sohn 9. Mutter 10. Kusine 11. Mann

B. Ihre Familie: Vater - Mutter - Eltern; Bruder - Schwester - Geschwister; Großvater - Großmutter - Großeltern; Sohn - Tochter - Kinder; Mann - Frau; Onkel - Tante; Vetter - Kusine

Hörverständnis

Die Familie: Mutter: Maria; Vater: Josef; Schwester: Diana; Brüder: Thomas, Paul

Wetter und Jahreszeiten

Schriftliche Aktivitäten

C. Heute ist der 26. Juli: (*Possible answers.*) 1. Es ist heiter und heiß. 2. Es ist wolkig und heiß. 3. Es ist bedeckt, aber nicht kalt. 4. Es ist schön und ziemlich warm. 5. Es ist schön aber nicht warm. 6. Es schneit und ist kalt. 7. Es ist sehr warm und wolkig. 8. Es regnet und ist etwas kühl. 9. Es ist wolkig und kühl. 10. Es ist wolkig und nicht sehr warm.

Hörverständnis

A. Die Wettervorhersage: 1. d 2. c 3. b 4. d 5. a 6. e 7. d
B. Das Wetter in Kalifornien: 1. F 2. R 3. F 4. F 5. R

Herkunft und Nationalität

Schriftliche Aktivitäten

Woher kommen diese Personen? Welche Sprache sprechen sie? 1. Ralf Schumacher kommt aus Deutschland. Er spricht Deutsch. 2. Isabella Rossellini kommt aus Italien. Sie spricht Italienisch. 3. Gérard Depardieu kommt aus Frankreich. Er spricht Französisch. 4. Meine Mutter kommt aus … Sie spricht … 5. Mein Vater kommt aus … Er spricht … 6. Ich komme aus … Ich spreche …

Hörverständnis

A. Rollenspiel: Herkunft: VOR DEM HÖREN (*possible answers*): Wie heißt du? / Woher kommst du? / Hast du Freunde in anderen Ländern? / Welche Sprache sprechen deine Freunde? / Woher kommt deine Familie? / Welche Sprachen sprichst du? WÄHREND DES HÖRENS: a. Wie heißt du? b. Und du? c. Kommst du aus Japan? d. Sind deine Eltern aus Japan? e. Sprichst du Japanisch? f. Hast du Freunde in den USA? g. Wo genau? h. Spricht man da Spanisch?
B. Herkunft und Nationalität: 1. Frankreich 2. Argentinien 3. Schweden 4. Spanien 5. England 6. den USA

Aussprache und Orthografie

Aussprache

A. 1. = 2. ≠ 3. ≠ 4. ≠ 5. ≠ 6. = 7. ≠ 8. ≠
B. 1. kommen 2. sehen 3. arbeiten 4. Sommer 5. Sonne 6. Orthografie 7. Peter 8. Sabine 9. Berlin 10. Argentinien
C. 1st syllable stressed: Melanie, Peter, Jutta, Viktor. 2nd syllable stressed: Sabine, Teresa, Susanne, Helene. 3rd syllable stressed: Katharina, Alexander.
D. 1. Peter ist Schweizer. 2. Teresa ist Französin. 3. Josef ist Deutscher. 4. Sabine ist Studentin. 5. Johannes und Susanne sind Studenten. 6. Lisa ist schüchtern. 7. Rolf ist nett. 8. Alexander ist optimistisch.

Orthografie

A. 1. Auto 2. Tisch 3. Winter 4. Arm 5. Lampe
B. 1. D–d–S 2. s–S–S 3. K–S–S–k 4. W–g–e–I 5. G–e–I–g

Kulturecke

A. Temperaturen: 1. b 2. a 3. c 4. b 5. c 6. c 7. a 8. b
B. Deutschland: Lage, Klima und Wetter: 1. c 2. c 3. a 4. b 5. a 6. b 7. c
C. Geografie: Die Europäische Union: (*As of 2007*) Belgien, Bulgarien, Dänemark, Estland, Finnland, Frankreich, Griechenland, Großbritannien, Irland, Italien, Lettland, Litauen, Luxemburg, Malta, die Niederlande, Österreich, Polen, Portugal, Rumänien, Schweden, die Slowakei, Slowenien, Spanien, Tschechien, Ungarn, Zypern

Aufsatz-Training

A. Maurice und seine Familie: 1. ist 2. hat 3. spricht 4. ist 5. hat 6. heißt 7. heißt 8. sind 9. heißen 10. kommt 11. kommt 12. sprechen

KAPITEL 1: WER ICH BIN UND WAS ICH TUE

Freizeit

Schriftliche Aktivitäten
Was ich gern mache: (*Answers will vary.*) 1. Ich spiele (nicht) gern Tennis. 2. Ich gehe (nicht) gern ins Restaurant. 3. Ich schwimme (nicht) gern im Meer. 4. Ich surfe (nicht) gern im Internet. 5. Ich arbeite (nicht) gern für das Studium. 6. Ich telefoniere (nicht) gern mit Freunden. 7. Ich gehe (nicht) gern ins Kino. 8. Ich höre (nicht) gern Musik. 9. Ich spiele (nicht) gern Fußball. 10. Ich gehe (nicht) gern windsurfen.

Hörverständnis
A. Hobbys: NORA: windsurfen gehen, schwimmen, in den Bergen wandern
ALBERT: Mathematik studieren, in der Bibliothek arbeiten, in Yosemite zelten (in den Bergen wandern)
B. Freizeitpark „Hansaland": 1. Schwimmen, Tennis, Squash 2. ja 3. keine Information

Schule und Universität

Hörverständnis
A. Dialog aus dem Text: Was studierst du? 1. F: Er kommt aus Deutschland. 2. F: Er studiert Psychologie.
B. Das Studium: KATRIN: 8.00 Deutsch, 9.00 Biologie, 10.00 Psychologie 13.00 Geschichte
THOMAS: 8.00 Deutsch, 10.00 Geschichte, 14.00 Psychologie

Tagesablauf

Hörverständnis
A. Bildgeschichte: Ein Tag in Sofies Leben: 2, 3, 6, 11, 9, 5, 7, 8, 4, 10, 1
B. Mein Tagesablauf: 1. F; Er steht um 7.00 Uhr auf. 2. R 3. F; Er frühstückt nicht. 4. R 5. R 6. F; Sie kommt um 7.45 Uhr an der Uni an.
C. Silvia arbeitet auf dem Bahnhof: 1. Hamburg, 7.10 2. Frankfurt, 20.00 3. München, 15.24 4. Düsseldorf, 13.15, 22.00 5. Stuttgart, 16.05

Persönliche Daten

Schriftliche Aktivitäten
A. Ein Interview mit Renate Röder: a. Woher kommen Sie? b. Wo wohnen Sie? c. Wie ist Ihre Adresse? d. Meine Telefonnummer ist 030-7843014. e. Wie alt sind Sie? f. Haben Sie Geschwister? g. Ich arbeite bei einer Computerfirma. h. Sind Sie verheiratet? i. Ja, ich habe einen Freund.

Hörverständnis

A. Dialog aus dem Text: Auf dem Rathaus: Familienname: Staiger   Vorname: Melanie
Adresse: Gesandtenstraße 8   Wohnort: Regensburg   Telefon: 24352   Geburtstag: 3. April 1984
Beruf: Studentin

B. Rollenspiel: Im Auslandsamt: 1. Haben Sie Informationen über ein Auslandsstipendium?   2. a, e, i, l, m, n, p

C. Biografische Informationen: 1. b   2. Mittwoch, 8.00, 10.00   3. 11   4. 21

Aussprache und Orthografie

Aussprache (1. Teil)
B.

5 Miene	6 Minne
3 Mehne	4 Menne
1 Mahne	2 Manne

C.

	1	2	3	4	5	6
Familie	Mahne	Mehne	Manne	Minne	Menne	Miene
Telefon	18 11 11	20 16 10	7 8 8 7 6 4	6 7 8 7 8 6	88 77 66	16 17 18

D. *long:* lesen, liegen, spielen, segeln, fliegen, studieren, fahren, gehen
short: wandern, schwimmen, singen, tanzen, essen

F. 1. a. **a** b. **ah** c. **aa** 2. **a** 3. a. **e** b. **eh** c. **ee** 4. a. **e** b. **ä** 5. a. **i** b. **ie** c. **ieh** 6. **i**

G. *Long vowels:* a. doubling of vowels   b. vowel + **h**   c. **ie**
Short vowels: vowels before double consonants

Orthografie (1. Teil)
A. 1. Krawatte 2. Brille 3. Sakko 4. Mantel 5. Jacke 6. Hemd
B. 1. Jahr 2. Tag 3. Abend 4. Zahl 5. zehn 6. viele

Aussprache (2. Teil)
B. 1. Was machst du heute Abend? ↓ 2. Du gehst ins Kino? ↑ 3. Und deine Schwester geht mit. ↓
4. Ach so, → du … 5. Wo treffen wir uns? ↓ [*normal question-word question*] 6. Wo soll ich warten? ↑ [*question-word question asked in a friendly or curious tone of voice*] 7. Und wann? ↑
8. Gut. ↓ Ruf mich bitte noch mal an! ↓

Aussprache (3. Teil)
A. 1. Katrin 2. fahren 3. hören 4. Jahre 5. Ohren 6. Uhren
B. 1. die Lehrerin 2. die Professorin 3. die Amerikanerin 4. die Engländerin 5. die Schweizerin

Orthografie (2. Teil)
A. 1. Frühling   2. Sommer   3. Herbst   4. Januar   5. Februar   6. April
B. 1. Gitarre   2. Armbanduhr   3. Ohrringe   4. Videorekorder   5. Rucksack   6. Freizeit   7. Reise
    8. Sport treiben   9. in den Bergen wandern   10. Motorrad fahren

Kulturecke

A. Wer weiß – gewinnt: Das Schulsystem in Deutschland: 1. b.   2. b   3. c   4. b   5. a   6. b
B. Urlaub und Feiertage: 1a. 30   b. 26,5   2. 12   3. Belgien, Finnland   4a. 10,5
    b. 10,0   5. Frankreich, Schweden

Aufsatz-Training

A.1. Liebe Anna; Lieber Paul; viele Grüße aus; wohnen; bleiben; Schade, dass du nicht hier bist.; Viele
    Grüße; Deine Steffi; Dein Alexander

KAPITEL 2: BESITZ UND VERGNÜGEN

Besitz

Hörverständnis
A. Dialog aus dem Text: Stefan zieht in sein neues Zimmer: 1. morgen   2. einen Schlafsack, eine
    Gitarre, einen Wecker   3. $30   4. b
B. Alexanders Zimmer: 1. ein Bett   2. einen Schreibtisch   3. einen Schrank   4. ein Regal   5. eine
    Lampe   6. einen Computer   7. viele Bücher   8. einen CD-Spieler   9. ein Radio   1. einen
    Fernseher   2. ein paar Poster

Geschenke

Hörverständnis
A. Dialog aus dem Text: Ein Geschenk für Josef: 1. R   2. F: Er spielt Gitarre und hört gern Musik.
    3. R
B. Geschenke: 1. a. ein Buch   b. ein Hemd   2. eine Katze   3. ein Fahrrad   4. einen Wecker

Kleidung und Aussehen
Schriftliche Aktivitäten
A. Wer hat das verloren? 1. meine   2. ihr   3. dein   4. ihre   5. unsere   6. eure   7. Ihre
B. Wie findest du das? (*Answers should include the following possessive adjectives.*) 1. sein, seine, *or*
    seinen   2. ihr, ihre, *or* ihren   3. ihr, ihre, *or* ihren   4. unser, unsere, *or* unseren   5. dein, deine, *or*
    deinen   6. Ihr, Ihre, *or* Ihren   7. euer, eure, *or* euren

Hörverständnis
A. Ausverkauf im Kaufpalast: Elektroabteilung: CD-Spieler, Handys; Schmuckabteilung: Ketten,
    Ringe, Armbänder, Ohrringe; Schuhabteilung: (Winter)stiefel, (Kinder)schuhe, Wanderschuhe;
    Hobbyabteilung: Zelte, (Camping)stühle, Fahrräder, Schlafsäcke
B. Das ist Geschmackssache! 1. billig   2. alt   3. schwarz und lang   4. hässlich   5. Gold   6. einen
    Nasenring

Vergnügen

Hörverständnis
A. Bildgeschichte: Ein Tag in Silvias Leben: 1. 1. j   2. g   3. i   4. f   5. b   6. h   7. a   8. e   9. d
    10. c
B. Rollenspiel: Am Telefon: 1. b, c, f   2. a, c, d, f
C. Ein echtes Vergnügen! 1. essen   2. geht, Museum   3. Fahrrad   4. treibt   5. spielt

Aussprache und Orthografie

Aussprache (1. Teil)
B.

7 Bomme	8 Bömme
5 Bühme	6 Buhme
3 Bohme	4 Bümme
1 Bumme	2 Böhme

C.

	1	2	3	4	5	6	7	8
Familie	Bumme	Bomme	Bömme	Bümme	Buhme	Bühme	Böhme	Bohme
Bücher	100	55	12	515	150	1000	5512	keine

E. 1. a. **o** b. **oh** c. **oo** 2. **o** 3. a. **u** b. **uh** 4. **u** 5. a. **ö** b. **öh** 6. **ö** 7. a. **ü** b. **üh** c. **y** 8. a. **ü** b. **y**

F. *Long vowels:* a doubling of vowels b. vowel + **h**
Short vowels: vowels before double consonants

G. 1. Söhne 2. Töchter 3. Mütter 4. Brüder 5. Böden 6. Stühle 7. Bücher 8. Füße

Orthografie (1. Teil)
A. 1. Hände 2. Wände 3. zählen 4. Männer 5. trägt 6. Väter
B. 1. Nase 2. Name 3. Mann 4. tragen 5. Zahl 6. aber
C. 1. schön 2. hören 3. Töchter 4. Söhne 5. öffnen 6. möchten
D. 1. schon 2. Sohn 3. groß 4. Wort 5. kommen 6. Ohr
E. 1. fünf 2. Tür 3. natürlich 4. Bücher 5. Brüder 6. Füße
F. 1. kurz 2. Bluse 3. Stuhl 4. Buch 5. Bruder 6. Mund

Aussprache (2. Teil)
A. 1. eine 2. keiner 3. jede 4. welcher 5. lieber 6. Deutsche 7. Spieler 8. lese
B. Albe̲rt sagt‐: In meinem Zimme̲r sind ein‐ Klavie̲r, vie̲r Bilde̲r, ein‐ Wecke̲r, eine Lampe̲, viele̲ Büche̲r, eine̲ Gitarre̲, zwei Stühle̲, ein‐ Tisch‐, ein‐ Regal‐ und ein‐ Schrank‐.

Orthografie (2. Teil)
1. ihr 2. ihre 3. euer 4. eure 5. unser 6. unsere 7. keiner 8. keine 9. meine 10. meiner

Kulturecke

A. **Wissenswertes zum Euro:** 1. Slowakei; Estland 2. Euro 3. Dänemark, Polen; Schweden 4. Brücken 5. Stefansdom 6. Schweiz 7. Schweizer Franken
B. **Wer weiß – gewinnt:** *Im Juli:* 1. a 2. c 3. d 4. a 5. b 6. b 7. a 8. a

Aufsatz-Training

B. Kevins Freizeit: Monika schreibt Katrin: Liebe Katrin, hier ist alles, was ich über Kevin weiß. In seiner Freizeit fährt Kevin gern Motorrad oder er läuft. Er trifft auch gern Freunde oder lädt sie zum Essen ein. Am liebsten isst er mexikanisch. Abends sieht er nicht gern fern. Er liest lieber Bücher und Comics. Freitagabends und samstagabends geht er oft auf Partys. Er kommt oft erst früh morgens nach Hause, und dann schläft er meistens bis Mittag. Manchmal wäscht er sonntagnachmittags sein Motorrad. Leider vergisst er oft seine Hausaufgaben. Viele Grüße, deine Monika

KAPITEL 3: TALENTE, PLÄNE, PFLICHTEN

Talente und Pläne

Hörverständnis

A. Talente: 1. d 2. b 3. c 4. c

B. Dialog aus dem Text: Ferienpläne: 1. nach München fahren; besuchen 2. tauchen lernen 3. möchte; spielen 4. in der Sonne liegen 5. drei Wochen verreisen 6. nach Italien fahren 7. lange schlafen 8. aufräumen; sein Motorrad reparieren

C. Pläne. 1. Er muss noch zwei Monate arbeiten. 2. Er will Italienisch lernen. 3. Er will acht Wochen Ferien machen. 4. Sie möchten nach Italien fahren. 5. Sie kann gut Italienisch. 6. Er kann gut kochen und Wein trinken. 7. Sie wollen ein Auto kaufen, eine „Ente".

Pflichten

Schriftliche Aktivitäten

A. Lydia will fernsehen: a. Darf b. musst c. muss d. kann e. musst f. darf g. dürfen

Hörverständnis

A. Dialog aus dem Text: Rolf trifft Katrin in der Cafeteria: 1. F 2. R 3. F 4. F

B. Pflichten: 1. d 2. b 3. a 4. b 5. c 6. c

Ach, wie nett!

Schriftliche Aktivitäten

Geschmacksfragen: 1. Ich finde sie … 2. Ich finde ihn … 3. Ich finde ihn … 4. Ich finde sie … 5. Ich finde es … 6. Ich finde sie … 7. Ich finde sie … 8. Ich finde es … 9. Ich finde ihn … 10. Ich finde sie … *or* Ich finde ihn …

Hörverständnis

A. Dialog aus dem Text: Heidi sucht einen Platz in der Cafeteria: 1. Er kommt aus Iowa City. 2. Sie kommt aus Berkeley. 3. F: Sie weiß noch nicht. 4. F: Er will bei einer amerikanischen Firma arbeiten.

B. Rollenspiel: In der Mensa: Hallo, ist hier noch frei?; Bist du nicht auch; Sag mal, du hast immer; Kommst du aus Amerika?; Studierst du schon lange; Kennst du das Nachtleben Heidelbergs schon?; Pass auf, ich lade dich heute Abend; Hast du morgen Abend Zeit?; du kannst mir ja deine Telefonnummer geben

C. Ach, wie nett! 1. schön 2. eine Geige 3. einen Apfel 4. Durst

Körperliche und geistige Verfassung

Hörverständnis

A. Der arme Herr Ruf: 1. a, c, e, f, g 2. a, c, e

Aussprache und Orthografie

Aussprache (1. Teil)

A. 1. Wenn ich Hunger habe / gehe ich / ins Restaurant. 2. Wenn ich Durst habe, / gehe ich / nach Hause. 3. Wenn ich müde bin, / gehe ich / ins Bett. 4. Wenn ich traurig bin, / gehe ich / zu meiner Freundin. 5. Wenn ich krank bin, / gehe ich / ins Krankenhaus. 6. Wenn ich Langeweile habe, / gehe ich / ins Museum.

B. 1. e: •••● ins Restaur<u>a</u>nt 2. b: •●• nach <u>Hau</u>se 3. a: •● ins <u>Be</u>tt 4. f: •••●• zu meiner <u>Freu</u>ndin 5. d: •●•• ins <u>Kra</u>nkenhaus 6. c: ••●• ins Mus<u>eu</u>m

C. 1. Wenn ich <u>Hu</u>nger habe, <u>ge</u>he ich … ins Restaur<u>a</u>nt. 2. Wenn ich <u>Du</u>rst habe, <u>ge</u>he ich … nach <u>Hau</u>se. 3. Wenn ich <u>mü</u>de bin, <u>ge</u>he ich … ins <u>Be</u>tt. 4. Wenn ich <u>trau</u>rig bin, <u>ge</u>he ich … zu meiner <u>Freu</u>ndin. 5. Wenn ich <u>kra</u>nk bin, <u>ge</u>he ich … ins <u>Kra</u>nkenhaus. 6. Wenn ich Lange<u>wei</u>le habe, <u>ge</u>he ich … ins Mus<u>eu</u>m.

Orthografie (1. Teil)

Lieber Peter, wie geht es dir? Ich bin nun schon seit zwei Wochen in Dallas. Ich wohne bei meinem Freund Kevin. Wir sind jeden Tag mit dem Auto unterwegs, denn es gibt hier so viel zu sehen. Leider muss ich schon am Sonntag zurück nach Wien. Und du? Wann sehen wir uns wieder? Deine Karin

Aussprache (2. Teil)

B. *Possible answers:* 1. Heute ist Freitag, der 9. Mai. 2. Paul steht um neun auf. 3. Er ist fleißig. 4. Er macht im Haus sauber. 5. Er räumt auf. 6. Er zeichnet, schreibt und geigt. 7. Um drei geht er zu Heiner ins Krankenhaus. 8. Er ist in Eile.

C. 1. Schweiz 2. Österreich 3. Deutschland 4. Steiermark 5. Bayern 6. Bayreuth 7. Augsburg 8. Kaiserslautern 9. Heidelberg 10. Graubünden 11. Neuenburg 12. Passau

D.

[aɛ̯]	[aʊ̯]	[ɔʏ̯]
Schw<u>ei</u>z	<u>Au</u>gsburg	<u>D</u>eutschland
Österr<u>ei</u>ch	Kaisersl<u>au</u>tern	Bay<u>reu</u>th
St<u>ei</u>ermark	Gr<u>au</u>bünden	N<u>eu</u>enburg
B<u>ay</u>ern	P<u>au</u>ssau	
B<u>ay</u>reuth		
K<u>ai</u>serslautern		
H<u>ei</u>delberg		

Orthografie (2. Teil)

A. 1. mein 2. klein 5. verheiratet 6. unterschreiben

B. 2. neu 3. Deutsch 6. heute

C. 1. Fräulein 2. läuft

D. 2. Auto 4. kaufen 5. Frau

Kulturecke

A. Jugendschutz in Deutschland: 1. mit 16 2. mit 15 3. mit 18 4. mit 13 5. mit 18 6. mit 18 7. mit 15 8. mit 16 9. mit 18 10. mit 18

B. Wer weiß – gewinnt! 1. a   2. b   3. a   4. c   5. a   6. d   7. c

C. Sommerferien 2009: 1. d   2. b   3. a   4. c

Aufsatz-Training

B. Vera erzählt: „Stell dir vor, im Januar <u>möchte</u>[a] er nach Österreich <u>fahren</u>[b]. Das Wetter <u>soll</u>[c] sonnig <u>sein</u>[d], und vorher <u>muss</u>[e] es viel <u>schneien</u>[f]. Dann <u>kann</u>[g] er gut <u>snowboarden</u>[h], und hinterher in der Sonne <u>liegen</u>[i]. Sie <u>wollen</u> (*or* <u>möchten</u>)[j] in einer Skihütte <u>übernachten</u>[k]. Die Unterkunft <u>darf</u>[l] aber nicht zu teuer <u>sein</u>[m]. Sie <u>wollen</u> (*or* <u>möchten</u>)[n] zwei Wochen <u>bleiben</u>[o]. In der zweiten Woche <u>möchte</u> (*or* <u>will</u>)[p] er <u>faulenzen</u>[q], <u>lesen</u>[r] und auch ein bisschen <u>spazieren</u>[s] <u>gehen</u>[t]. Abends <u>wollen</u> (*or* <u>möchten</u>)[u] sie <u>essen</u>[v] <u>gehen</u>[w] und Schlittschuh <u>laufen</u>[x]."

KAPITEL 4: EREIGNISSE UND ERINNERUNGEN

Der Alltag

Schriftliche Aktivitäten

A. Kreuzworträtsel: Das Perfekt:

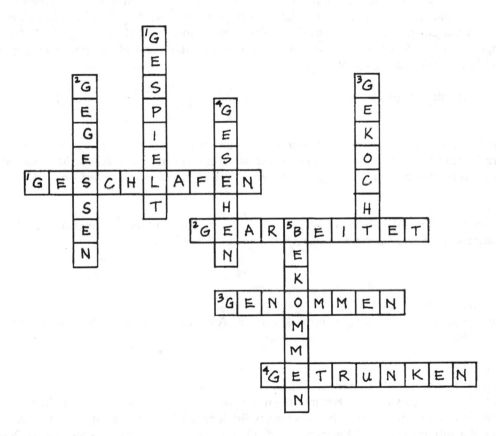

B. Sofie und Willi sind ins Kino gegangen: 1. gegangen   2. gesehen   3. gegessen   4. getrunken   5. gefunden   6. geschlafen

Hörverständnis

A. Dialog aus dem Text: Das Fest: Bist du wieder so spät ins Bett gegangen?; Wo warst du denn so lange?; Bis um 4 Uhr früh?; Kein Wunder, dass du müde bist.

B. Jutta hatte einen schweren Tag: 1. a   2. e   3. g   4. c   5. d   6. f   7. h   8. b

C. Stefan weiß mehr, als er glaubt: 2, 4, 6

Urlaub und Freizeit

Schriftliche Aktivitäten

A. Silvias Freitag: (*Possible answers.*) 1. Wie lange hast du geschlafen? 2. Wie weit bist du gelaufen? 3. Was hast du getragen? 4. Hast du den Bus zur Uni genommen? 5. Wo hast du Mittag gegessen? 6. Wen hast du am Nachmittag getroffen? 7. Hat dein Freund dich zum Essen eingeladen? 8. Wann hast du ferngesehen? 9. Wo hast du gelesen? 10. Um wie viel Uhr bist du eingeschlafen?

Hörverständnis

A. Richards Wochenende: a. ist b. geduscht c. gefrühstückt d. genommen e. ist f. geparkt g. getroffen h. ist i. ist j. gegessen k. gespielt l. getrunken m. gelegen n. ist o. ferngesehen

B. Erlebnisse: 1. bin, gefahren 2. geschwommen, gegessen, gelacht 3. habe, gearbeitet 4. eingekauft, gearbeitet 5. habe, gelernt, gemacht
1. R 2. F 3. F

C. Hausaufgaben für Deutsch: 1. Jutta und Angelika haben die Hausaufgaben für Deutsch nicht gemacht. 2. Jutta und Angelika haben das erste Kapitel von dem Roman nicht gelesen. 3. Jutta und Angelika haben die Aufgaben für Mathe nicht gemacht. 4. Angelika hat Musik gehört. 5. Angelika hat gestrickt. 6. Jutta und Angelika haben über alles Mögliche gesprochen. 7. Jutta und Angelika haben ferngesehen. 8. Jutta ist mit ihren Eltern und Hans spazieren gegangen. 9. Jutta hat ein Picknick gemacht.

Geburtstage und Jahrestage

Schriftliche Aktivitäten

Geburtsdaten: (*Possible answers.*) 1. Stefan ist am vierten Februar geboren. 2. Frau Schulz hat am 12. März Geburtstag. 3. Heidi ist am dreiundzwanzigsten Juni geboren. 4. Monika hat am neunzehnten November Geburtstag. 5. Albert ist am zweiundzwanzigsten Dezember geboren.

Hörverständnis

A. Dialog aus dem Text: Welcher Tag ist heute? 1. am dreißigsten Mai 2. im August 3. nein
B. Informationsspiel: Wer? Benz, Röntgen, Ernst **Wann?** 1895, um 8

Ereignisse

Schriftliche Aktivitäten

Eine Kurzreise: 1. — 2. Am 3. um 4. um 5. Am 6. im 7. Um 8. Am 9. am 10. um 11. in 12. im

Hörverständnis

A. Rollenspiel: Das Studentenleben: 1. Guten Tag, ich mache ein Interview zum Thema „Studentenleben in den USA". Darf ich Ihnen ein paar Fragen stellen? 2a. Arbeiten Sie am Wochenende auch in der Uni? 2b. Was haben Sie denn gestern Morgen gemacht? 2c. Ist das ein typischer Vormittag für einen Studenten? 2d. Darf ich Sie jetzt fragen, was Sie gestern Nachmittag gemacht haben?

B. Ein schöner Urlaub: 1. F: Sie hat während des Semesters gearbeitet. 2. F: Sie ist in Regensburg geblieben. 3. R 4. R 5. R

Aussprache und Orthografie

Aussprache (1. Teil)

A. *Separable prefix (prefix stressed):* <u>an</u>sehen, <u>an</u>ziehen, <u>ein</u>steigen, <u>mit</u>bringen, <u>aus</u>sehen, <u>an</u>fangen
Inseparable prefix (verb stem stressed): ver<u>steh</u>en, unter<u>schreib</u>en, ent<u>deck</u>en, er<u>zähl</u>en, über<u>setz</u>en, be<u>ginn</u>en

B.

Derived Noun	Verb	Third-Person Plural
Anfang	anfangen	sie fangen an
Bezahlung	bezahlen	sie bezahlen
Vorlesung	vorlesen	sie lesen vor
Einladung	einladen	sie laden ein
Unterschrift	unterschreiben	sie unterschreiben
Einkauf	einkaufen	sie kaufen ein
Übersetzung	übersetzen	sie übersetzen
Anzug	anziehen	sie ziehen an
Beschreibung	beschreiben	sie beschreiben
Beginn	beginnen	sie beginnen

C., D. 1. der Tennisschläger 2. das Autotelefon 3. der Fußball 4. das Motorrad 5. das Wörterbuch 6. die Armbanduhr 7. die Videokamera 8. der Sommerkurs 9. das Studentenleben

Orthografie (1. Teil)
1. die Studenten leben 2. das Studentenleben 3. zusammen hier sein 4. das Zusammensein 5. wir fahren übermorgen 6. wir fahren über Wien 7. noch mehr Wasser bitte 8. das Meerwasser 9. das Buch ist einfach 10. das ist ein Fachbuch

Aussprache (2. Teil)
A. ach-*sounds:* Woche, Fach, Sprache, Buch, Bauch
ich-*sounds:* wöchentlich, Fächer, sprechen, Bücher, Bäuche, richtig, leicht
ach-*sounds:* after **a, o, u, au**
ich-*sounds:* after all other vowels and diphthongs
B. 1. wichtig 2. langweilig 3. billig 4. lustig 5. Bücher 6. Gedichte 7. Geschichten 8. Gespräche

Orthografie (2. Teil)
A. 1. griechisch 2. tschechisch 3. schwedisch 4. schweizerisch 5. österreichisch 6. Geschichte 7. Wirtschaftsdeutsch 8. Unterrichtsfächer 9. Schreibmaschine 10. Bücherschrank
B. 1. hässlich 2. langweilig 3. schwierig 4. ziemlich 5. beschäftigt 6. glücklich 7. eigentlich 8. fertig 9. möglich 10. traurig

Kulturecke

A. Universität und Studium in den USA (USA) und in Deutschland (D): USA: 2, 5, 6, 7   D: 1, 3, 4, 7, 8
B. Wer weiß – gewinnt: *Das Wunder von Bern:* 1. c 2. a 3. d 4. c 5. b
C. Wer weiß – gewinnt: Feiertage und Brauchtum: 1. d 2. b 3. d

Aufsatz-Training

A. Der Besuch: 1a. zu einem Besuch einladen b. zu Besuch kommen c. frische Blumen auf den Tisch stellen d. mit einem Glas Sekt begrüßen e. durch die Altstadt bummeln f. ausschlafen g. ein Fußballspiel im Fernsehen anschauen h. auf der Terrasse sitzen i. über Urlaubserinnerungen sprechen j. saftige Steaks grillen k. einen neuen französischen Rotwein probieren l. mit dem Zug wieder nach Hause fahren 2. a. iv b. v c. i d. ii e. iii

KAPITEL 5: GELD UND ARBEIT

Geschenke und Gefälligkeiten

Schriftliche Aktivitäten

B. Wer, wen oder wem? 1. Wen hast du besucht? 2. Wem hat sie ein Buch gegeben? 3. Wer hat deiner Tante Witze erzählt? 4. Wen hat deine Tante nicht hören können?

Hörverständnis

A. Bildgeschichte: Josef kauft Weihnachtsgeschenke: 1b. seinem Vater 1c. seiner Mutter 1d. seinem Bruder 1e. seiner Schwester 1f. seinem Großvater/Opa 1g. seiner Großmutter/Oma 1h. seiner Freundin Melanie

B. Geschenke: 1. F 2. F 3. F 4. R 5. F 6. F 7. F 8. R

C. Gefälligkeiten: 1. c 2. d 3. a 4. f

Berufe

Schriftliche Aktivitäten

A. Kreuzworträtsel:

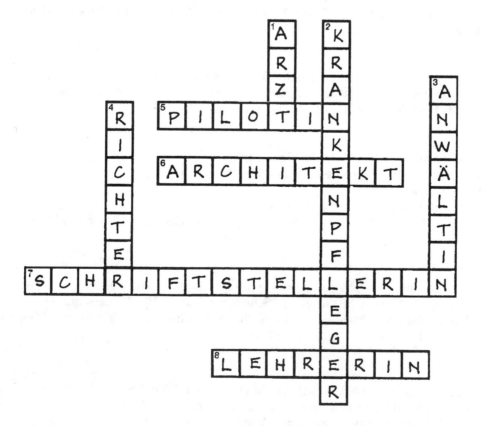

B. **Was wollen sie werden?** 1. b   2. c   3. d   4. f   5. h   6. g   7. a   8. i   9. e

C. **Warum nicht?** (*Possible answers.*) 1. Warum wirst du nicht Zahnarzt oder Zahntechniker? 2. Warum wird sie nicht Anwältin oder Richterin?   3. Warum werden Sie nicht Pilotin oder Stewardess?   4. Warum wird er nicht Journalist oder Fernsehreporter?

Hörverständnis

A. **Bildgeschichte: Was Michael Pusch schon alles gemacht hat:** 1a. hat er seinen Nachbarn den Rasen gemäht   1b. hat er Zeitungen ausgetragen   1c. hat er dem Jungen von nebenan Nachhilfe in Mathematik gegeben   1d. hat er Krankenpfleger gelernt   1e. hat er als Koch gearbeitet   1f. hat er als Taxifahrer gearbeitet   1g. hat er Maria kennengelernt   1h. hat er in einem Schwimmbad als Bademeister gearbeitet   1i. hat er Versicherungen verkauft

B. **Der neue Trend: „Kombi-Berufe":** 1. Medizin   2. Kunst   3. Ökonom   4. Ökonomin   5. 40 6. Sportler   7. Freizeit   8. arbeiten   9. Universität   10. studieren   11. Fremdsprachen 12. Sportverein

Arbeitsplätze

Schriftliche Aktivitäten

A. **Wo macht man was?** (*Possible answers.*) 1. Man arbeitet im Büro.   2. Man findet Bücher in der Buchhandlung.   3. Man eröffnet ein Konto auf der Bank.   4. Man sieht Filme im Kino.   5. Man liest in der Bibliothek.   6. Man schwimmt im Schwimmbad.   7. Man studiert an der Universität.

B. **Warum arbeitet Nora?** 1. a. die Miete   b. das Benzin   c. jobben   d. der Buchladen   e. bedienen f. der Kunde   g. wegstellen   h. der Stundenlohn   i. die Lebensmittel   j. einsammeln   k. die Hilfsköchin   l. das Trinkgeld.   2. a. F   b. F   c. R

Hörverständnis

A. **Rollenspiel: Bei der Berufsberatung:** 1. Bitte setzen Sie sich! Was kann ich für Sie tun?   2. Wann machen Sie denn die Matura? Haben Sie besondere Interessen oder Kenntnisse? Möchten Sie studieren oder lieber eine Lehre machen? Haben Sie irgendwelche Lieblingsfächer, besondere Fähigkeiten?   3. (*Answers may vary slightly.*)   a. Jetzt noch gar keine.   b. Die Berufsberaterin gibt Richard Informationsmaterial mit und sagt ihm, er soll in drei bis vier Wochen wiederkommen.

B. **Berufe erraten:** Stefan: Lehrer; Heidi: In einem Krankenhaus, Ärztin; Peter: im Rathaus, an einer Universität oder in einem Büro, am Theater (kein Beruf)

In der Küche

Schriftliche Aktivitäten

A. **In der Küche:** 1. Küche, 2. Geschirrspülmaschine, 3. Herd, 4. Schublade, 5. Backofen, 6. Fensterbank, 7. Wasserhahn, 8. Spülbecken, 9. Küchenlampe, 10. Kühlschrank

B. **Jeden Tag eine gute Tat!** 1. ihr   2. ihm   3. ihnen   4. ihm   5. ihr   6. ihm   7. ihnen

Hörverständnis

A. **Josef Bergmanns Küche:** 1. d.   2. e   3. f   4. h   5. a   6. g   7. c   8. b

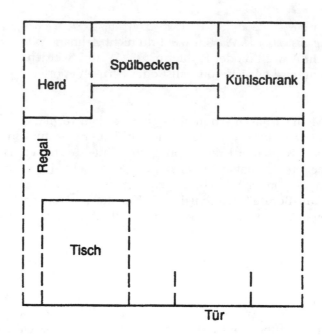

Aussprache und Orthografie

Aussprache (1. Teil)

A. 1. Eine Urkunde für ungewöhnliche Leistungen.   2. Urlaub in Ungarn.   3. Das Wetter ist sehr unfreundlich – ein richtiges Unwetter.   4. Ein unglücklicher Unfall.   5. Ein unsympathischer Unbekannter.   6. Auch Paul ist ungeduldig und unhöflich.

B. 1. Adresse (≠)   2. Zigarette (≠)   3. robust (=)   4. Idee (=)   5. defekt (≠)   6. Aristokrat (≠)   7. Akzent (≠)   8. Person (≠)   9. Kontakt (≠)   10. Romanze (≠)

C. *Stress on first syllable:* Urlaub, Unfall
Stress on second-to-last syllable: interessieren, Professorin, Professor, Cafeteria, Grammatik
Stress on last syllable: Polizei, Universität, Information, Biologie, Chemie, Physik, Religion, Mathematik, Kultur

Orthografie (1. Teil)
1. funktionieren   2. Situation   3. religiös   4. Hobby   5. Ski   6. Disko   7. Gymnasium   8. Café   9. Thema   10. Ingenieur

Orthografie (2. Teil)
1. wertvoll   2. gelb   3. viel   4. alle   5. intelligent   6. alt   7. schnell   8. kalt   9. halb   10. billig

Kulturecke

A. Ausbildung und Beruf: 1. a   2. c   3. c   4. b   5. b   6. d   7. d   8. c   9. c   10. c
B. Wissenswertes zur deutschen Kultur: 1. Ladenschlussgesetz   2. Bundesländern   3. 18–19 Uhr   4. an Sonn- und Feiertagen   5. in den Tankstellenshops, an größeren Bahnhöfen   6. Großbritannien, Irland, Polen

KAPITEL 6: WOHNEN

Haus und Wohnung

Schriftliche Aktivitäten
A. Was ist das?

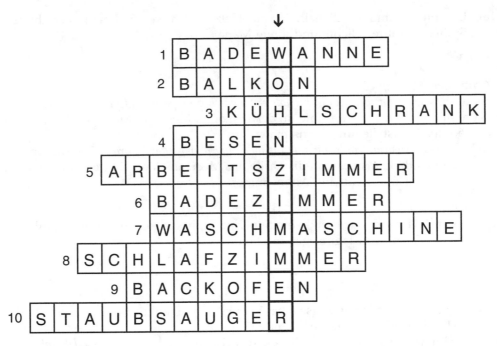

↓

```
1  B A D E W A N N E
2  B A L K O N
3        K Ü H L S C H R A N K
4  B E S E N
5  A R B E I T S Z I M M E R
6  B A D E Z I M M E R
7  W A S C H M A S C H I N E
8  S C H L A F Z I M M E R
9  B A C K O F E N
10 S T A U B S A U G E R
```

B. Silvias neues Zimmer:

1. e. Jürgen hilft Silvia beim Umzug.
2. f. Rolf ist Jürgen und Silvia begegnet.
3. b. Der kleine Tisch gefällt Silvia sehr.
4. a. Silvia fehlt noch ein Staubsauger.
5. g. Das Bett gefällt Silvia nicht.
6. d. Die Pflanze hat früher mal Jürgen gehört.
7. c. Zwei Stühle gehören der Vermieterin.

Hörverständnis

A. Ein alter Nachbar: 1. Sie haben ein neues Haus gekauft.   2. schöne Gegend, zentral, groß
   3. ungefähr 20 Jahre

4.

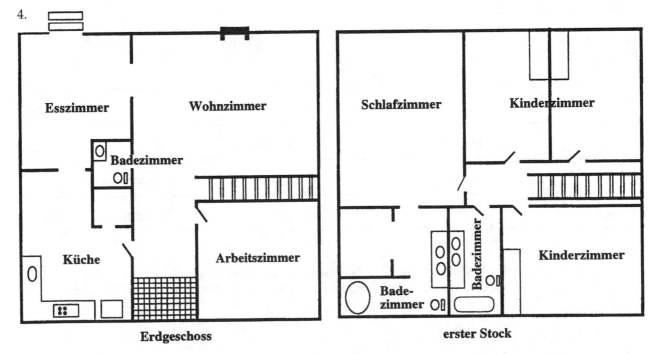

B. Alte Möbel: 1. im Esszimmer 2. nein 3. aus Holz 4. antike 5. Esszimmerschrank: von ihrer Schwester, Stühle: von ihrer Nichte und ihrem Mann

Das Stadtviertel

Schriftliche Aktivitäten

A. Wo machen Sie was? (*Answers could include the following prepositional phrases.*) in der Apotheke, auf dem Balkon, in der Bibliothek, im Café, in der Disko, im Meer, am Meer, im Park, im Schwimmbad, am Strand, an der Tankstelle, im Wohnzimmer.

B. Wohin gehen Sie? (*Answers could include the following prepositional phrases.*) in die Apotheke, auf den Balkon, in die Bibliothek, ins Café, in die Disko, ins Meer, ans Meer, in den Park, ins Schwimmbad, an den Strand, an die Tankstelle, ins Wohnzimmer

Hörverständnis

A. Ein Interview mit Richard: zur Bank, zum Supermarkt, in die Reinigung, ins Kaufhaus; was die Österreicher am Samstagmorgen machen

Auf Wohnungssuche

Hörverständnis

A. Dialog aus dem Text: Auf Wohnungssuche: 1. F: Es ist in Frankfurt-Süd. 2. R 3. R 4. F: Es ist möbliert. 5. R 6. F: Sie kommt gleich vorbei.

B. Rollenspiel: Zimmer zu vermieten: Während des Hörens (*questions from model dialogue*) – Wie viel Quadratmeter hat die Wohnung? Wie hoch ist die Kaution? Bis wann muss ich mich entscheiden? Kann ich in einer Stunde noch einmal anrufen?

C. Die Wohnungssuche: 1. kaufen 2. groß, komfortabel 3. drei, Küche 4. Herd, Geschirrspülmaschine 5. Parkplatz

Hausarbeit

Hörverständnis

A. Bildgeschichte: Der Frühjahrsputz: 1b. die Terrasse gefegt 1c. den Keller aufgeräumt 1d. die Fenster geputzt 1e. im ganzen Haus Staub gesaugt 1f. die Flaschen weggebracht 1g. sein Zimmer aufgeräumt 1h. das Geschirr gespült 1i. abgetrocknet 1j. ferngesehen

B. Die Hausarbeit: 1. a, d, f, h, i 2. Die Deutschen putzen sehr viel.

Aussprache und Orthografie

Aussprache (1. Teil)
A.

Jens	Dresden	Bäcker	essen, Freunde treffen
Mehmet	Bremen	Fernsehreporter	fernsehen
Ken	Gera	Apotheker	lesen, zelten
Peggy	Bern	Lehrerin	segeln, Tennis spielen

Orthografie (1. Teil)
A. 1. Energieprobleme 2. Rechenfehler 3. Ferienerlebnisse 4. Essecke 5. Fernsehfilme 6. Festredner 7. Lebensmittelgeschäfte 8. Menschenrechte 9. Nebenfächer 10. Rechtsanwälte

Aussprache (2. Teil)

A. die Waschmaschine, der Kindergarten, die Zentralheizung, der Frühjahrsputz, der Staubsauger, das Reisebüro, die Innenstadt, das Schreibwarengeschäft, der Wohnzimmertisch, die Bushaltestelle

B. 1. die W**a**schmaschine (short) 2. der K**i**ndergarten (short) 3. die Zentr**a**lheizung (long) 4. der Fr**üh**jahrsputz (long) 5. der St**au**bsauger (long) 6. das R**ei**sebüro (long) 7. die **I**nnenstadt (short) 8. das Schr**ei**bwarengeschäft (long) 9. der W**o**hnzimmertisch (long) 10. die B**u**shaltestelle (short)

C. *Possible answers:* 1. in der Waschmaschine 2. im Kindergarten 3. für die Zentralheizung 4. zum Frühjahrsputz 5. im Staubsauger 6. zum Reisebüro 7. in der Innenstadt 8. im Schreibwarengeschäft 9. auf dem Wohnzimmertisch 10. an der Bushaltestelle

D. Im <u>Südosten</u> bleibt es kalt. Die <u>Tagestiefsttemperatur</u> liegt bei minus 3 Grad Celsius. Im <u>Südwesten</u> wird es freundlicher, die <u>Tageshöchsttemperatur</u> erreicht 15 Grad Celsius. Aber auch hier wird in den nächsten Tagen der <u>Nordostwind</u> stärker und es fällt Schneeregen.

Orthografie (2. Teil)

1. achthundertzwölf 2. sechshundertsiebenundneunzig 3. neunzehnhundertsechsundvierzig 4. achtzehn Uhr 5. zweiundzwanzig Uhr siebenunddreißig 6. zweihundertsiebzehn 7. neunundzwanzig 8. vierzehnhundertzweiunddreißig 9. sieben Uhr sechzehn 10. achthundertelftausend

Kulturecke

A. Wohnen in den USA (USA) und in Deutschland (D): USA: 1, 2, 4, 8 D: 3, 5, 6, 7, 9
B. Wer weiß – gewinnt!: *Good bye Lenin!* 1. a 2. a, b 3. d 4. a, b
C. Der Erlkönig: 1. V, S, V, E, S, V, E, S, V, E, S 2a. V 2b. V 2c. S 2d. E 2e. E 2f. E 2g. V 2h. E 2i. S 2j. V 2k. E 2l. V 3. 7, 3, 2, 1, 6, 5, 4

Aufsatz-Training

A. Juttas Traumwohnung: 1. R 2. R 3. F, Jutta kocht gern. *oder* Jutta ist Hobbyköchin. *oder* Juttas Hobby ist kochen. 4. F, Jutta möchte allein wohnen. 5. R

KAPITEL 7: UNTERWEGS

Geografie

Schriftliche Aktivitäten
A. Kreuzworträtsel: Geografische Begriffe:

Das Lösungswort heißt Halbinsel.

B. Satzpuzzle: 1. Das ist der Berg, auf dem ich gewohnt habe. 2. Das ist das Tal, in dem ich gearbeitet habe. 3. Das ist das Kind, das jeden Tag im See geschwommen ist. 4. Das ist der Fluss, der durch das Tal fließt. 5. Das ist ein Wald, den ich besucht habe.

C. Vergleiche: 1. Trier/Deutschland ist älter als Auckland/Neuseeland, aber Byblos/Libanon ist am ältesten. 2. Das Tal des Todes liegt tiefer als das Kaspische Meer, aber das Tote Meer liegt am tiefsten. 3. Die Wüste Gobi ist größer als die Mojave Wüste, aber die Sahara ist am größten. 4. Monaco ist kleiner als Gibraltar, aber die Vatikanstadt ist am kleinsten. 5. Der Mount McKinley ist höher als der Kilimandscharo, aber der Mount Everest ist am höchsten. 6. Eine 5-tägige Safari in Afrika kostet mehr als ein Flug von Frankfurt nach Kathmandu, aber eine Expedition auf den Mount Everest kostet am meisten. 7. Die Universität Tübingen ist jünger als die Universität Wien, aber die Universität Marburg ist am jüngsten. 8. *(Island of your choice)* ist schöner als *(island of your choice)*, aber *(island of your choice)* ist am schönsten.

Hörverständnis

A. Geografie: eine Insel: England; ein Wald: Sherwood Wald; ein Tal: Rheintal; eine Halbinsel: arabische; ein Gebirge: die Alpen, der Himalaja; eine Wüste: Sahara; ein Meer: das Tote Meer; eine Straße: die Champs Elysées, der Kurfürstendamm, der Broadway, die Isabellastraße

Transportmittel

Schriftliche Aktivitäten

A. Womit fahren Sie? *(Possible answers.)* 1. mit der U-Bahn 2. mit dem Flugzeug 3. mit der Straßenbahn 4. mit dem Taxi 5. mit dem Fahrrad 6. mit der Rakete 7. mit dem Lastwagen 8. mit dem Bus 9. mit dem Zug 10. mit dem Motorrad 11. mit einem Pferd 12. mit einem Kinderwagen 13. mit dem Auto

B. Was ist logisch? 1. b 2. g 3. c 4. j 5. h 6. f 7. i 8. e 9. a 10. d

Hörverständnis

A. Dialog aus dem Text: Im Reisebüro in Berlin: 1. R 2. F 3. R 4. F

B. Rollenspiel: Am Fahrkartenschalter: Vor dem Hören: Den IC um 4.25 Uhr. Während des Hörens: Den ICE um 7.15 Uhr; 116 Euro; um 14.05 Uhr

C. Transportmittel: Flugzeug: schnell, teuer; Bahn: billiger, nicht billig genug; Bus: billig, eng; Mitfahrzentrale: billig, dauert lange

Das Auto

Schriftliche Aktivitäten

A. Was macht man mit diesen Teilen des Autos? *(Answers will vary.)* 1. die Bremsen: Damit hält man das Auto an. 2. der Kofferraum: Darin verstaut man die Koffer. 3. die Scheibenwischer: Damit wischt man die Scheiben. 4. die Sitze: Darauf setzt man sich. 5. das Autoradio: Damit hört man Musik und Nachrichten. 6. die Hupe: Damit warnt man andere Leute.

B. Melanie will nach Hamburg fahren: 1. Womit fährst du nach Hamburg? 2. Worauf freust du dich? 3. Wovon handelt das Musical? 4. Wofür brauchst du den großen Koffer? 5. Worum soll ich mich kümmern? 6. Na klar, und woran soll ich noch denken?

C. Quiz: Womit? Wofür? Woran? Worauf? 1. Womit bremst man? Mit der Bremse. 2. Wofür braucht man Scheibenwischer? Für saubere und trockene Scheiben. 3. Woran sieht man, woher das Auto kommt? An dem Nummernschild. 4. Womit hört man Musik im Auto? Mit dem Autoradio. 5. Womit fährt das Auto? Mit Benzin. 6. Worauf setzt man sich? Auf die Sitze.

Hörverständnis

A. Der New Beetle: 1, 3, 4, 5, 8, 9, 10, 11, 12

B. Josef will ein Auto kaufen: Baujahr: 2002; Kupplung: fast neu; Bremsen: noch sehr gut; Karosserie: in sehr gutem Zustand; Autoradio: nein, ausgebaut; Preis: 3 000 Euro.

Reiseerlebnisse

Schriftliche Aktivitäten

A. Familie Wagner in Spanien: 1. Wagners sind oft an den Strand gegangen. 2. Herr Wagner hat viel geschlafen. 3. Frau Wagner hat Bilder gemalt. 4. Andrea hat Comics gelesen. 5. Paula hat Burgen aus Sand gebaut. 6. Ernst hat Fußball gespielt. 7. Jens ist surfen gegangen. 8. Abends sind alle zusammen essen gegangen.

B. Brigittes Berlinbesuch: a. warst b. war c. Hattest d. hatte e. war f. war g. war h. hatte i. war j. hatte k. war l. waren m. Warst n. hatten o. hatte p. waren q. warst r. hatte s. war

Hörverständnis

A. Bildgeschichte: Stefans Reise nach Österreich: 1a. 5, hat b. 3, ist c. 2, hat d. 4, hat e. 6, hat f. 9 g. 8, sind h. 7, sind, haben i. 1, ist

B. Reiseerlebnisse: 1. am Strand liegen, attraktive Männer beobachten 2. auf den Champs-Elysées bummeln, sich Modegeschäfte ansehen, in den Louvre gehen 3. lange Spaziergänge am Strand machen 4. es wird immer teurer

C. Sommerskifahren in der Schweiz: 1. J 2. C 3. C 4. J 5. J 6. J 7. C 8. C 9. C

Aussprache und Orthografie

Aussprache (1. Teil)

A. Fortis: [p] Hupe, [t] Tank, [k] Koffer, [f] Feld, [s] Fluss, [ʃ] Tasche, [ç] Richtung, [x] Nacht
Lenis: [b] Bus, [d] Dank, [g] Gang, [v] Welt, [z] Insel, [ʒ] Garage, [j] Jacht, [r] Rad

D. 1. der Strand 2. der Wald 3. das Feld 4. das Schild 5. das Rad 6. das Flugzeug 7. der Zug 8. das Haus

G. 1. lesen, lie_s_t, la_s_, gelesen 2. reisen, rei_s_t, reiste, gerei_s_t 3. leben, le_b_t, lebte, gele_b_t 4. geben, gi_b_t, ga_b_, gegeben 5. erlauben, erlau_b_t, Erlau_b_nis 6. lie_b_, lieber, am lie_b_sten 7. Norden, nör_d_lich, Süden, sü_d_lich 8. aber, a_b_, wegen, we_g_ 9. hal_b_, halbe, deshal_b_, weshal_b_ 10. Stunde, stün_d_lich, Tag, täglich

Orthografie (1. Teil)

1. unterwegs 2. Halbinsel 3. Stadtrundfahrt 4. Kinderwagen 5. Radweg 6. Bundesland 7. Wochenendticket 8. Sandstrand 9. Papierkorb 10. Samstagabend

Orthografie (2. Teil)

1. Bayern 2. Thüringen 3. Sachsen 4. Rheinland-Pfalz 5. Kärnten 6. Salzburg 7. Steiermark 8. Wallis 9. Graubünden 10. Luzern

Kulturecke

A. Ratespiel: Stadt, Land, Fluss: 1. Genfer See 2. Großglockner 3. Heidelberg 4. Liechtenstein 5. Donau 6. Teutoburger Wald 7. Rügen 8. Brocken 9. Bodensee 10. Ostfriesische Inseln 11. Rhein

B. Der Führerschein in den USA (USA) und in Deutschland (D): USA 1, 5, 7; Deutschland 2, 3, 4, 6, 8

C. Deutschlandreise: 1. Greifswald 2. Potsdam 3. Wernigerode 4. Weimar 5. Leipzig 6. Dresden 7. Bayreuth 8. Regensburg 9. Augsburg 10. Karlsruhe 11. Heidelberg 12. Freiburg 13. Saarbrücken 14. Mainz 15. Frankfurt am Main 16. Kassel 17. Düsseldorf 18. Köln 19. Hannover 20. Kiel

D. Mondnacht: 1. 1. f 2. e 3. c 4. b 5. g 6. d 7. a **2.** Himmel: fliegen, Luft, Mond, Seele, Sterne; Erde: Blüten, Felder, Land, Wälder **3.** Sommer; Stichwörter: Blüten, Ähren wogen auf den Feldern

Essen und Trinken

Hörverständnis
Gesünder leben: 1. a. 5 b. 3 c. 7 d. 1 e. 4 f. 6 g. 2 h. 8 2. a. J b. M c. M d. M e. J
f. J g. M h. J

Haushaltsgeräte

Schriftliche Aktivitäten
A. In der Küche: 1. in den Besteckkorb 2. in den Abfalleimer 3. in die Waschmaschine 4. in die
Obstschale 5. in den Brotkorb 6. ins Kochbuch 7. in die Vase 8. in die Schublade

Hörverständnis
Werbung für Haushaltsgeräte: Wäschetrockner: 1. zart 2. pflegen 3. brauchen 4. stark 5. fünf
Haartrockner: 1. trocknen 2. Temperatur 3. warm 4. Wind 5. zwölf 6. kühl 7. Frisur

Einkaufen und Kochen

Schriftliche Aktivitäten
A. Sie haben Freunde eingeladen: 1. Die Teller stelle ich auf den Tisch. 2. Die Servietten lege ich
auf die Teller. 3. Die Kerze stelle ich in die Mitte. 4. Die Gabeln lege ich neben die Messer.
5. Die Löffel lege ich auf die andere Seite. 6. Das Brot lege ich in den Brotkorb. 7. Den Stuhl
stelle ich an das Fenster. 8. Den Käse lege ich auf den Teller. 9. Die Schuhe stelle ich auf den
Balkon. 10. Die Pullover hänge ich in den Schrank. 11. Den Wein stelle ich in den Kühlschrank.
12. Die Schnitzel lege ich in die Pfanne.
B. Der Tisch ist gedeckt: 1. Die Tischdecke liegt auf dem langen Tisch. 2. Die Teller stehen auf der
weißen Tischdecke. 3. Die Gabeln liegen links neben den großen Tellern. 4. Die Messer liegen
rechts neben den silbernen Löffeln. 5. Das Weinglas steht neben dem sauberen Wasserglas.
6. Der Blumenstrauß steht zwischen den roten Kerzen. 7. Die Löffel liegen auf den gelben
Servietten.

Hörverständnis
A. Bildgeschichte: Michaels bestes Gericht: 8; 4: schlägt; 3: schneidet; 2: schneidet; 5: würzt; 6: erhitzt;
7: gibt, bräunt; 1: wäscht; 10: bestreut; 9: gießt
B. „Allkauf"-Supermarkt: 7,45 Euro; 8,10 Euro; 11,50 Euro; 2,95 Euro; 4,45 Euro; 2,99 Euro

Im Restaurant

Schriftliche Aktivitäten
A. Mahlzeiten und Getränke: 1. -en, A, M 2. -er, D, F 3. -e, A, Pl 4. -en, A, M 5. -em, D, M
6. -er, D, F 7. -en, A, M 8. -e, A, F 9. -es, A, N 10. -er, N, M 11. -er, D, F 12. -en, D, Pl
13. -en, A, M 14. -es, A, N
B. Herr und Frau Wagner haben morgen Hochzeitstag: 1. Also, ich werde mit den Tomaten in Öl
anfangen. 2. Nein, das ist mir zu fettig. Als Vorspeise werde ich Schinken und Oliven nehmen.
3. Hmm lecker. Ich werde eine große Pizza mit Salami und Pilzen bestellen. 4. Gut, und ich
werde grüne Spaghetti mit Krabben essen. 5. Wir werden eine Flasche Rotwein trinken, was
meinst du? 6. Ja, und wir werden einen starken Espresso trinken. 7. Mein Bauch wird wehtun!
8. Ach was, der Abend ohne die Kinder wird sehr ruhig und gemütlich werden.

Hörverständnis
A. Dialog aus dem Text: Melanie und Josef gehen aus: 1. Melanie: Mineralwasser; Josef: Bier
2. Melanie: Rumpsteak mit Pilzen und Kroketten; Josef: Forelle „blau" mit Kräuterbutter, grünem
Salat und Salzkartoffeln

B. Bildgeschichte: Abendessen mit Hindernissen: 1. gegangen 2. bestellt 3. geschmeckt
4. bekommen 5. gefunden 6. berechnet 7. beschwert 8. bezahlt 9. gegangen; gegessen

C. Rollenspiel: Im Restaurant: Während des Hörens: die Speisekarte haben; etwas zu trinken bringen; Haben Sie schon etwas gefunden?; Ich nehme; Gern; Zahlen, bitte; Das war einmal; Stimmt

D. In einem exklusiven Restaurant: 1. einen Salat, Rinderfilet 2. eine Fischsuppe, Rinderfilet 3. es ist ausgezeichnet, der Chefkoch wählt es selber aus, bereitet es sorgfältig zu 4. „Wir servieren das beste Fleisch in der Stadt." 5. „Das Fleisch war ganz frisch und alle anderen Zutaten auch." 6. Sie hat kein Messer.

E. Im Restaurant: 1. Einen schönen Mantel 2. dunkelviolett 3. einen guten Geschmack 4. Scampi 5. Filetsteak 6. Espresso 7. Er hat sein Portemonnaie zu Hause auf dem Tisch liegen lassen. 8. „Ich leg' dir das Geld aus." 9. Sie soll ihm das Geld unter dem Tisch geben.

Aussprache und Orthografie

Aussprache (1. Teil)
B. 1. wohnen: die Wohnung – die Wohnungen 2. einladen: die Einladung – die Einladungen 3. untersuchen: die Untersuchung – die Untersuchungen 4. vorlesen: die Vorlesung – die Vorlesungen 5. erzählen: die Erzählung – die Erzählungen 6. bestellen: die Bestellung – die Bestellungen 7. entschuldigen: die Entschuldigung – die Entschuldigungen 8. wandern: die Wanderung – die Wanderungen

Orthografie (1. Teil)
1. Inge 2. Ingo 3. Anke 4. Angelika 5. Ringo 6. Angela 7. Wolfgang 8. Frank

Aussprache (2. Teil)
A. 1. im Ei 2. an Ina 3. an Herrn Adler 4. von Annett 5. beim Essen 6. delikat essen
B. 1. zum Frühstück ein Ei 2. Salat mit Olivenöl 3. Suppe mit Erbsen 4. Äpfel und Orangen 5. ein Eisbecher mit Erdbeeren 6. Essig am Essen

Orthografie (2. Teil)
1. In Ulm und um Ulm und um Ulm herum. 2. Essig ess ich nicht. Ess ich Essig, ess ich Essig nur im Salat.

Kulturecke

A. Restaurants in den USA (USA) und in Deutschland (D): USA: 1, 3, 5, 7 D: 2, 4, 6
B. Wer weiß – gewinnt!: *Jenseits der Stille:* 1. c 2. b 3. a 4. d 5. c
C. *Vergammelte Speisen* **(Die Prinzen):** 1. Eier, Sachsen, Essen, winken, Pilze, schmeckt, Asche, Fischöl

2.

Speise	Warum schlecht?	Bundesland
Eier	schlecht riechend	Bayern
Schweinehaxen	sind radioaktiv	Sachsen
Leberwurst	mit Schaben	Schwaben
Pilze	sind verschimmelt	—
Törtchen	völlig verdreckt	—
Sandwich	mit Asche bestreut	—
Plätzchen	ist in Fischöl getaucht	—

Aufsatz-Training

Rezepte: 3a. Das Verb hat die Infinitivform.   b. Die Infinitivform steht am Ende des Satzes.

KAPITEL 9: KINDHEIT UND JUGEND

Kindheit

Schriftliche Aktivitäten
**A. Kreuzworträtsel:
Josefs Kindheit:**

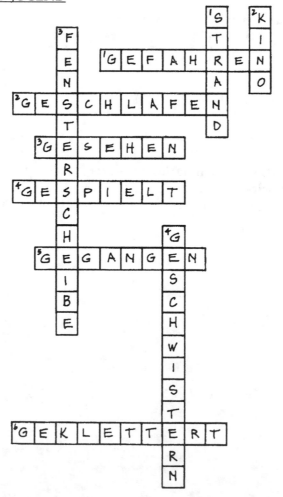

B. Haben Sie das als Kind gemacht? Mit wem? (*Answers will vary.*) 1. Ja, ich bin auf Bäume geklettert. / Nein, ich bin auf keine Bäume geklettert. 2. Ja, ich habe einen Schneemann gebaut. / Nein, ich habe keinen Schneemann gebaut. 3. Ja, ich habe Märchen gelesen. / Nein, ich habe keine Märchen gelesen. 4. Ja, ich habe Kreuzworträtsel gelöst. / Nein, ich habe keine Kreuzworträtsel gelöst.

Hörverständnis
A. Kindheit: Rolf: Fußball spielen, Tennis spielen, Volleyball spielen, ins Freibad gehen, schwimmen; Katrin: ans Meer fahren, schwimmen

Jugend

Schriftliche Aktivitäten
B. Aus Claires Tagebuch: 1. Als 2. wenn 3. Als 4. Wenn 5. Als 6. Als 7. wenn 8. Als 9. Wenn

Hörverständnis
A. Rollenspiel: Das Klassentreffen: Claudio hat nach der Schule bei der Sparkasse eine Lehre gemacht. Petra hat nach der Schule Germanistik und Amerikanistik in Köln studiert. Petra arbeitet jetzt bei ihren Eltern im Geschäft.
B. Michael Puschs erste Freundin: 1. 15 2. Auf einer Party 3. Sie sind an einen See gefahren. 4. Um 9 Uhr 5. Um 11 Uhr 6. Weil er länger geblieben ist. 7. Coras Tochter
C. Der Flirt mit dem Süden: 8, 3, 1, 5, 6, 2, 7, 4

Geschichten

Schriftliche Aktivitäten
A. Ein wichtiger Termin: 1. hatte 2. wollte 3. ging 4. stellte 5. aufwachte 6. sah 7. war 8. war 9. sprang 10. rannte 11. duschte 12. zog 13. ging 14. hatte 15. bekam 16. war 17. stand 18. ankam 19. fuhr

Hörverständnis
A. Bildgeschichte: Als Willi mal allein zu Hause war: 6: dachte 12: fand 8: versteckte 9: fuhr, los 1: war 7: hatte, rief, an 5: schaute, sah 11: ging 4: hörte 2: waren 10: fing, an, wurde 3: lag, konnte
B. Bildgeschichte: Beim Zirkus: 1. d 2. f 3. h 4. c 5. g 6. a 7. b 8. e 9. i 10. j

Märchen

Schriftliche Aktivitäten
Was ist passiert, nachdem …? 1. …, wurde sie Königin. 2. …, musste er viel essen. 3. …, probierte es den Schuh an. 4. …, ging es zur Großmutter. 5. …, ging sie über die sieben Berge zu den sieben Zwergen. 6. …, schlief es hundert Jahre.

Hörverständnis
A. Bildgeschichte: Dornröschen: 11: wachten, auf 9: kam 2: bekam 6: stach 12: heirateten 4: verwünschte 5: änderte 10: küsste 1: wollten 7: schlief 8: wuchs 3: vergaßen
B. Märchen: 1. Rotkäppchen 2. Rumpelstilzchen 3. Hänsel und Gretel 4. Dornröschen 5. Schneewittchen 6. der Froschkönig
C. Der unglückliche Wolf: 1. war 2. hieß 3. trug 4. sagte 5. antwortete 6. sagte 7. fuhr 8. war 9. war 10. überfuhr 11. sah 12. schnitt 13. kam

Aussprache und Orthografie

Aussprache (1. Teil)

A. 1. Herr Hopf 2. Herr Kupper 3. Frau Fahl 4. Frau Pfellmann 5. Frau Hopfel 6. Herr Höffner

C. 1. unterwegs 2. Max 3. Felix 4. Augsburg 5. Sachsen 6. Mexiko 7. Luxemburg 8. Cuxhaven 9. Niedersachsen 10. Sachsen-Anhalt

E. 1. die Katze 2. der Zwerg 3. der Prinz 4. die Prinzessin 5. der Zahnarzt 6. das Rätsel 7. der Schatz 8. die Pizza 9. der Spielplatz 10. der Zirkus 11. die Metzgerei 12. der Parkplatz

G. 1. du schimpfst (5) [mpfst] 2. du wäschst dich (3) [ʃst] 3. du sitzt (3) [tst] 4. du brauchst etwas (3) [kst] 5. die Gaststätte (4) [stʃt] 6. die Fremdsprache (5) [mtʃpr] 7. die Textstelle (5) [kstʃt] 8. der Strafzettel (3) [fts] 9. die Geschäftsreise (4) [ftsr] 10. der Marktplatz (5) [rktpl]

Orthografie (1. Teil)

1. Zimmerpflanze 2. Zentralheizung 3. Jahreszeiten 4. Weihnachtskerze 5. Zeitungstext 6. Zahnmedizin 7. Sprechsituation 8. Aussprachetest 9. inzwischen 10. zuletzt

Aussprache (2. Teil)

1. USA 2. ABC 3. DAAD (Deutscher Akademischer Austauschdienst) 4. ICE (Intercityexpress) 5. GmbH (Gesellschaft mit beschränkter Haftung) 6. WC 7. UNO 8. Euro 9. Kripo (Kriminalpolizei) 10. Telekom 11. U-Bahn 12. Zivi (Zivildienstleistender)

Orthografie (2. Teil)

1. küssen 2. grüßen 3. sich interessieren 4. aufpassen 5. aussehen 6. Salatschüssel 7. Festessen 8. Fernsehsessel 9. Musikprofessor 10. Hausschlüssel

Kulturecke

A. Deutsche Jugend im 21. Jahrhundert: 1. a 2. c 3. b 4. d 5. d 6. a

B. Die Märchen der Gebrüder Grimm: 1. Der Froschkönig 2. Aschenputtel 3. Schneewittchen 4. Dornröschen 5. Hänsel und Gretel 6. Rumpelstilzchen 7. Die Sterntaler 8. Der Wolf und die sieben Geißlein 9. Rotkäppchen 10. Der gestiefelte Kater

C. Die Sterntaler: 1. arm, gut, fromm; Kleider auf dem Leib und ein Stück Brot; keine Eltern, kein Kämmerchen und kein Bettchen 2. das Stückchen Brot; seine Mütze; sein Leibchen; sein Röcklein; sein Hemd

Aufsatz-Training

A. Eine Geschichte länger machen: 1. d 2. g 3. i 4. e 5. a 6. b 7. f 8. j 9. h 10. c

KAPITEL 10: AUF REISEN

Reisepläne

Schriftliche Aktivitäten

B. Mini-Dialoge: aus, zu, bei, nach, nach, vom, bei, bei, zum

Hörverständnis

A. Dialog aus dem Text: Am Fahrkartenschalter: 1. gegen Mittag 2. 8.06 Uhr; 12.11 Uhr 3. aus Gleis 10 4. mit VISA 5. 115 Euro 20

B. Der Diavortrag: 4, 1, 3, 6, 2, 5

Nach dem Weg fragen

Schriftliche Aktivitäten

Unterwegs in Regensburg: 1. Neupfarrplatz 2. Haidplatz 3. Dom 4. Emmeramsplatz

A. Dialog aus dem Text: Jürgen ist bei Silvias Mutter zum Geburtstag eingeladen: 1. ein Lebensmittelgeschäft   2. links   3. einfach geradeaus   4. ganz   5. ein Kreisverkehr   6. direkt auf der anderen Seite

B. Dialog aus dem Text: Claire und Melanie sind in Göttingen und suchen die Universitätsbibliothek:

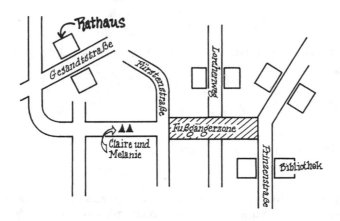

C. Dialog aus dem Text: Frau Frisch findet ein Zimmer im Rathaus nicht: 1. im 3. Stock   2. auf der rechten Seite

D. Nach dem Weg fragen: 1. Er ist nicht aus Köln.   2. das Schild Neumarkt   3. rechts   4. wenn sie den Dom sehen

Urlaub am Strand

Schriftliche Aktivitäten

A. Ein Tag am Strand: (*Possible answers.*) 1. Nehmen Sie doch einen Liegestuhl mit! *oder* Gehen Sie doch spazieren!   2. Vergiss die Sonnenmilch nicht!   3. Nehmen wir doch belegte Brote mit! *oder* Grillen wir doch Würstchen!   4. Spielt doch Frisbee! *oder* Sammelt doch Muscheln! *oder* Baut doch eine Sandburg! *oder* Fahrt doch Kanu!   5. Zieh doch einen Neoprenanzug an! *oder* Probier doch Parasailing! *oder* Fahr doch Kanu!   6. Spielen Sie doch Frisbee! *oder* Laufen Sie doch! *oder* Gehen Sie doch spazieren!

B. An der Hotelrezeption: 1. Ich müsste mal dringend telefonieren, wo geht das?   2. Könnte ich eine E-Mail abschicken?   3. Könnten Sie mich morgen um 7.00 Uhr wecken?   4. Dürfte ich meinen Hund mit auf das Zimmer nehmen?   5. Könnten Sie mir frische Handtücher bringen?   6. Könnten Sie mir eine Flasche Sekt auf das Zimmer bringen?   7. Dürfte ich Sie um einen neuen Bademantel bitten?   8. Ich möchte (bitte) noch eine Tasse Tee.

Hörverständnis

A. Dialog aus dem Text: Auf Zimmersuche: Herr und Frau Ruf; 3 Nächte; Doppelzimmer mit Dusche, Toilette; mit Frühstück; 54 Euro pro Nacht

B. Rollenspiel: Im Hotel: 1. F: Ein Doppelzimmer und ein Einzelzimmer sind bis morgen Abend frei. 2. F: Das Einzelzimmer hat nur ein Waschbecken.   3. R   4. R   5. F: 55 Euro   6. F: von 7.30 bis 10 Uhr   7. R   8. F: eine 9   9. R

C. Eine Reise nach Deutschland: 1. a. bei Freunden   b. in einer Pension   2. ein Privathaus, in dem einige Zimmer an Gäste vermietet werden   3. in einer Jugendherberge   4. einen internationalen Jugendherbergsausweis

Tiere

Schriftliche Aktivitäten

Der Mensch und das Tier: (*Possible answers.*) 1. Eine Mücke wird oft erschlagen.   2. Wildenten werden oft gejagt.   3. Eine Ratte wird oft vergiftet.   4. Hunde werden oft Gassi geführt.   5. Ein Pferd wird oft geritten.   6. Eine Kuh wird oft gemolken.   7. Fische werden manchmal geangelt.   8. Kakerlaken werden manchmal zertreten.   9. Ein Truthahn wird oft gegessen.   10. Vögel werden im Winter oft gefüttert.

Hörverständnis

Bildgeschichte: Lydias Hamster: 4: aufstand 8 10: fand 7: entdeckte 3: vergaß 1: bekam 5: suchte 9: suchte, schaute 2: spielte 6: fand

Aussprache und Orthografie

Aussprache (1. Teil)
A. 1. [ən]   2. [ən]   3. [n]   4. [ŋ]   5. [n]   6. [ən]   7. [n]   8. [m]

Orthografie (1. Teil)
1. Besser viel wissen als viel reden.   2. Erst denken, dann sprechen.   3. Man kann lange sprechen, ohne etwas zu sagen.   4. Man kann alles sagen, aber nicht alles essen.   5. Wer Gutes hören will, muss Gutes sagen.   6. Morgen, morgen, nur nicht heute, sagen alle faulen Leute.

Aussprache (2. Teil)
A. 1. Das Leben wär viel einfacher, wenn's nicht so schwer wär.
2. Ein leerer Kopf ist leichter zu tragen als ein voller.
3. Lehrer helfen Probleme zu lösen, die man ohne sie gar nicht hätte.
4. Jeder redet vom Energiesparen. Ich spare meine.
5. Alle Schüler sind klug: die einen vorher, die anderen nachher.
6. Am Vormittag hat der Lehrer recht, am Nachmittag hat er frei.
7. Am Tage lehrt er Kinder und abends leert er Gläser.
8. Lieber zwei Jahre Ferien als überhaupt keine Schule.
B. 1. Liebe Kinder!   2. Lieber Bruder!   3. Liebe Eltern!   4. Lieber Opa!   5. Liebe Oma!   6. Liebe Freunde!   7. Lieber Schatz!   8. Liebe Familie Bauer!

Orthografie (2. Teil)
1. Politiker   2. Reisebüroleiter   3. Bahnbeamter   4. Zoodirektor   5. Autoverkäufer
6. Gemüsehändler   7. Kinderärztin   8. Fernsehmoderator   9. Nachrichtensprecher
10. Kriminalromanautor

Kulturecke

A. Wer weiß – gewinnt! 1. c   2. a   3. d   4. a   5. b   6. c   7. a   8. d   9. c   10. b   11. c   12. a
B. Wissenswertes zum Film *Die fetten Jahre sind vorbei*: 1. Möbel verrücken   2. die Erziehungsberechtigten   3. ein teures Auto   4. Von Hardenberg   5. über ihren Luxus
   6. in seine Villa   7. die Polizei
C. Tiere in Sprichwörtern: 1. Hunde   2. Huhn   3. Gaul   4. Fliegen   5. Esel   6. Katze; Mäuse
D. Sehnsucht nach dem Frühling: 1. FRÜHLING: die Bäume sind grün, am Bach blühen Veilchen, die Vögel singen; spazieren gehen, sich die Natur / die Veilchen ansehen, auf dem Rasen springen, (auf dem Steckenpferd reiten / im Garten spielen)   WINTER: es gibt Schnee, es ist schmutzig; im Schnee traben, abends Gesellschaftsspiele machen, Häuser aus Karten bauen, Blindekuh und Pfand spielen, Schlitten fahren   2. a. *ii* b. *iii* c. *iv* d. *i*   3. im Winter; ein Kind

KAPITEL 11: GESUNDHEIT UND KRANKHEIT

Krankheit

Hörverständnis
A. **Die Zwillinge sind krank:** HELGA: hohes Fieber, rote Pusteln, Husten, Kopfschmerzen
   SIGRID: hohes Fieber, rote Pusteln, apathisch, Bauchschmerzen
   Frau Schmitz soll das Fieber mit kalten Umschlägen senken.
B. **Frau Schneiders Aerobic-Kurs:** 1. im Fitness-Center   2. einen Muskelkater   3. Aerobic
   4. anstrengende Gymnastik mit Musik   5. fast 50 Minuten   6. in die Sauna   7. für die Massagen
C. **Michael ist krank:** 1. a. nein   b. ja   c. nein   d. ja   e. ja   2. a. ja   b. nein   c. ja   d. nein
   3. Chips essen und das Fußballspiel ansehen

Körperteile und Körperpflege

Schriftliche Aktivitäten
A. **Kreuzworträtsel:** Lösungswort: schminke

B. **Gitterrätsel:** der: Mund, Rücken, Bauch, Kopf, Hals   das: Herz   die: Zunge, Nase, Lunge
   Plural: Beine, Hände, Ohren, Augen, Arme, Lippen
C. **Was machen Sie mit diesen Körperteilen?** (*Possible answers.*) 1. Mit den Zähnen kaue ich.   2. Mit
   den Ohren höre ich.   3. Mit den Augen sehe ich.   4. Mit den Händen greife ich.   5. Mit der
   Lunge atme ich.   6. Mit den Beinen gehe ich.   7. Mit dem Gesäß sitze ich.   8. Mit dem Magen
   hungere ich.   9. Mit dem Gehirn denke ich.   10. Mit den Lippen küsse ich.
D. **Sie sind Babysitter bei Familie Frisch:** 1. Ich wasche mir die Hände.   2. Ich putze mir die Zähne.
   3. Ich kämme mir die Haare.   4. Ich kreme mich ein.   5. Ich ziehe mir den Schlafanzug an.
   6. Ich lege mich ins Bett.
E. **Rosemarie kann doch nicht alles allein:** 1. Kannst du sie mir kämmen?   2. Kannst du ihn mir
   anziehen?   3. Kannst du es mir vorsingen?   4. Kannst du ihn mir zeigen?   5. Kannst du es mir
   holen?   6. Kannst du sie mir schenken?

Hörverständnis

A. Juttas neue Frisur: 1. R   2. R   3. F: Sie sind violett und grün.   4. F: Er findet sie hässlich.
5. F: Er hatte einmal lange Haare.

B. Bildgeschichte: Maria hat eine Verabredung: 1. a. gekommen   b. ausgezogen   c. geduscht
d. abgetrocknet   e. geputzt   f. geschnitten   g. geföhnt   h. eingekremt   i. geschminkt
j. angezogen   2. a. Ich bin von der Arbeit nach Hause gekommen.   b. Ich habe mich ausgezogen.
c. Ich habe mich geduscht.   d. Ich habe mich abgetrocknet.   e. Ich habe mir die Zähne geputzt.
f. Ich habe mir die Fingernägel geschnitten.   g. Ich habe mir die Haare geföhnt.   h. Ich habe mir
die Beine eingekremt.   i. Ich habe mich geschminkt.   j. Ich habe mir ein schönes Kleid angezogen.

Arzt, Apotheke, Krankenhaus

Schriftliche Aktivitäten

A. In der Notaufnahme: 1. blutet, Spritze, Medikamente, geröntgt, gebrochen   2. Blut, Hausarzt,
desinfizieren, Verband, Rezept, Apotheke

Hörverständnis

A. Dialog aus dem Text: Herr Thelen möchte einen Termin beim Arzt: ich hätte gern einen Termin;
Das ist mir eigentlich egal; das passt gut.

B. Dialog aus dem Text: Frau Körner geht in die Apotheke: 1. F   2. R

C. Dialog aus dem Text: Frau Frisch ist bei ihrem Hausarzt: Ihnen; mich; mir; klingt

D. Rollenspiel: Anruf beim Arzt: Während des Hörens: Frau Breidenbach hat Herzrasen, keinen
Appetit und ist immer müde. Ihr Magen ist nervös, und sie hat ein Druckgefühl im Bauch. Dr.
Blömer verschreibt ihr ein Beruhigungsmittel. Sie soll einen Ausgleichssport machen (Kurs zur
Stressreduzierung besuchen).

E. „Aktren": Das neue Schmerzmittel von Bayer: 1. Ibuprofen   2. a. gegen Kopfschmerzen
b. gegen Zahnschmerzen   c. gegen Fieber   3. niedrig dosiert

Unfälle

Schriftliche Aktivitäten

A. Was ist passiert? 1. Jürgen hat sich in den Finger geschnitten.   2. Maria hat sich das Bein
gebrochen.   3. Hans hat sich die Zunge verbrannt.   4. Zwei Autos sind zusammengestoßen.
5. Mehmet hat sich verletzt.

Hörverständnis

A. Bildgeschichte: Paulas Unfall: 1. e   2. f   3. a   4. d   5. g   6. b   7. j   8. c   9. h   10. i

B. Michael Pusch als Zeuge: 8, 6, 4, 2, 3, 7, 1, 5

Aussprache und Orthografie

Aussprache (1. Teil)

B. 1. ansehen, angeben, angehen, anbringen   2. aussehen, ausgeben, aussuchen, ausgehen
3. wegsehen, weggeben, weggehen, wegbringen   4. wiedersehen, wiedergeben, wiederbringen

C. 1. aussehen   2. aussuchen   3. wiedersehen   4. ausgehen, weggehen   5. ausgeben

Orthografie (1. Teil)

1. Schweigen ist gut, reden ist besser.   2. Wer etwas Gutes weiß, soll nichts Böses sagen.   3. Wer
nichts Gutes tut, kann nichts Gutes bekommen.   4. Das Halbe ist oft besser als das Ganze.   5. Wenn
das Gute fehlt, muss man das Bessere nehmen.   6. Machst du es gut, so hast du es gut.

Aussprache (2. Teil)

A. 1. Mütter – Mutter   2. Bruder – Brüder   3. Töchter – Tochter   4. Väter – Vater   5. Schaden –
Schäden   6. fuhren – führen   7. verwunschen – verwünschen   8. schön – schon   9. läuft – lauft
10. lässt – lasst

B.

Infinitiv	1. Person	2. Person	3. Person	Substantiv
fahren	ich fahre	du fährst	er fährt	der Fahrer
schlafen	ich schlafe	du schläfst	er schläft	der Schläfer
tragen	ich trage	du trägst	er trägt	der Träger
waschen	ich wasche	du wäschst	er wäscht	der Wäscher
raten	ich rate	du rätst	er rät	der Rater
schlagen	ich schlage	du schlägst	er schlägt	der Schläger
laufen	ich laufe	du läufst	er läuft	der Läufer

Orthografie (2. Teil)
1. Unfall, Unfälle   2. Zahnarzt, Zahnärzte   3. Krankenhaus, Krankenhäuser   4. Verband, Verbände
5. Schlafanzug, Schlafanzüge   6. Lärmbelästigung, Lärmbelästigungen   7. Kinderärztin,
Kinderärztinnen   8. Unfallschaden, Unfallschäden   9. Erkältung, Erkältungen
10. Lungenentzündung, Lungenentzündungen

Kulturecke

A. Wer weiß – gewinnt: Gesundheit: 1. a   2. d   3. b   4. c   5. c   6. a
B. Wissenswertes zum Film *Das Leben der Anderen:* 1. bei der Stasi   2. Dramaturg   3. Abhörgeräte
   4. langweilig   5. in das Leben Dreymans   6. schützt   7. Dreyman den Essay geschrieben hat
   8. einen Unfall   9. Wiesler   10. den Roman
C. Der geheilte Patient: 1. A, R, A, R, R, A, R, R, R, R   2. 4, 1, 3, 10, 2, 5, 9, 6, 7, 8

KAPITEL 12: DIE MODERNE GESELLSCHAFT

Familie, Ehe, Partnerschaft

Schriftliche Aktivitäten
Familienmitglieder: 1. Meine Großmutter ist die Mutter meines Vaters oder meiner Mutter.   2. Meine
Kusine ist die Tochter meiner Tante oder meines Onkels.   3. Mein Neffe ist der Sohn meiner Schwester
oder meines Bruders.   4. Mein Urgroßvater ist der Vater meines Großvaters oder meiner Großmutter.
5. Meine Schwägerin ist die Frau meines Bruders oder die Schwester meines Mannes oder meiner Frau.

Hörverständnis
A. Das Leben einer unverheirateten Frau: 1. F: Ihr Leben gefällt ihr, wie es ist.   2. R   3. F: Sie
   kennt keinen Mann, den sie heiraten will.   4. R   5. F: Ihr Beruf macht ihr Spaß.   6. R
B. Klatsch in der Isabellastraße: 1. HERR RUF: er sitzt zu Hause und spielt den Hausmann, seine
   Bücher sind ein bisschen neurotisch, sehr modern; er rennt dauernd zum Arzt und geht zur
   Apotheke; er überarbeitet sich nicht; er hat einen Bierbauch bekommen
   FRAU RUF: verdient das Geld; soll sehr erfolgreich im Beruf sein; sie ist den ganzen Tag nicht da;
   kümmert sich nicht um die Kinder; sie macht alles im Haushalt
   JUTTA RUF: sieht furchtbar aus mit dieser Frisur; zieht sich furchtbar an; mit ihrem Punkfreund ist
   es aus; soll mit einem Ausländer (Türke oder Araber) zusammen sein

C. Noch ein Auszug aus Jochen Rufs Roman: 1. F   2. F   3. F   4. M   5. M   6. M   7. F   8. F
9. M

Multikulturelle Gesellschaft

Hörverständnis

A. Gespräch über die Probleme von Ausländern in Deutschland: (*Possible answers.*) 1. Sie haben manchmal Vorurteile gegen Menschen mit anderer Hautfarbe und gegen Ausländer, die zum Beispiel türkisch aussehen.   2. Diese Vorurteile haben mit der Kultur und mit der Religion von Ausländern zu tun. Moslems leben oft anders und kleiden sich auch anders.   3. Moslemische Frauen tragen oft ein Kopftuch.   4. Manche Ausländer dürfen nicht arbeiten. Sie leben dann von staatlicher Hilfe, das heißt, sie bekommen Geld vom Staat.   5. Wenn man sich kennt, nimmt das die Angst vor dem Fremden und es ist leichter fair und respektvoll miteinander umzugehen.
6. Deutschland braucht ausländische Arbeitskräfte und will kein ausländerfeindliches Land sein.

B. Juttas neuer Freund: 1. R   2. F: nicht immer   3. R   4. R   5. F: Sie halten noch immer an ihren Traditionen fest.   6. R

Das liebe Geld

Hörverständnis

A. Dialog aus dem Text: Auf der Bank: 1. F, Er will ein Girokonto eröffnen.   2. F, Eine EC-Karte muss er extra beantragen.   3. R   4. F, Die Geheimzahl bekommt er mit der Post.   5. R   6. R
7. F, Bei seinem neuen Konto kann er seine Überweisungen auch übers Internet ausführen. *oder* Peter hat Onlinezugang. *oder* Es gibt auch Onlinezugang.

B. Auf der Sparkasse: 1. am Automaten   2. a. Euroschecks;   b. dänische Kronen   3. an der Kasse
4. 500 Euro   5. Das wird von ihrem Konto abgebucht.   6. europäische Länder; nichteuropäische Länder

Kunst und Literatur

Hörverständnis

A. Rollenspiel: An der Theaterkasse: Wann beginnt die „Rocky Horror Picture Show"; 20.30 Uhr; Haben Sie noch; aber es gibt nur noch ganz; wo sind die Plätze?; was kosten die Karten?; Können Sie da gar nichts machen?; tut mir leid; dürfen solche Filme nicht gezeigt werden; Ja, schade; keine andere Möglichkeit ein?; ob Karten nicht abgeholt oder zurückgegeben wurden.

B. Das Theaterprogramm in Berlin: 1. R   2. F: Die Dame empfiehlt ihr „Hamlet".   3. F: Die Aufführung beginnt um 20.30 Uhr.   4. R   5. F: Frau Ruf hat „Hamlet" in London gesehen.   6. R
7. R   8. F: Sie kann die Karte an der Theaterkasse abholen.

C. Frau Ruf ist wieder zu Hause: 1. 7, 4, 5, 2, 3, 10, 1, 8, 6, 9   2. a. 2   b. 5   c. 4   d. 3   e. 1

Aussprache und Orthografie

Aussprache

C. 1. Oh! (*admiration*)   2. Iiii …! (*disgust*)   3. Aha! (*surprise*)   4. Hm. (*agreement*)
5. Au weia! (*pain*)   6. Ach je! (*empathy*)

Orthografie

A. *Long stressed vowel:* **H**ö**h**e, **Kr**i**s**e, **S**ee**l**e, **T**o**d**, **T**o**n**, **Eh**e
Short stressed vowel: **A**k**t**ie, **H**o**lz**, **K**a**ss**e, **G**e**ld**, **Sch**u**ld**, **Z**i**ns**en

B. Ein Gastwirt lässt für sein Restaurant ein Schild malen. Er ist aber mit dem Ergebnis nicht zufrieden und sagt zu dem Maler: Der Zwischenraum zwischen *Bier* und *und* und *und* und *Wein* ist nicht gleichmäßig!

Kulturecke

A. **Frauen und Männer in Deutschland:** Frauen: 1, 2, 4, 6   Männer: 3, 5
B. **Wer weiß – gewinnt:** 1. b   2. d   3. b   4. a   5. d   6. b   7. c   8. a   9. b   10. d
C. **Der Anfang von Goethes** *Faust:* 1. a. Z. 1–4   b. Z. 5–6   c. Z. 7   d. Z. 8–10   e. Z. 11   f. Z. 13–14
   g. Z. 15–16   h. Z. 17   i. Z. 19–20   j. Z. 21   k. Z. 23   l. Z. 24–26   2. (*Possible answers*.): a. Ich
   meine, dass Faust nach Bildung und Wahrheit sucht.   b. Zuerst hat er studiert.   c. Jetzt versucht er
   es mit der Magie und dem Teufel.
D. **Goethe als Student in Leipzig:** richtig: a, b, d, g, h
E. **Ein Gedicht über die Liebe:**
   Woher sind wir geboren?
   Aus Lieb.
   Wie wären wir verloren?
   Ohn Lieb.
   Was hilft uns überwinden?
   Die Lieb.
   Kann man auch Liebe finden?
   Durch Lieb.
   Was lässt nicht lange weinen?
   Die Lieb.
   Was soll uns stets vereinen?
   Die Lieb.

        Goethe